カール・バルト

知解を求める信仰

アンセルムスの
神の存在の証明

新教セミナーブック 39

KARL
BARTH

吉永正義✣訳

新教出版社

Karl Barth

Fides quaerens intellectum

Anselms Beweis der Existenz Gottes
im Zusammenhang seines theologischen Programms

Zweite Aufl., 1958

Theologischer Verlag Zürich

目次

知解を求める信仰

——アンセルムスの神の存在の証明

第一版への序言

私がこの書物で何をしようと欲しているかという問い――それに対して私の序言が、ある程度、答えなければならない問い――は、この書物を書くようにと私を動かした動機およびこの書物を書きつつ私を動かしていた動機が、いかにさまざまな、異なったものであるかが、後になって私に明らかになってきた限り、いくらか私を当惑させる。

私は、まず第一に、外的な契機（しかし、それは、それなりの仕方で、結局、またきわめて内的な契機でもあるのであるが）――私は一九三〇年夏、ボンで、アンセルムスの『神ハナゼ人間トナラレタカ』についてゼミナールをもったが、その経過の中で、まず第一に、それに参加した大学の学友たちの問いと反対意見が、それから、特に、私の哲学的な友人、ミュンスターからの、ハインリッヒ・ショルツがなした、客員教授としての、アンセルムスの『プロスロギオン』の神証明についての講義が、切迫した必要、（これまでと全く違った仕方でアンセルムスと、しかも最も問題的なアンセルムス、すなわち、『プロスロギオン』二―四章のアンセルムスと取り組み、彼〔アンセルムス〕に対する私の立場を確立させ、具体的に明らかにし、それからまた、もっと広い範囲に向かって考えを公にしてゆくべき切迫した必要）を私の中に呼び起こしたという外的な契機――のことを思い出さなければならない。ここで次のこと――ハインリッヒ・ショルツは、あのよい学問的な交わりの機会に、彼の側として、同じ計画をたてたということ、それであるから、われわれは、また彼によっても、（それは確かに、本書に対する好ましい対立物であろう）『プロスロギオン』二―四章のアンセルムスについての研究が公にされることを期待しなければならないということ――が報告されてよいであろう。彼の研究は、このシリーズの中で、近い将来、出版されるであろう。

しかし、アンセルムスに対する私の愛は、もっと古くからのものである。私は教義学「序説」の中で、強調しつつ、アンセルムスを指し示した。そして、そのことの故に[1]、直ちに、私の立場は、カトリック主義およびシュライエルマッヘル主義だという非難を受けた。この論難に対する防衛として、いずれにしても、本書が書かれたのではない。しかし、私自身とほかの者たちに対して、何が私にとって、この神学者〔アンセルムス〕をほかの者たちよりも価値があり、意味深いものにするのかについて、正確にいくつかの弁明をしておくことは、それ自身正しいことであった。これまでアンセルムスに対して注意を払わなかったこの者あの者に対して、アンセルムスに注意を向けさせることが、私にうまくできたらと願っている。トマス・アクィナスとカントは、まさにアンセルムス的な神学問題――それがこのところで、特に問題であるのだが、その、アンセルムス的な神学問題――を誤解し、拒否する点で、よい友人となった。あのように自由な高みに立っているので、そのことが当然、身に及んでしかるべき者、その者は、これまでプロテスタントとカトリックの陣営で、共通に起こっていたよりももっと強調されつつ、人がいずれにしてもよく知り、尊敬しなければならない事象に数え入れられてよいであろう。

1　確かに、ただ、神学的に、実際あまり重要でない、スコラ学についてのグラプマンの著作から引用したという理由によってだけでも。

ところで、それと並んで、私にとってまた、アンセルムスの神証明によって立てられた解釈問題という技術的なことが興味があった。この証明について、既に多くのことが書かれてきた。この証明についてのあの解釈――ガウニロ以来慣例的であり、トマス・アクィナス[2]を通してほとんど標準的となり、近代においても繰り返し人を心服させるものとなったあの解釈――は、私には常に、一種の精神的な粗雑さ、そこでは決定的なことが見てとられず、あるいは間違って見られなければならない精神的な粗雑さ、のように思われた。しかし、また、事柄についての、疑いもなくもっと洗練された、正しい理解の仕方――最近数十年の間に、実にさまざまな方面[3]から持ち出された理解の仕方――も、私にとって、必然的なこととして事情を明らかにしてくれなかった。私が、この不満足な気持の根拠は何かと捜した時、ほとんど、これまでの文献全体に対して、次の二つの形式的な問いが私の心に迫ってきた。人は神の存在についてのアンセルムスの証明を、そのほかもろもろのアンセルムス的な証明の系列の中で、換言すれば、そもそも、彼の「証明」との、彼の特有な神学的プログラムとの、関連性の中で、読み、理解し、説明することなしに、評価することができるであろうか。そして、人はアンセルムスの神証明を、一つ一つの言葉に正確に注意を払い、特にガウニロとのアンセルムスの議論をできる限り完全に顧慮しつつなされる注釈——主要なテキストとして問題になる『プロスロギオン』、二—四章全体の注釈——なしに、評価することができるか。これまで、アンセルムスの批評家たちのところでも、友人たちのところでも欠けていたように私には思われるこれら二つの前提を、私は満たそうとこころみた。どのように人が、また、私によって、この道の上で得られた解釈に対して、立場をとるにせよ、私は少なくともこのこと——この道は、事実、正しい道であり、また、そのほかの解釈の立場をとる者たちも、まず第一には、同じようにこの道を進まなければならないこと——が承認されるであろうことを望んでいる。

2　三つの例をあげるとして、Kirchengeschichte Bd. 3, 1861 S. 287 f. に出てくるF・Ch・バウルの論述と批評、あるいは、Geschichte der Philosophie Bd. 2, 10. Aufl. 1915, S. 270 に出てくるユーベルヴェーク・バウムガルトナーの論述と批評、あるいは、Dictionnair de Théologie catholique Bd.I, 1923 Sp. 1351 f. に出てくるJ・バンヴェルの論述と批評について考えてみよ。

3　私は、B・アドルホッホ、R・ゼーベルク、K・ハイム、A・コアレ、W・v・d・シュタイン、そして、それ以前の時代からは、多くの貢献をなしたF・R・ハッセの名をあげる。

それらすべてのことを越えて、私はもちろん、次のこと——「その神学的プログラムの脈絡の中での、アンセルムスの、神の存在証明」を、一つの、模範的な、よい、洞察力のある、正規の神学、(私に対して、〔私がその著者と私自身を同一視することができるとか、同一視することを欲するということなしに〕一歩一歩教え、啓発してくれる神学、そして、それについて、それは、現代の神学に対して、〔しかも、再び、プロテスタントとカトリックの神学に対して〕、それの具体的な形態に対してどういう立場をとるかに全く依存しないで、現代の神学が是非とも耳を傾けなければならないいくつかのことを語るべくもっていると思う神学）であるとみなしているということ――を否定しようとは思わない。この関連において身近な嫌疑――私は、十一世紀の思想家の中に、このことあのことを読みこもうとしている、（その者の影のもとで、それを二十世紀において主張するために、このことあのことを読みこもうとしている）という嫌疑――に対しては、私は落ち着いて次のように言いたい。そもそも、読むために、誰が自分自身の目以外の目をもっているか、と。この留保のもとで、私は、結局、このところで、アンセルムスのところで読んだこと以外の何も提示しなかったと言うことがゆるされると思う。

私は、自分自身この書物で明らかに多様のことを欲したがゆえに、読者に対して、すべての私の意図をもってでないとしても、少なくとも私の意図のうちのいくつかをもって、出会えると望むことがゆるされるであろう。

ベルグリ、オベルリーデン（チューリッヒ州）にて

一九三一年八月

第二版への序言

パウル・アルトハウス、カール・バルト、カール・ハイム（今日から見て、何と驚くべきトリオであることか）編集のもとに、ミュンヘンにあるクリスチャン・カイザー出版社によって出版された《**Forschungen zur Geschichte und Lehre des Protestantismus**》（プロテスタント主義の歴史と教理の研究）の一冊として、本書は二十七年前、最初に世に出た。本書に対して当時、いくつかの少なからず興味のある批評が向けられた。その中で、カトリックの側からの批評が、大抵の場合、ほかの方面から

向けられた批評よりも、事柄により近く、より理解に富み、またよく考えてみるのに値しているように思われた。第一版の序言の中で予告されていた、わたしの忘れることができない友人（一九五六年十二月三十日に死去）、ハインリッヒ・ショルツの、類書あるいは反対書は、残念ながら、遂に、世に出ずに終わった。もしもその書物が世に出ていたら、それは事柄と、彼によって代表された数学的論理学の方法で取り組むはずであった。そして、そのことによって、事柄は、確かに、もっと明るい光の中に入れられたであろう。それに加えて、ついでにまた、ほかの者たちにとってだけでなく、ほかならぬわれわれ自身にとって、全くの確実さにもかかわらず、謎めいた、われわれの友情の事実も、まさにその謎めいた姿の中で、もっと明るい光の中に入れられたことであろう。私と同様彼も、その間、――そうは言っても、アンセルムスの偉大な主題《テーマ》をではないが、しかし、〔その中で〕それが展開された特別な形態の問題を、ほかのいくつかの切迫した課題のゆえに、いくらか視野から失っていた。私に関して言えば、あの当時、本書が書き上げられたすぐ後、『教会教義学』に取り組むようになった。そして、それ以来、それは私を自由に解放せず、また、私の残った日においても、私を自由に解放することはないであろう。比較的少数の者たち――その中に、例えばハンス・ウルス・v・バルタザールがいるのだが、その比較的少数の者たち――は、アンセルムスとのあの取り組みは、私にとって、全く副論文以上のものであり、それどころか、（私が聖アンセルムスを、歴史的に多かれ少なかれ正しく理解したとして）、いかにそのことが私に対して大きな影響を与えたか、あるいは、私自身の考え方の中に深くしみ通ったかということに気づいた。しかし、大抵の者にとっては、次のこと――このアンセルムス書の中で、私にとって、それからまさに『教会教義学』の中でますます、神学にとって唯一のふさわしい思惟の運動として身近なものとなった思惟の運動（**Denkbewegung**）を理解するための〔本来的な〕鍵でないにしても、少なくとも一つのきわめて重要な鍵と、人は取り組まなければならないということ――が見過ごしにされた。そのようにして、――そのほかの事情も、そのことについて、それなりに寄与したのだが――、本書が、私にとって心を煩わす驚きとなったことに、（私はあの当時、全く特別な愛と慎重さをもって本書を仕上げたのである）今日に至るまで、第一版のままとっくに絶版となっているという事態になった。しかし、最近特に若い世代の人々の間で、再び活発に本書が問われるようになったので、ツォリコンにある福音主義出版社 (der Evangelische Verlag) は——一九三八年以前の、私の書物は全部、その出版社の手に移っていたのだが——新しい版を出そうと決心した。それは新しい改訂を何も提供していない。そのようなことをするとしたら、テキストに新しく深く沈潜し、あの当時と、またその後、公にされた異論と取り組むことが必要であるであろう。そのことに対して、私は今日、全く時間をもっていない。人がここで出会うであろう唯一の変化は、こまかなことを度外視するとして、引用を、その間、世に出たアンセルムスの新しい全集 (S. Anselmi Canturariensis Archiepiscopi Opera omnia ad fidem codicum recensuit Franciscus Salesius Schmitt O.S.B., Band I-V. 1938–1951) からの引用に切りかえられたことである。ただし、それほど確実に伝えられていないアンセルムスの書物からのいくつかの箇所は、例外である。それらの箇所は、新しい全集版の中にその複版が含まれていないので、前と同様、ミーニュ (MPL) から引用されている。したがって、第一版に出ていた「資料についての注」は不用となった。この切りかえに必要な大変な仕事は、神学生、ハインリッヒ・ステヴェザント君によって、献身と熟練をもってなされた。彼に感謝する。

バーゼルにて

一九五八年八月

序　文

神の存在の証明は、アンセルムスの『プロスロギオン』の二つの部分（二―四章と五―二六章）のうちの最初の、比較的短い方の部分の内容を形造っている。神の本質について、それから第二の、より大きな方の部分が取り扱っている、この書物のこういう配置の仕方が意図していることは、可能な限り全く明らかである。「アナタガ私タチノ信ジテイルヨウニ存在シ、アナタガ私タチノ信ジテイルトオリノカタデアルコトヲ、私ニ有益トオ考エニナラレルダケ、私ガ理解スルヨウニ計ラッテクダサイ」(1)（古田暁訳。以下同じ）。そのように『プロスロギオン』一章の偉大なる導入の祈願によれば、本来的な記述が始まっている。そして既にこの書物の序言は、いかに著者が、長い間、またあらゆる種類の局面の急転の後、「タダ一ツノ論証デ、……ソレダケデ神ガマコトニ存在スルコト、……至高ノ善デアルコト……ヲ証明スルニ足ルヨウナ論証(argumentum)」(1a)を遂に首尾よく尋ね当てたか、ということを報告していた。したがって、この論証は、『プロスロギオン』二―四章でなされている証明と同一ではなく、むしろ技術的な要素――それをアンセルムスが彼の書物の両方の部分で用いた技術的な要素――と同一である。その時、彼はそのことでもって、神を表示するための定式――それを手にして、彼は事実、第一部で神の存在を、第二部で神の本質を、証明した神を表示するための定式――「ソレヨリモ偉大ナモノハ何モ考エ得ラレナイモノ」(Id quo maius cogitari non potest) 以外の何かを言おうとしたということはありえない。(2) いくつかの写本の中でこの書物につけられている「神ノ存在ニツイテ」という副題は、視覚的な錯覚――（ガウニロの答弁が示しているように）短い第一部が既に最古の読者のもとで呼び起こした強い印象を通して呼び起こされた視覚的な錯覚——に基づいている。アンセルムスの意味では、このような仕方で、部分を全体として受けとることはできなかったし、それは今でもできないのである。〔それについて〕序文が語っているところの彼の発見者としての喜びは、あの定式——それによって彼は、一方において「アナタガ私タチノ信ジテイルヨウニ存在スル」ということが（「アナタハマコトニ存在スル」という結果をともなって）、他方において、「アナタハ私タチノ信ジテイルトオリノカタデアル」ということが（「アナタハ至高ノ善デアリ給ウ」という結果をともなって）証明されることができると考えたあの定式——について妥当した。『プロスロギオン』五—二六章は彼にとっては内容的に、まことに『プロスロギオン』二—四章と比べて何ら劣ることなしに重要であった。ところで、確かにまさにあれら三つの最初の章が、すなわち、神の存在についての有名な証明が、われわれの探究の目標であるべきである。

1　Prosl. 2, I 101, 3f.

1a　I 93, 6ff.

2　論証 (argumentum) は、古典的なラテン語と中世のラテン語においては、argumentatio（なされた証明）と同様、媒介概念 (terminus medius)、ソレニヨッテ原理ガ証明サレル光（証明の手段）を意味することができる。

しかし、その、神の存在についての有名な証明を理解するために語られるべきことは、アンセルムスのところで、そもそも、「証明する」ということが何を意味しているかについてのはっきりとした絵〔像〕の〔意味の〕関連性〔脈絡〕を必要としている。この証明について、反対の、あるいは賛成の立場をとりつつ、あまりにも多くのことがこれまでに語られてきた——しかしそこでアンセルムスが「証明した」時、彼が欲したし、なしたことが、前もって明らかにされ、それからこの証明を評価するために、正しい正規の仕方で考慮に入れられることなしに。『プロスロギオン』二—四章でなされたことを「証明」(probare, probatio) として言い表わすことは、まず第一にアンセルムスの反対者、ガウニロによってなされたが、[3] しかしそのことはアンセルムス自身によっても受け入れられた。[4] この概念は、彼にとって、またそのほかにも、よく知られ、また用いられたものである。しかしそれは、ただ、彼が、彼の労作〔作業〕の特定の起こった、あるいは期待されるべき活動効果について語っているところにおいてだけそうなのである。アンセルムスはこの活動効果を意図し、努力して得ようとしているのである。しかし、彼が意図し、なすことを言い表わす彼の本来的な、また事柄〔内容〕的な表示〔の仕方〕は、結局、証明スル(**probare**)ではなく、むしろ知解〔認識〕スル(**intelligere**)ということである。**intelligere** が遂行される時に、**probare** にまでくる。われわれはここで初めて一般的に定義することができる。すなわち、アンセルムスによって代表された特定の諸命題の有効妥当性が、それらの命題を疑う者あるいは否定する者に相対して、確立されるようになる。したがって、**intelligere** の論争的‐弁証的な活動効果あるいは働きの効果にまでくる。彼がこの働きの効果そのものをどのように考えたか、そして彼がそのような働きの効果について何を約束し、また約束しなかったかということ、そのことはただ、**intelligere** についての、換言すれば、神学的なプログラムについての、彼の思想の包括的な展開から、生じてくることができるだけである。それであるから、われわれはそのような彼の思想に、まず立ち向かわなければならない。

3　Pro insip. 1, I 125, 4. 7.

4　C. Gaun. 10, I 138, 29; 139, 2――『ガウニロニ反対シテ』(Contra Gaunilonem) というアンセルムスの「書物」は、その文学上の性格が特に吟味されなければならないであろう。わたしは、その書物は、おそらく、二つの部分、一―四章と五―一〇章、にわたって書き下ろされた覚え書の収集(Notizensammlung) であると思う。

I　神学的なプログラム

一　神学の必然性

われわれはまず第一に、知解スルコトがアンセルムスのところで課題となる際の必然性を問うことにする。まさに、論争的-弁証論的な証明の意図を直ちに引き合いに出し、そのことについてすぐに言及しようとすることは正しくないわけではない。しかし、それは結局ただ、表面にふれているだけである。

人はとりわけ、アンセルムスはただ、知解スルコトがもっているこの〔弁証論的な〕働きの効果だけを知っていて、それを目指しているわけではないことに注意せよ。知解スルコトがなされる時に、同時に、また喜びにまでくる。[1] アンセルムスは、既に教会の教父たちが、いずれにしてもまた、彼ら、信じる者たち、の信仰の根拠《ラチオ》(ratio)を提示することによって、信仰者たちを喜びに満たそうとして書いたというようにしか考えることができない。[2] 知解スル者(intelligens)が求め、見出す根拠《ラチオ》〔理由〕そのものに、ただ単に有用サ(utilitas)(その際、アンセルムスは論争的に証明することを考えていたであろうが、そのような有用サ)だけでなく、また美(pulchritudo)も固有なものとして含まれている。[3] そのような根拠〔理由〕は人ノ理解ヲ越エテ美シイ。まさに、あのようにはっきりと証明しようとしている文書、「神ハナゼ人間トナラレタカ」(Cur Deus homo)の目的として、この「喜ビヲ見出スコト」(delectari)が第一の場所で、(Iペテロ三・一五によれば当然果たされなければならない)[4] 論争的な責任が第二の場所で、名ざされていることは、偶然であろうか。人は、ここで可見的となる防御的な基礎づけることと明るい喜ぼうとすることの共存に関連して、確かに、この初期スコラ学がロマネスクの寺院建築と同時代のものであることを考えることがゆるされるであろう。そして、人は、あの絶望――それをもって彼が『プロスロギオン』の序言のところであの一ツノ論証を求めたと述べている絶望(5)――が、彼が、もちろん、神学作業に従事する者の欠かすことができない戦いの姿勢のほかにまた別な態度への自由を、すなわち、明らかに神学的認識の美学に対してもいくらかのものを、残していたからといって、それだけ真剣でない仕方で取り扱われなければならないことはないということを理解することができるかどうかは、アンセルムス理解をためす第一の試金石であると言ってよいであろう。なぜ本来そうではないのであろうか。なぜ、まさにそうではないのであろうか。いずれにしても人は、アンセルムス的な知解スルコトのこの第二の「目的」をひどく真剣に受けとらなければならない。そしてそれ〔証明すること〕が、その上また単純に喜びへと導くことができるその同じ行為の働きである時に、証明することは何を意味しているかという予備的問題を避けることはゆるされないのである。

1　コノ黙想ニヨリ、アル偉大ナ、喜バシイ (delectabil) 問題ガ突然突キツケラレタ(Monol. 6, I 19, 15)。理解ニ達スルコトガ出来ル時、ソレハ喜ビトナル (Ep. 136, III 281, 40)。

2　信仰ノ根拠ヲ、スデニ信仰ニヨッテ清メラレタ心ヲモッテ味ワイマタ喜ブ人々ヲ養ウタメニ (Cur Deus homo, comm. op., II 39, 4ff.)。

3　Cur Deus homo I 1, II 48, 8f.; 49, 19. ――われわれはここで、そのことと並んで、アンセルムスが、全く、正しい憤りを感じることができたということを知る。『プロスロギオン』二章において特に「画家」が、モノガ理解ノウチニアルコトとモノが存在シテイルコトヲ理解スルということの間の関係についての主要証人(Kronzeuge)として登場してくることが、ここでまた注意されてよいであろう。

4　C.D.h. I 1, II 47, 9。なおまた、II 15, II 116, 12、理解スル喜ビヲイタダキタイカラデスを参照せよ。

5　なおまた、C.D.h. Praef., II 42, 6、「深イ心ノ苦悶ヲ味ワイナガラ」を参照せよ。

しかし、アンセルムス的な知解スルコトの必然性はそれの、これら二つの働きの成果が願わしいものであることの中にあるのではない。ただそれよりももっと高い必然性のゆえにだけ、また、その、これらの働きは可能であり、願わしいものである。彼の書物すべてにおいて（一つだけを例外として）(6)、神学が、信仰ノ知解が、問題である。知解ヲ求メル信仰(fides quaerens intellectum)と、序言が述べていることによれば、『プロスロギオン』の表題はもともと呼ばれるべきだったのである。したがって、信仰が「要求する」この知解スルコト、ただそのような知解スルコトだけが、アンセルムスにおいて問題となってくるのである。そして必然性――それによって、ここで意図されている知解スルということにまでこなければならず、それからまたその働きの成果、すなわち、証明スルコトと喜バスコト(laetificare)にまでこなければならない必然性――はただ全く信仰のこの「要求すること」である。

6　アンセルムス自身は、「グラマティクスニツイテ」(De grammatico)という書物を、はっきりと言葉に出して神学的でない書物だと特徴づけた(De verit. Prosl., I 173, 5ff.)。彼がその同じ箇所で、われわれの概念からは全く論理的な、換言すれば、形而上学的な書物、「真理ニツイテ」(De verit ate)をも神学的なものとして引き合いに出していることに、人は注意せよ。

われわれは、まず第一に、そのことでもって語られている否定を強調する。そこでは信仰の自発的な要求が問題である。つまり知解ヲ求メルコトは、信仰にとって内在的であり、もともとからして特有である。したがってそこでは、「証明」とか「喜び」に対する信仰の「必要」が問題なのではない。そもそも、そこで何か信仰の「必要」が問題なのではない。アンセルムスは、既に知解シヨウと欲するがゆえに、「証明」と「喜び」を欲するのであり、そして彼は信じるがゆえに、知解シヨウと欲するのである。強いることのこの秩序のすべてのひっくり返しは、[7]信仰というアンセルムス的概念によって排除されている。換言すれば、信じるということは、アンセルムスにおいては、ただ単に人間の意志が神に対して向かう〔神に向かって努力する〕こと(Hinstreben)ではなく、人間の意志が神に向かう〔神の中へと努力してはいる〕こと(Hineinstreben)、したがって、それは被造物的に限界づけられた参与の仕方だとしても、神の存在様式に参与すること、[8]したがって神の自存性、独裁性、独裁的栄光に、したがって神の〔いかなる必要もない〕自足性(Bedürfnislosigkeit)に参与することである。[9]そのようなわけで、知解スルコトのあれらの働きの成果が存在するか存在しないかは、決して信仰にとって存在の問題(Existenzfrage)を意味することができない。したがって、神学の目的は、人々を信仰へと導くことではありえない(10)。しかしまた、人々を信仰において強めることでもありえない(11)。いや、彼らの信仰を疑いから解き放つことでもありえない(12)。神学的に問う者は、彼の信仰の存在のために問うのではないし、そのものの神学的な答えの、多かれ少なかれもっている完全性は、彼の信仰の存在にとって意味をもつことはできない。彼は自分の信仰について、神ノ先行的恩寵ニヨリそれほどまでに確信しているので、彼をその〔信仰ノ〕堅持カラドノヨウナモノモヒキサクコトハ出来ナイ――たとえ、彼が、自分が信じていることとを理性ニヨッテハ全ク理解出来ナイとしても。物事ノ真理は、ソレヲ把握スル理解力に関して事情がどのようであれ、堅く立っているのである(13)。むしろ信仰がそのようなものとして、神学的な然りおよび否の〔局面の〕急転によっては触れないままであるということは、すべての神学的な研究の前提である(14)。知解スルコトが目標にまで到達しない時には（事実、いたるところ〔weithin〕目標にまで到達しないのであるが）、その時には知解〔認識〕への喜びの代りに真理そのもの――それはまたそのようであっても全く同様に真理なのであるが(15)、その真理そのもの――に対する敬虔さが残る。なぜならば、ちょうど人間的な認識の諸命題の真理が、換言すれば事柄にかなっていること(Sachgemäßheit)が、徹頭徹尾、信じられた事柄に照らしてはかられているように、この事柄は、換言すれば、この事柄を信じる信仰は、徹頭徹尾、あれらの人間的な諸命題が事柄にかなっていることに照らしてはかられてはいないからである(16)。

7　「私タチハ信ジルカラ（根拠ヲ求メマス）」(C.D.h. I 3, II 50, 19)。

8　「コノ本質（スナワチ、最高ノ本質）ニ対シテ向カウコトニヨッテソレニ達シタ者ハ、コノ本質ノ外ニ留マラズ、ソノ内ニ留マリ続ケルデアロウトイウコト……、コノコトハ、ソレニ向カウベキデアルト言ッタ場合ノホウガ、ソレニ対シテ向カウベキデアルト言ウヨリモ的確ニ、マタヨリ解リヤスク表現シテイル。コノヨウナワケデ、私ハコノ本質ニ対シテ信ジナケレバナラナイト言ウヨリモ、コノ本質ニ信ジ入ラナケレバナラナイト言ウホウガ妥当ト考エル」(Monol. 76, I 83, 27–84, 2)。

9　「神ハ決シテ何ゴトカヲスルヨウニ強制サレタリ、スルコトヲ禁ジラレタリスルコトハナイノデ、何事モ必然性カラスルコトハナイ」(C.D.h. I 1, 5, II 100, 20f.)。「ソモソモ、神ハ誰ニモドノヨウナモノヲモ負ッテイナイガ、スベテノ被造物ガ神ニ借リガアル。ソレユエ、人間ガ神トマルデ対等ナヨウニ行動スルコトハ許サレナイ」(ib. I, 19, II 86, 7ff.)。「最高真理ハ何モノニ対シテモ全ク負債ハナイ。マタ、ソレガ最高真理デアルノハ、ソレガソレデアルトイウ以外ノドノヨウナ理由ニヨルノデモナイ」(De verit. 10, I 190, 4)。

10　「私ハ信ジルタメニ理解スルコトハ望マズ」(Prosl. 1, I 100, 18)。「理性ヲ通シテ信仰ニ達スルタメデハナク」(C. D.h. I 1, II 47, 8; なお Ep. 136, III 281, 38f. を参照せよ)。

11　「ソレハ私ノ信仰ヲ堅固ナモノニスルタメデハナク」(C.D.h II 15, II 116, 11)。アンセルムスは、彼に対して、堅固ナキリスト教信仰ノ護教ニ自分が必要デアルカノヨウニ、語っているという非難されるべき厚顔サを帰さないよう切に願っている。そのことは、あたかも人がオリンポスの山が地震でくずれないように、柱や縄で補強しようとするようなものであろう。誰がそのような者のことをあざ笑わないでいられるであろうか。ここでは、実に、ネブカデネザルが夢で見た、あの、山からひとりでに切り出され、結局、全地を満たす石が問題である。「マダソレガ揺レ動イテイルカノヨウニ私ノ議論デ補強、安定サセル努力ヲ払オウモノナラ、自ラガコノ永劫ニ強堅ナル石ノ上ニ確立サレテイルコトニ喜ビヲ見イダス、すべての聖人ト賢人ガ私ニ義憤の念をいだくに違いないであろう」(Ep. de incarn, I, II 5, 7ff.)。

12　「私ガココニウカガッタノハ、私ノ信仰ノ疑イヲ除去シテイタダクタメデハナク」(C.D.h. I 25, II 96, 6)。アンセルムスは、タトエソノ信仰ヲモッテソレニ矛盾スルト思エル議論ヲ乗リ越エルトハ言エ、ある教義的な困難さのために悩んでいる人たちを、助けようと決心している(Ep. de incarn. 1, II 6, 2f.)。

13　C.D.h. I 1, II 48, 16—49, 2。「オウオウニシテ、何事カニツイテ確信ハアッテモ、ソレヲ理性ニヨッテ証明出来ナイコトガアルモノデス」(ib. II 13, II 113, 17f.)。「ソノ方ゴ自身ガ(スナワチ、神ガ)言ワレタコトハスベテ確実デアリ、……タトエソレラノ理由ガ私タチノ理解スルトコロデナイニシテモ、疑ッテハナラナイ」(ib. II 15, II 116, 5ff.)。「先生ハ私ガ知ラズニ信ジテイタコトヲ、理解サセテクダサイマシタ」(De casu diab. 16, I 261, 25)。

14　「理解困難アルイハ不可能ナタメニ、信仰ヲ通シテ保持シテイル真理カラ逸脱スルコトガナイヨウニ」(Ep. de incarn. 1, II 10, 15f.)。

15　「理解ニ達スルコトガ出来ル時、ソレハ喜ビトナルガ、シカシ、ソレヲ捕エル〔ツカム〕コトガ出来ナイガ故ニ、理解出来ナイ場合デモ、ソレニ敬意ヲハラウ」(Ep. 136,

III 281, 40f.)。『モノロギオン』および『プロスロギオン』について、はっきりと言葉に出してアンセルムスは、自分はこれらの書物を、「最モ堅ク信ジテイルコトヲ謙虚ニ理解シヨウト求メル者タチノ宗教的努力ニ援助ノ手ヲ伸ベルタメニ」書いた、と述べている (Ep. de incarn. 6, II 21, 2f.)。

16 「表示ノ正シサノ基準デアル正直《セイチョク》ハ、表示カラソノ存在ヲ得テイルノデハナク、マタ表示ガドウ変ワロウトモ、ソレニヨッテ変ワルモノデナイ」(De verit. 13, I 198, 18ff.)。

知解を要求するものは、実存 (Existenz) ではなく——われわれは、今、アンセルムス的な命題〔立場〕(Position) の方に向かうのであるが——、むしろ信仰の本質 (Wesen) である。「私ハ知解スルタメニ信ジマス」[17]とは、それとしての私の信仰それ自身が、私にとって知解するようにとの呼び出し (Aufruf) であるということを意味している。それぞれ別々に、一点に集まる〔収斂する〕四つの線——その上で、この内的な〔理解へと〕強いること〔強制〕が可見的となる四つの線——がある。

17 Prosl. 1, I 100, 18.

一　われわれはアンセルムスの神論の簡潔な命題を思い出さねばならない。その命題はこう述べている、私ドモハ神ハ真理デアルコトヲ信ジテイマス[18]。真理とは一般的に、精神ニヨッテノミ感知可能ナ正直《セイチョク》〔デアルコト〕[19]ということである。神のほかに真理と称するすべてのことに対して、しかし、神はただ単に最高真理としてかかわり給うだけでなく、神は創造者であるから、真理ノ原因としてかかわり給う。そのようにして神はまた、いずれにしても、思考ノ真理ノ原因[20]であり給う。その方は、その中で理解〔認識〕と真理が同じである神[21]、われわれに対するその言葉は、父ノ実体ノ完全ナ真理[22]以外の何ものでもない神、であり給う。神は感受シ得ル (sensibilis)、換言すれば、認知シ得ル[23](cognoscibilis)ものであり給う。この神は明らかに、マコトノ認知の創始者となることなしに、われわれによって信じられることができない。換言すれば、彼を信じる信仰はまた彼の知解を要求する。

18 De verit. 1, I 176, 4.
19 De verit. 11, I 191, 19f.
20 De verit. 10, I 190, 10f.
21 Monol. 46, I 62, 20ff.
22 Monol. 46, I 62, 25f.
23 Prosl. 6, I 104f.

二　アンセルムスの心理学によれば、信仰は、本質的には、主として、意志の運動である。(24) われわれは既に、神ニ向カウコト (tendere in Deum) という言いかえについて聞いた。この向カウコト (tendere) は、しかし、神に負うている自由な服従の決断、神への愛、(25) 以外の何ものでもない。しかし、この、意志の事柄的な優位性に対して知解することの発生的な (genetisch) 優位性が対応している。(26) 信じることは、もちろん、意志することを意味している。しかし理性的被造物の意志することは、選ぶことを意味している。そして、それは正シイモノト不正ナモノ、真ナルモノト真デナイモノ、善イモノト善クナイモノを区別することに基づいている。この区別することは、明らかに、われわれが知解することと呼んでいることの根本的な行為である。

24　Monol. 76f., I 83f.

25　「チョウド神ガ自発的ニ (voluntate) 善良デアリ給ウヨウニ、神ノ像ニ似セテ造ラレタ人間ハ、自発的ニ善良デス。……ナゼナラバ、人間ハ、永遠ニ、マタ本質的ニ、自分自身カラシテ善デアリ給ウ方ニ、ナラウカラデス」(Medit. 19, 5, MPL 158, 806f.)。「ソレユエ、理性的被造物ハ最高ノ本質ヲ、……スベテノ善以上ニ愛スルタメニ創ラレテイル……コトハ全ク明白デアル」(Monol. 68, I 79, 1ff.)。ちょうどまた、真理という概念は、その最後の、決定的な解釈を、正義、換言すれば、正直ノタメニ保タレタ意志ノ正直 (De verit. 12, I 194, 26)〔という〕概念を通してもつようになるのと同様である。

26　「シカシ、最高ノ本質ヲ記憶シ、マタソレヲ理解ショウト努メナケレバ、ソレヲ愛スルコトハ不可能デアル」(Monol. 68, I 79, 5f.)。「正義ハ、(理性的でない被造物の〔あるべき〕正しい姿〔Rechtbeschaffenheit〕と違って) 称賛ヲ受ケルベキモノデアル。……正直ヲ認メナイドノヨウナ本性ノウチニモ、コノ正義ハ存在シナイ……。シカシ、正直ヲ知ラズニ、正直ヲ望ムコトハ出来ナイ」(De verit. 12, I 192, 27–33)。そして、永遠の至福の状態にいたるまで、このこと、「彼ラガ愛スレバ愛スルホド、ソノ喜ビハ大キイデショウ。彼ラハ知レバ知ルホド、愛スルデショウ」(Prosl. 26, I 121, 9f.) ということが妥当する。

27　Monol. 68, I 78, 22; C.D.h. II 1, II 97, 6.

三　われわれが取り組んでいる関連性は、しかしまたアンセルムスの人間論からも理解される。信仰はアンセルムスによれば、人間に外から出会い、人間の身に及ぶ新しいものなしには起こってこない。「ソレ独自ノ種ト苦シイ耕作ナクシテハ決シテ〔信仰ハ〕孕ムコトモ、発生スルコトモナイ」。そこで受けとられ〔受胎され〕るべき種は説教され、聞かれた「神の言葉」であり、それがわれわれのところに来、われわれが、それを受けとろうとする意志ノ正直《セイチョク》サをもつことが恵みである。(28) しかし神の言葉はわれわれの中で一つの能力――アンセルムスはそれを生来的能力ヲ通シテ〔自分自身ニ〕刻ミコマレタ最高本質〔神の聖なる三位一体〕ノ像として言い表わしているのであるが、その一つの能力――と出会う。その能力を通してスベテノモノノウチデ最善デ最大ナモノに対する（一）記憶、（二）知解、（三）愛に、あずかるのではないが、それらのことができるようになるのである。この能力、換言すれば、この三位一体ノ痕跡は、(29) われわれを動物と区別し、われわれを人間とする。(30) 信仰の中で、今や明らかに、この可能性の実現化が起こる。人間はそこで付け加わってくる言葉なしに、また先行する恵みなしに、信じることがないのであるが、〔神ノ像は今や生来的能力ヲ通シテ刻ミコマレテイルモノから意志的行為ニヨッテ表現サレタモノになる〕(31) 次のこと――彼が、（一）神を「記憶する」こと、(32)（二）神を知解すること、（三）神を愛すること――が起こる。したがって神の知解は、信仰の出来事の中で、神の愛と同じように、キリスト者の中で、人間の、更新された、神の〔似〕像の完全性がそのことをそのように要求するがゆえに、起こらなければならないのである。

28　**De concordia Qu. III 6, II 270, 21; 271, 7ff.**
29　**Monol. 32, I 51, 9ff.; 67, I 78, 7ff.; 68, I 79, 1 ff.**
30　「アナタハ、アナタヲ思イダシ、アナタニツイテ考エ、アナタヲ愛スルヨウニ、ソノ像ヲ私ノウチニ創ラレタ……。シカシ、ソノ像ハ罪過ニヨッテスリヘリ、罪ノ煤煙ニヨッテ黒ズミ、アナタニヨッテ新シク創リカエラレナケレバ創造日的ヲ果タシ得マセン」(Prosl. 1, I 100, 12ff.)。
31　**Monol. 68, I 78, 15f.**
32　アンセルムスは、わたしの知る限りでは、確かにアウグスティヌスから (Conf. X 17–24) 受けとった、記憶についての教えをさらにひき続き用いることはなかった。プラトン的な、あるいは新プラトン主義的な意味での、この概念の展開にまで、いずれにしてもアンセルムスのところでは、アウグスティヌスと違って、到らなかった。

四　第四の線――その上で信仰からして **intelligere** が、アンセルムスにおいて必然的となる第四の線――は、終末論的な線である。彼は、コノ世ニオイテ得ラレル知解を、ある時、信仰ト至福直観ノ中間ニ位置スルモノ (medium inter fidem et speciem) と呼んだ。[33] 人は、明らかにここで彼の念頭にあった段階の秩序をば、あまりに図式的な絵にしてはならない。彼にとっては見る〔直観する〕こと (Schauen) に相対して、知解することは、結局、ただひどく相対的にしか、信じることよりも高く立っていない。[34] 恵ミノ国と栄光ノ国の間の境界線を知解スルコトを通してつき破ること、については何も語られ得ない。まさにその探究スルコトと見出スコトの中で、知解は、むしろ、それとしての信仰そのものがしないような仕方で、人間性の仮借ない限界につき当たる。まさに知解スル者としてこそまさにキリスト者は、彼にとって知解できるところのものを神ご自身から苦痛な明瞭さをもって区別することを学ばなければならない。[35] そのようなわけで、人は、アンセルムスの意味での知解の中間的な (medial) 性格についての命題を次のように——知解は、ちょうど人が山について、それは谷間にとどまっている観察者と太陽の間にあるということができるように、信じることと見ること〔至福直観〕の間にあるというように——解釈しなければならないであろう。intelligere は、努力に値し、到達しうる可能性として、祝福された見ること〔至福直観〕の方向にある。それはまさにそれだからこそ、それ自体、見ること〔至福直観〕の性質の何がしかを自分の身にもっている。それは見ること〔至福直観〕の類似体 (similitudo) として、まさに、人間を、信じることの限界を越えてではないが、信じることの限界のところへと導くがゆえに、努力するに値している。[36]

33　**C.D.h. comm. op., II 40, 10f.**

34　価値の区別をもって、人は、アンセルムスのところで、この点に関して、作業しない方がよいであろう。

35　「主ヨ、アナタハ未ダニソノ光ト至福ノウチニアッテ、私ノ魂カラ隠レ、ソノタメニ魂ハ闇トソノ悲惨ノウチニ留マッテイマス」(**Prosl. 17, I 113, 7f.**)。「ソレユエ、主ヨ、アナタハ、ソレヨリ偉大ナモノガ考エラレ得ナイモノデアルダケデナク、考エラレ得ルヨリモ偉大ナ何カデス」(**Prosl. 15, I 112, 13f.**)。「主ナル神ヨ、モシ私ノ魂ガアナタヲ見イダシタノナラ、ナゼアナタヲ感ジナイノデスカ。アルイハ、光デアリ真理デアルトイウコトヲ見イダシタソノカタヲ、私ノ魂ハ見イダシテイナイノカ。デハ、魂ハソノコトヲ光ト真理ヲ見ルコトニヨル以外ニ、ドウシテ理解シタカ。アルイハ、『アナタノ光トアナタノ真理』ニヨラズ、アナタニツイテドノヨウナコトデモ理解スルコトハ可能ダッタノデスカ。……ソレトモ、イクブンナリトモアナタヲ見テイテモ、アリノママノアナタヲ見テイナイタメニ、真理ト光ヲ見タガ、アナタヲマダ見テイナイトイウノデスカ。主ナル私ノ神、私ヲ創造シ、私ヲ再生シタ神ヨ、アナタヲ希求スル私ノ魂ガソノ希求スルトコロヲ純粋ニ見ルタメニ、アナタハ魂ガ見タモノ以外ノ何デアルノカヲ知ラセテクダサイ」(Prosl. 14, I 114, 14–24)。

36　「ソノ根拠ヲ全ク理解出来ナイコトヲ沈黙ヲ守ッテ証明サレルヨリモ、ソノ根拠ヲイクラカデモ理解シテイルコトヲ先生モ立証サレルナラ、コノ神秘ノウチニ、ヨリ深遠ナ根拠ガヒソンデイルコトニ私ハ納得イクデショウ」(C.D.h.II 16, II 117, 20ff.)。

そのことが、すべての目的に、したがってすべての証明しようとすることと喜びを与えようとすることに対して独立した、私ハ知解スルタメニ信ジマスの根拠である。それはすなわち、信じられた神が認識ニオケル真理ノ原因 (causa veritatis in cogitatione) である、ということである。信仰の中に含まれている神への愛へと、認識は、有無を言わさぬ仕方で並列的に順序よくつけ合わされている。信仰の中で起こっているところの神ノ像の実現化 (Aktualisierung)に、また知解も含まれている。知解は、見ること——信仰に対して終末論的に対応している見ること——の（すべてのその限界づけられた姿の中で到達しうる）前段階である。それであるから、本質からして、信仰は知解ヲ求メル信仰である。それであるから、アンセルムスは、モシ堅固ナ信仰ヲ獲タ後ニ信ジテイルコトヲ知解シヨウト努メナイナラ、(37) そのことを怠慢とみなすのである。それ故にわれわれは、まさに信仰の確信をもちつつ、信仰ノ根拠《ラチオ》 (fidei ratio) を渇望しなければならない。(38)

37　C.D.h. I 1, II 48, 17f.

38　「信仰ノ確実性ニ次イデ熱望スベキ信仰ノ根拠」(C.D.h. comm.op., II 39, 5)——これは、アンセルムスがイザヤ七・九の有名な誤解、「信ジナイナラ理解出来ナイデアロウ」の中に、アウグスティヌスと共に、はっきりと言葉に出して語られているのを見出した命令法（理解ヘノ努力ヲ重ネルヨウニという命令法）である。

二　神学の可能性

さて、われわれが、どのようにしてそもそも信仰ノ知解(intellectus fides)が可能であるのか、したがって、私ハ知解スルタメニ信ジルというプログラムが実行可能であるのかを問うならば、われわれはとりわけ、次のことを明らかに心に思い浮かべなければならない。それはすなわち、それとしての信ジルコト自体は、アンセルムスにとって、昔の教会全体（宗教改革とプロテスタント正統主義を含めて）にとってと同様に、その〔信ジルという〕ことに固有な服従と体験としての性格の、なおざりにされていないすべての強調にもかかわらず、いかなる場合にも決して、論理的でない、理性的でない、認識に関していわばからだ〔実体〕のない神ニ向カウコト(tendere in Deum)ではなかったということである。信仰は、それが神を信じる信仰である[1]限り、したがって〔本来の〕正しいもの(das Rechte)を信じるものである限り、神に負うている、神によって要求され、救いに益となる「経験」と結びついた、正しい意志行為である。信仰は聞くことから来、聞くことは説教からくる[2]。信仰は「キリストの言葉」と関連しており、もしもそれがキリストの言葉を懐き受けとること、すなわち、知識として受けとることと肯定することとでないならば、信仰ではない。そして、キリストの言葉は、「キリストを宣べ伝える者たちの言葉[3]」と同一である。換言すれば、それは、特定の人間の言葉によって正当な仕方で代表されている[4]。〔キリストの〕言葉を正当に代表しているこの人間の言葉がアンセルムスにとってどれだけの範囲を含むものであるかは、一義的に確かめられない。アンセルムスにとって聖書が、しかも特に際立った仕方で、そのような〔キリストの言葉を正当に代表している〕人間の言葉に属していることは確かである[5]。しかし、「聖〔なる〕書〔物〕」という概念それ自体は、アンセルムスによれば、原則的にもっと広く把握されるべきである。聖書の本文に、いずれにしても、同様の威厳と標準性をもって、矛盾なしに聖書の本文から結果として生じてくるもろもろの帰結がつけ加わってくる。[6] そしてその際、どのような帰結のことを考えたかということは、少なくとも部分的にはまた明瞭となる。アンセルムスは一再ならず、きわめて厳粛に、彼の「信仰」を、ローマ信条、ニケア・コンスタンティノポリス信条、アタナシウス信条に照らして、告白した。[7] 同時にまた定式的に表現された教義(ドグマ)の外部でさらに幅ひろい、必然的な信仰の要素〔構成分子〕を受けとることに対して余地を残した。[8] 彼はさらに、公教会ノ教父タチノ、特ニ最モ多ク祝福サレタ聖アウグスティヌスノ書物を、彼の思惟の源泉としてではないが、しかし規準として(はっきりと言葉に出し)、強調しつつ名ざした。[9] そして最後に、彼は、教会の中で起こった誤謬の神学的反駁をローマ教皇に提出してソノ賢慮アル検討ヲ仰グことを、最も安全なことだと明言した。[10] 簡単に言って、ここで教会が現われる。[11] それは、実際に、聖書と並んでの第二の源泉としてであろうか。それとも単に聖書の理解のための規準としてであろうか。この第二の場合には、どのような標準性をもってであろうか。どういう順位で、もろもろの要因、教義(ドグマ)、伝統、教父、教皇が立っているのか。それらすべては――われわれは、確かに、十一世紀に身を置いているのであって、十六世紀あるいは二十世紀に身を置いているのではないし、人はここで、今日のカトリックの命題も、われわれのプロテスタントの反対命題も、見出すことを期待することはできない――アンセルムスのテキストからは答えられない。その際、アンセルムスがキリストヲ宣べ伝エルモノタチノ言葉ということで理解しているものの範囲は具体的に確かめられることができない。しかしその辺の事情はとにかくとして、アンセルムスの主観的な credo〔ワレ信ズ〕は、教会の客観的な Credo〔教会的な客観的な信仰〕を、換言すれば、人間的な言葉で定式的に表現された、諸命題の総和を、(それに、カトリック教会の信仰の基本的文書として、いずれにしても聖書と古代教会の信条が属しているのである)、有無を言わさず関係点としてもっている。「キリストの言葉」は――それが「キリストを宣べ伝える者たちの言葉」と同一であるといった具合に、そしてそのことの中で――(信仰が信じる)「正しいこと」である。キリスト教の宣教の、この人間的な言葉に対する関係の中で、信ジルコトは知解スルコトの前提である。

1　「シカシ、信ジテイナイモノヲ愛シアルイハ希望スルコトハ不可能デアル。ソコデ人間ノ霊魂ハ、最高ノ本質トコノ本質ヲ愛シ得ルタメニ不可欠ナモノヲ信ジ、コノ本質ヲ信ジルコトニヨリコノ本質ニ向カワナケレバナラナイ」(Monol. 76, I 83, 16ff.)。「ソレヲ信ジナイデハソレニ向カウコトガ出来ナイ」(ib. 77, I 84, 11f.)。

2　「私ガ知ッテイル事柄、知ッテイルカラ主張シテイル事柄、ソシテ主張シツツ愛シテイル事柄ヲ、私ハキリスト教ノ学校〔講義〕デ学ンダ」(Ep. 49, III 162, 22f.)。

3　「ソモソモ、マズ心ノウチニ懐カナカッタモノハ、誰モ信ジルヨウニ望ムコトハ出来ナイ。サテ、信ジナクテハナラナイコトヲ望ムコトハ、正シク望ムコトデアル。ダカラ、何ヲ信ジルベキカヲ知ラズニソレヲ望ムコトハ出来ナイ」。ローマ一〇・一三―一四および一七節がよく注意されなければならない。「ダガ、コノ信仰ハ聞クコトカラト言ウコト（スナワチ、パウロガ言ウコト）ハ、精神ガ聞クコトヲ通シテイダイタコトカラ来ルトイウ意味ニ理解スベキデ、サラニソレハ、精神的ニイダイタコトダケデ信仰ガ人ノウチニ生マレルトイウノデハナク、信仰ノ存在ニハ精神的ニイダクコトガ必要ダトイウコトデアル……。『聞クコトハキリストノ言葉ヲ通シテ』、スナワチ、キリストヲ宣ベル者ノ言葉ヲ通シテ来ル」(De concordia Qu. III 6, II 270, 28–271, 10)。

4　「語ル者ハ、アナタガタデハナク、アナタガタノ中ニアッテ語ル父ノ霊デアル（マタイ一〇・二〇）、ト語ラレテイル者タチノ権威」(De nuptiis consang. I, MPL 158, 557)。

5　彼は、その書物を（われわれが「神学的」と呼ぶであろうことを言いかえつつ）、聖書ノ研究ニ属スル論文(De verit. Praef, I 173, 2) というように言い表わした。彼は、後で名ざされるべき箇所――そこで、彼は、〔それのもとに〕彼の労作〔著作〕をおいた決定的な標準について語るようになる箇所――において、彼がこの標準についてはっきりと言葉に出して語った限り、聖書を名ざしであげた。彼は、「聖なる生活」への簡単な指示の中で、質問者に対して、第一の、根本的なこととして、聖書ニオイテ学ブ修行 (cura studendi in sacra scriptura) をしきりにすすめた (Ep. 2, III 99, 28)。彼は、教会の宣教の源泉としての聖書の意味について、原則的に次のように語った。「ソコデ、始メニ、神ハ人間ヲ養ウタメニ、労働モ種モ使ワズニ、奇蹟ニヨッテ穀類ソシテホカニ地カラ生ジルモノヲ創ッタガ、同ジヨウニ預言者ト使徒タチノ心ソシテ福音ヲ奇蹟的ニ、人間ノ教エナシデ、救イノ種デ肥沃ナモノトシタ。ソコカラ私タチハ、チョウド身体ノ養育ノタメニ繁殖サセテイルモノヲ地ノ初種カラダケ得ルヨウニ、霊的養育ノタメニ『神ノ畑』ニ恵ミ豊カニ植エル種ヲスベテイタダクノデアル。ソモソモ私タチノ説クコトデ救霊ニ役立ツコトハスベテ、聖霊ノ奇蹟ニヨッテ肥沃ニサレタ聖書ガ語ッテイルカ、ソノウチニ含マレテイル」(De concordia Qu. III 6, II 271, 20ff.)。

6　「ソコデ、私タチハ聖書ニ書カレテイルコトダケデナク、ソレラノコトカラ、ドノヨウナ反対理由モナク、理性的必然性ヲモッテ、結論ヅケラレルコトヲモ、確信ヲモッテ受ケ容レルベキデアル」(De proc. Spir. 11, II 209, 14ff.)。

7　Ep. 136, III 280, 17ff. および Ep. de incarn. 4（P・シュミットによって発見され、はじめて印刷されたRecensio prios の中にある)。この第二の箇所でアンセルムスはこう付け加えている。「コレハ、キリストガソノ上ニ教会ヲ建テ給ウタ岩デアッテ、冥府ノ門モソレニウチ勝ツコトハナイ。コレハ、ソノ上ニカシコイ者ガ家ヲ建テタアノ堅固ナ岩デアッテ、洪水ガ来テモ、大風ニアッテモ、ソノ家ハ動カサレルコトハナイ。コノ岩ノ上ニ、私ハ家ヲ建テヨウ。コノ信仰ノ確カサノ上ニ建テル者ハ、キリストノ上ニ建テルノデアル。キリストヲ別ニシテ、他ノ基礎ヲスエルコトハ出来ナイ」(I 283, 15ff.)。

8　「私タチハ、信ジマタ告白スベキコトガスベテコノ信経ニ表明サレテイルワケデハナク、マタソレヲ発布シタ人タチガ、ソコニ書キ入レタコトダケヲ信ジマタ告白スルコトデ、キリスト教信仰ガ満足スルコトヲ望ンダノデハナイコトヲ知ッテイル」(De proc. Spir. S. 13, II, 211, 18ff.)。

9　Ep. 77, III 199, 17ff.; Monol., Prol., I 8, 8ff.

10　Ep. de incarn. 1, II 3, 7ff.

11　「コウイウワケデ、タズネ求メヨウトスル者ハ、私ヲ求メルダロウ」(Hom. 7, MPL 158, 629)。あの第一の権威（聖書の権威）に聞き従う(obedire)ようにとの推挙(Empfehlung)と並んで、もう一つの別な推挙、「教会ノ慣習——ソレヲユリ動カソウトスルノハ、異端ノ仕業デアルガ、ソノ教会ノ慣習——ニ従ウヨウニ」(De nuptiis consang. MPL 158, 557)という推挙がつけ加わる。「公教会ガ心デ信ジマタ口デ告白スルコト」、そのことは、いかなる場合でも決して否定の対象であることはできない(Ep. de incarn. I, II 6, 10f.)。

まさに、credo と Credo の間のこの関係からして、どの程度まで〔どのような事情のもとで〕キリスト者は信ジルコトから知解スルコトに向かって立ち上がることができるのか、したがって、どの程度まで〔どのような事情のもとで〕神学が可能であるのかが、結果として生じてくる。credere des Credo〔クレドーを信ジルコト〕として信仰自身が、既にいわば知解スルコトである。それ〔信仰〕は信仰が「要求する」知解スルコトから、ただ、程度を通して違うだけで、あり方〔種類〕を通して違っているわけではない。[12] 信仰は、結局どうしても、キリスト教の宣教を聞くこと(Vernehmen)として、いずれにしても、ソノモノヲ意味シテイル言葉(vox significans rem)を、論理的 - 文法的に表現された意味関連性〔脈絡〕――今や聞かれたもの、そしてそのようなものとして理解されたものとして、知解ノウチニ(in intellectu)ある意味関連性〔脈絡〕――を、知識として知ることである。この〔知識として〕知ることを信仰は、もちろん、不信仰と共通にもっている。そしてこのこと――この知ること以外の何かが、この知解ノウチニアルコト(esse in intellectu)以外の何かが、キリスト教の宣教の聞くことからして生じてこないこと、ソノモノヲ意味シテイル言葉が(それが意味している事柄が人間にとって現在しないがゆえに)その業を無駄になすということ――がまさに、不信仰である。[13] ところで信仰はまたこの知ることでもある。信仰が知解スルコトとの間にもっている近親関係は、しかし、ただ単にこの、本源的な、曖昧な関係にとどまらない。信仰はどうしても、この知ることを越えて――知解ノウチニアルコト(esse in intellectu)に、事柄ノウチニアルコトヲ〔実在トシテ、アルイハ対象性ノ中デ、存在スルコトヲ〕知解スルコト(intelligere esse in re)がつけ加わってくる――、宣べ伝えられたことを真理として肯定すること、キリスト(宣べ伝えられたことの本来的な、主要な創始者であり、ご自身真理を、ただ真理だけを、宣べ伝えることができるキリスト)の故の肯定、である。[14] 信仰そのものの中で、先に受け取られていることは、あのところでは〔知識として知ること、あるいは理解のうちにあることにおいては〕知解の始まりであったが、ここでは〔肯定、あるいは事柄のうちにあることにおいては〕知解の終り、頂点であり、信仰にとって(あの最初の言葉と共に)既に下されている知解の最後の言葉である。神ノ意志ハ決シテ非理性的デハナイ。[15] したがって、信仰が知解ヲ求メル時に、既に起こった知ることと同じように既に起こった肯定の間の中間の道程(Mittelstrecke)を進み行くことが、問題でありうるだけである。[16] そしてまさに、知解スルコトの始めと終りが信仰の中で既に与えられているがゆえに、そこで求められている知解スルコトにおいては、ただ、これら二つの端の点の間の中間の道程を進み行くことだけが問題であるがゆえに、この知解スルコトは解決しうる問題であり、神学は可能な課題である。信ジルコトが知解スルコトに対してもっているこの二重の近親性の故に、アンセルムスは時々、それとして、権威ニ服従スルコトと教会ノ伝統〔慣習〕ニ従ウコト自体を、単純ナ、マコトノ根拠〔道理〕(simplex et pura ratio) として、ただ単に命令ニヨッテダケ承認スル権威 (auctoritas solo imperio cognoscens) としてだけでなく、(その意味が問われている) 特定の命題を理性〔道理〕ニカナッタ仕方デ教エル方法 (ratio rationabiliter docens) として、表示することができるのである。(17) アンセルムスは、彼が彼の問題の解決を自分の前にもちつつ、同時に、問題の解決を、いわば (教会的な権威の信じられた判定〔Votum〕の客観的な理性性の中で) 常に既に自分の背後にもっている。それであるから、彼の私ハ知解スルタメニ信ジルは知解ノ犠牲も意味しなければ知的な天国襲撃も意味することはできない。まさにその同じ客観的なCredoが、神的な事物を理解するすべての人間的な知解に際して前提されている (神の啓示そのものに固有な) 真理ノ根拠 (ratio veritatis) に相対しての、キリスト教的な、分に安んじる態度へと強いるし、またその同じCredoが神学的な学問を可能にし、基礎づける。ここからして——全く確かにただここからしてだけ——理解されることのできるものは、アンセルムス的な神学研究することの特有な落着き〔痙攣のなさ〕である。(18)

12　「私ガ語ルコトヲ、私ガ理解スルヨウニ助ケテクダサイ」(Prosl. 9, I 108, 8f.)。

13　Prosl. 2, I 101, 7ff. および、そして特に 4, I 103, 18ff. を参照せよ。

14　「ソシテ、コノ同ジ神・人ガ新シイ契約ノ基礎ヲ築キ、旧イ契約ヲ確認シテイルノデスカラ、神・人ガ真実ヲ語ッテイルト告白シナケレバナラズ、誰モ聖書ニ含マレテイルコトガ真理デアルコトヲ、一ツトシテ否定出来マセン」(C.D.h. II 22, II 133, 8ff.)。

15　C.D.h. I 8, II 59, 11.「マタ私ハキリストノオ言葉ガ正シク、ソノ行為ガ理性的ニナサレタコトヲ疑イマセン」(ib. II 15, II 116, 8f.)。

16　人は、それについては、『プロスロギオン』二—四章の結論となっている命題に注意せよ。「ソレユエ、神ガコノヨウニ存在シテイルコトヲ理解シテイル者ハ、神ガ存在シナイト考エルコトハ出来ナイノデアル」(Prosl. 4, I 104, 4)。

17　De nuptiis consang. I, MPL 158, 577. なおまた、De

casu diab. 21 (I 267, 17f.) の箇所を参照せよ。「ナゼナラ、私ガ絶対的信仰ヲヨセル神的権威以外ニハ、ソノ解決ヲ理解スルニ十分ナ理由ヲマダドコデモ読ンダコトハナイカラデス」。したがって、また権威(anctoritas)そのものの中で、彼は理由《ラチオ》〔根拠〕を、しかも十分な理由を、見出した。

18　アンセルムスの、私ハ知解スルタメニ信ジルは、シュライエルマッヘルの信仰論の表題紙のところでは、場違いであるということについては、何の説明の言葉も要しないであろう。

三　神学の諸条件

今論じられた、intelligere〔知解スルコト〕が fides〔信仰〕によって要求されており、可能とされるということからして、今や、神学的作業の諸条件——われわれが、神学的作業の特別な課題を問う問いに身を向ける前に、それについて語られなければならない神学的作業の諸条件——の一連の系列が結果として生じてくる。

一　神学的学問は、Credo についての学問として、Credo との関連において、ただ積極的な性格しかもつことができない[1]。私ハ、「信ジナイナラバ、知解シナイデアロウ」トイウコトヲ信ジテイルカラデス[2]。それは次のことを言おうとしているのである。わたしが信じることによって、わたしはまた、求められている知解――それが信仰によって要求され、信仰を通して可能とされているところの求められている知解――は信仰を前提としてもっており、もしも知解がもはや信仰の知解でないならば、知解は直ちにそれ自身で不可能になってしまうであろうということを信じる、と。(3) しかし信仰は、教会の Credo――その中へとわれわれが洗礼によって入れられている教会の Credo――とかかわっているのである。したがって、求められた知解は、いずれにしても、教会の Credo のあの肯定――信仰そのものの中で、暗々裡に既に遂行されている教会の Credo のあの肯定――の継続と説明以外のほかの何ものでもないのである。キリスト教的な知解を問う者は、一瞬たりとも問いの中に立っていない前提――彼がキリスト信者として信じている通り〔の事態〕であるという前提――に基づいて、どの程度まで (inwiefern) 事情はそうなのかを問う。それと別な仕方ででではなく、またそのほかの何かを問うのでもない。信仰を（教会の Credo を）否定したり、あるいは疑う信仰の学問は、オノズカラシテ、ただ単に信仰的であることをやめるだけではなく、また学問的であることもやめるであろう。そういうタイプの信仰の学問がなす否定は、はじめからして、こうもりとふくろうが鷲に対して――正午の太陽の輝きの現実をめぐって――なした争いよりもましであることはないであろう。intelligere――信仰が求めている intelligere――は、信仰の中で肯定されている真理のどの程度まで〔どのような事情のもとで〕を畏敬に満ちた仕方でまだ知らないことと、そして決定的に知らないことと折り合える。しかしそれ (intelligere) はこの真理の事実 (Daß) に対してのあつかましい知ったかぶりとは折り合えない。(4) intelligere は、前もって語られており、前もって肯定された Credo を後から考えること (Nachdenken) を通して生じる。(5)

1　「徳ヲ建テル謙虚ナ知識ヲ、アナタハ常ニ与エテ下サイマシタ」(Medit. 18, MPL 158, 799)。神学は、愚昧ナ傲慢とは正反対に、謙遜ナ知恵である (Ep. de incarn. 1, II 6, 8f.)。

2　Prosl. 1 (I 100, 19)。

3　「キリスト教信仰ノ奥義ヲアエテ理性ニヨッテ討議スル前ニマズソレヲ信ジルコトハ、正当ナ秩序ガ要求シテイル……」(C.D.h. I 1, II 48, 16f.)。

4　「信ジテイルコトヲ理解シ得ナイタメニ、聖父タチニヨッテ確認サレテイル信仰ノ真理ニ対シテ異論ヲ唱エル者ハ、明ラカニ信仰ノ堅固サヲ持チ合ワセテオリマセン。ソレハチョウド、夜間シカ空ヲ見上ゲルコトノナイコウモリトフクロウガ、マバタクコトヲセズニ太陽ヲ凝視スル鷲ト、昼日中ノ太陽ノ光線ニツイテ論ジルヨウナモノデス」(Ep. de incarn. 1, II 8, 1 ff.)。「キリスト者トイウ名前デ呼バレル誉レヲ喜ブト告白スル者タチニ対シテハ、洗礼ニオイテナサレタ約束ガユルグコトナク保持サレルコトヲ要求セネバナラナイ」(Ep. 136, III 280, 35ff.)。「サテ、キリスト者ハ誰デモ、イカニ (quomodo) 公教会ガ心デ信ジマタ口デ告白スルコトガ存在シナイカヲ論ジテハナラズ、ムシロ常ニ同ジ信仰ヲ疑ワズニ信奉シ、愛シ、マタソレニ従ッテ生キツツ、謙虚ニ、可能ナカギリ、ドウシテソウナノカ (quomodo sit) トイウ理由ヲ求メルベキデス。モシ理解出来ルナラ、神ニ感謝スベキデス。モシ出来ナイナラ、角ヲ振リマワシテ追突スルコトナク、頭ヲ垂レテ敬意ヲ表スベキデス（エゼキエル三四・二一）。ソモソモ、人間的知恵ハ自ラヲ信頼シ、ソノ支エニヨッテコノ石ヲ除去スルヨリモ、突キカカルコトニヨッテ角ヲ先ニ抜キ取ラレルコトガアリ得ルカラデス」(Ep. de incarn. 1, II 6, 10-7, 6)。この書物の Rec. prior の中で、アンセルムスは次のように語っていた。「神ガ覆ッテ〔隠シテ〕シマワレルノデ、私ハコノ信仰ニツイテ決シテ論ジナイデアロウ、トイウ具合デハナク、神ガ与エテ下サルノデ、イツモ、信ジ、愛シ、生キルコトニヨッテ、ソレヲ論ジルデアロウ、トイウ具合デアロウ」(I 283, 22ff.)、と。「ソレ故、信心深ク生キヨウトスル者ハ、聖書ヲ黙想スル。ソシテ、マダ理解シテイナイ事柄ヲ非難シタリ、ソレデ、抵抗シタリシナイ。コレガ、柔和ニナル（マタイ五・五）トイウコトデアル」(Hom. 2, MPL 158, 596)。

5　「信仰ノ根拠ニ関スル黙想ノ典範」というように、もともと、『モノロギオン』の表題は言われていた。「黙想ハ知〔識〕ヲ生ム」(Medit. 7, I, MPL 158, 741)。

二　神学者は、どの程度まで、キリスト者が事情はそうだと信じているその通りの事情であるのかということを問う。しかし、アンセルムスは、「どの程度まで」を問う問いは、もしも特定の限界を越えてしまうならば、「事実」(daß) を問う問いへと急変してしまい、したがって、神学を非神学 (Atheologie) にしてしまわざるを得ないということを見誤ることはなかった。それであるから、問いはこの限界を越えてなされてはならないのである。神学者は、神学者であり続けるために、ドノ程度マデ根拠《ラチオ》ガ尋ネ求メラレルベキデアルカという点で、デキル限リ謙遜デアルであろう。換言すれば、彼はまた、ドノ程度マデを問う問いを特定の点において沈黙させるであろう。Credo の、信仰をもっての肯定のすべての継続と説明、すべての思索は、ただ、この肯定の、換言すれば、肯定された Credo の、言いかえであることができるだけであって、決して――そのことは謙遜さに反することであり、そのことに対してはわれわれにとって能力が欠けている――われわれの肯定を、あるいは肯定された Credo を、基礎づけることであることはできない。基礎づけは、Credo と credo の事実の中に、神的な啓示の事実の中に、ある。それが例えば神の三位一体についての教義の背後で、あるいは受肉についての教義の背後で、明らかになってくるような事実そのものは、理解できないものである。したがって、intelligere は、Credo の諸命題の内的な必然性を確かめることを、信仰にとって必然的な存在 (das glaubensnotwendige Sein) ――これらの命題に相応している信仰にとって必然的な存在(6)――を確かめることを、越えてゆくことはないであろう。この限界のところでの神学の課題は――それはキリスト教的な神概念そのものでもって与えられているのであるが――、むしろ、ドノヨウニシテ「知ルノ」(7)カトイウコトガ理解ヲ越エテイルコトヲ理性的ニ明示スルという課題、換言すれば、キリスト教的な真理の内的な必然性を神学が示すに際して、終始、その「キリスト教的な真理の」、(どのような外的な必然性によっても導き出されえない)事実性を共に熟慮し、そのような事実性をそれ「キリスト教的な真理」の内的な必然性の要素として共に知解するという課題であるであろう。あの限界のところでさらにひき続いて問おうとする者、その者は、再びただ愚か者――啓示された真理を確かに聞いて、「頭デ」理解スル (in intellectu) が、しかしそれでいてどうしても、なぜと言って事柄「もの」(res)、啓示された事実、は彼の手から逃げ失せてしまうので、外的な必然性を、(彼がただ内的な必然性の中でしか、すなわち、彼によって問われている、宣べ伝えられた真理そのものの本質 (esse) の中でしか、見出すことができないであろう)「どのように」を、問う愚か者――でしかありえないであろう(8)。

6　三位一体について。「ソノヨウニ崇高ナ事象ノ神秘ハ、私ニハ人間ノ知性ノ全能力ヲモ越エタモノト思エ、コレガドノヨウナモノカ説明シヨウトシテモ、ソノ努力ハ放棄サレナケレバナラナイト考エル。ソモソモ、私ノ判断カラスルト、理解ヲ超越シタモノゴトヲ探求シテイル者ハ、推理ニヨッテソノ存在ヲ最モ確実ニ認メルニ至ッタナラ、タトエソレガドウシテソハヨウデアルノカヲ知性ニヨッテ究明出来ナイトシテモ、ソレデ満足スベキデアル。ソコデ、必然的証明ニヨッテ確認サレ、ドノヨウナ矛盾スル理由モホカニナイモノゴトニツイテハ、タトエソレラガソノ本性的崇高サノタメニ理解ヲ越エ、説明ヲ受ケ付ケナイトシテモ、ソレユエニソレラニ対シテ示ス信仰ノ確実性ガ低クナルコトガアッテハナラナイ」(Monol. 64, I 74, 30–75, 6)。受肉について、「一方、神ノ知恵ガドノヨウナ理由カラソウナサレタカヲ理解出来ナイトシテモ、ソレハ驚クベキデナク、ムシロソノヨウニ偉大ナ事ガラニハ、私タチノ知ラナイ神秘が潜ンデイルコトヲ敬意ヲモッテ認メルベキデアル」(C.D.h. II 16, II 117, 3ff.)。

7　Monol. 64 (I 75, 11f.). なお Prosl. 15 (I 112, 14ff.) を参照せよ。

8　「必然的ニ存在スルコトヲ、ソレガドノヨウニシテ存在スルカヲ知ラナイトイウ理由カラ、不可能デアルト断定スル者ガイルナラ、ソノヨウナ人ニハドウ答エタラヨイカネ。答。愚カ者ダト言ウベキデス。……トイウノハ、一ツノ必然的立証ニヨッテ、マコトニ存在スルコトガ証明サレタコトニツイテハ、タトエドノヨウニシテソレガ存在スルノカガワカラナクテモ、イササカモ疑問視シテハナラナイカラデアル」(C.D.h. I, 25, II 95, 18ff.; 96, 2f.)。

三　すべての神学的な言説は、その対象にとって不適当なものである。[9] われわれに対して語られたキリストの言葉 (Das... Wort Christi) はそれとして、その対象にとって不適当ではない。[10] しかし、われわれの側でなすこの言葉のすべての描写は、また最高の、最上の考えられた、あるいは語られた描写も、不適当なものである。[11] 厳格な意味での神概念を、ただ神ご自身しかもち給わない。われわれはただ、神とは同一でない諸対象の概念をもっているだけである。また最も重要な表示も、神に対して、ただ相対的にふさわしいだけである。神は、われわれが神について語ることができるすべてのこととただ単に全く違ってい給うだけではない――ただ神だけが、まことに、本来的に、いまし、[12] 独一無比で、[13] ただ彼にのみ固有で、またただ彼にだけ知られているあり方〔性質〕の中にいます。それであるから、〔それのもとでわれわれが神を把握しようとこころみる〕われわれにとって知られているあり方〔性質〕のうちのどれも、最後的に、また本来的に、彼のあり方〔性質〕ではないことが[14]確かである限り、神はすべての三段論法をうち砕き給う。しかし、ちょうど神ではないすべてのものが、神なしには無であるであろうが、しかし神を通して何かであり、段階的な強度において、最高ノ本質ノ一種ノ模倣[15]であるように、本来ただ神とは決して同一でない諸対象にとってだけ適当である言説が、アル形似アルイハ像ヲ通シテ（タトエバ、アル人ノ顔ヲ鏡ノウチニ〔in speculo〕観察スル場合ノヨウニ）、口で言い表わせない神に適用されて、まことの言説であることができるのである[16]。すべての「思弁的な」(spekulativ) 神学が真理を語っているわけではない。しかし、また、真理を語るところの神学は、「思弁的な[17]」〔鏡でうつす式の〕神学である。またこの条件づけから神学は身をひくことはできない。また神学はこの条件づけを忘れることはできないし、またそれを恥じることもできない。

9　「言語ノ微弱ナ意味ヲ通シテ私ノ精神ガ理解シヨウト努メテイルモノト比較シテ、言葉ガソノ意味ヲ通シテ私ノウチニ構築スルモノハ非常ニ小サク、イヤ甚ダ異質ノモノノデアル」(Monol. 65, I 76, 27ff.)。

10　「ソコデ、充分明ラカナヨウニ、スベテノモノハ言葉ヲ通シテ創ラレタガ、コノ言葉ノウチニソレラノ形似ハ存在セズ、ムシロ真ノ純一ナ本質ガ存在シ」(Monol. 31, I 50, 7ff.)。

11　「主ヨ、私ハアナタノ高ミヲキワメルコトヲ試ミマセン。私ノ理解ハ決シテソレト比較出来ナイカラデス」(Prosl. 1, I 100, 15f.)。

12　Monol. 28, I 45, 25ff.

13　唯一の、根源的に存在する方の独一無比性の中で (Prosl. 22, I 116., 15ff.; De casu diab. 1, I 233, 16ff.)。

14　「ソコデ、最高ノ本性ガ時ニ他ノモノト共通ノ名デ呼バレルコトガアルトシテモ、ソノ意味ハ異ナルモノト理解スベキコトニ全ク疑イハナイ」(Monol. 26, I 44, 17 ff.)。「コノ実体ガ……、諸実体ノドノヨウナ一般的取リ扱イノウチニモ含マレナイコトハ確カデアル」(Monol. 27, I 45, 4f.)。「最高ノ本質ハ他ノスベテノ本性ヲ超エテソノ外ニアルカラ、ソレニツイテ他ノ諸本性ニモ共通ナ言葉ヲモッテ何カヲ時ニ語ルコトガアッテモ、ソノ意味ハ全ク共通デナイ。……タトエドノヨウナ名辞ニヨッテ人ガコノ本性ニツイテ語リ得ルカノヨウニ見エテモ（たとえ知恵とか本質という名辞であっても）、コレラノ名辞ハコノ本性ノ特性ヲ私ニ示ストイウヨリモ、……」(Monol. 65, I 76, 2ff., 22f.)。

15　Monol. 31 u. 34, De casu diab. 1.

16　「モシ理性ノ教エルトコロニ従イ、他ヲ通シテ、謎ニオケルヨウニソレニツイテ何カガ推察サレ得ルナラ、ソレモ誤リデハナイ」(Monol. 65, I 77, 2f.)。

17　「私ガ黙想シテイルコト」(quod speculor) というように、

アンセルムス自身は自分の行為について語った(Monol. 6, I 19, 19)。

四　そのことから、神学的なもろもろの言明がただ学問的な確実さ――信仰の確実さとは、その相対性を通して区別された確実さ――をもってしかなされることができないということが結果として生じてくる。神学的なもろもろの言明は、そのようなものとして攻撃されている言明――それらの対象が比較を絶したものであるということからして攻撃されている言明――である[18]。まさに啓示（神学的な言明がかかわっている啓示）の絶対性こそが、思索する神学者をあのへだて――ただ相対的な確実サノ根拠《ラチオ》しか自由に処理できない人間的な自己思索家[19](Selbstdenker)へ、十分しばしば、ただこころみにするという仕方でしか作業することができないであろう[20]自己思索家、ほかのものを通しての矯正を待っており[21]、また彼のよく考えぬかれた言説の信頼性のことをも、ただ最後から一つ手前の確実さをもって誇ることしかできない[22]自己思索家、その最も深い intelligere をも、ただ、アナタノ真理ヲ、イクラカデモ理解スルコト[23]として、彼の学問を常にただ、ワタシノ知識ノ貧困[24]としてしか理解しないであろう自己思索家、のへだて――へと移す〔おく〕のである。――ただ一つだけ、そしてただ一つだけそのように見える（この規則からの）例外がある。神学者は、その言説が、聖なる権威をもって書かれた本文と、換言すれば、本文の必然的な帰結〔結論〕と一致する時に、絶対的に語るのである[25]。さてしかし、アンセルムスによれば、われわれがこれから見るであろうように、神学的な作業、より狭い意味での尋ね求められた intelligere、は正確に、聖書の引用が終わるところで始まるのである。したがって、まさに本来的に神学的な（聖書の権威と一致したのでない）言説について、それは原則的に、最上の知識と良心にしたがってなされた中間的な言説であり、それは神あるいは人間を通してのよりよい教示を待っているということが妥当するのである[26]。

18　「コノヨウニ私タチハ同一ノコトヲ表現シナガラ表現セズ、見ナガラ見テイナイ。他ヲ通シテ表現シ、見テイルガ、しかし、ソノ特性ヲ表現せず、マタ見テイナイ」(Monol. 65, I 76, 16ff.)。

19　「私ノ知性ハコノ光ニ達スルコトハ出来マセン。ソノ輝キハ強過ギ、私ノ知性ハソノ光ヲ把握セズ、私ノ魂ノ眼ハ長イ間ソノ光ニ見入ルコトニ耐エマセン。ソノ光輝ニクラミ、ソノ充溢ニ打チ負カサレ、ソノ無窮ニ圧倒サレ、ソノ宏大ニ惑ワサレマス。至高デ近ヅキガタイ光ヨ。完全デ至福ノ真理ヨ。アナタニコノヨウニ近イ私カラ、アナタハナント遠イコトデショウ。コノヨウニアナタノ御前ニアル私カラ、アナタハナント遠ク離レテイルコトデショウ」(Prosl. 16, I 112, 24ff.)。

20　「私ハ……神ノオ援ケ……ニヨリ、可能ナカギリ、……試ミタイ」(C.D.h. I, 2, II 50, 4)。「モシ私ガ貴君ノ要請スルコトヲ少シデモ立証出来ルナラ、神ニ感謝ヲ捧ゲヨウ。シカシ、モシ出来ナイナラ、スデニ証明シタコトデ満足シテホシイ」(ib. II 16, II 117, 23ff.)。

21　「私タチノ語ッタコトニ訂正ヲ要スルコトガアルナラ、コノ訂正ガ理ニカナッテナサレテイルカギリ、ソレヲ拒ム者デハナイ」(ib. II 22, II 133, 12f.)。

22　「ココニ記シタコトハ、神ガ何ラカノ方法デサラニ啓示ヲ私ニ与エラレルマデ、私ノ理解力ノ許スカギリ、……肯定スルトイウヨリモ論理的ニ推論シテ簡単ニ述ベタモノデアル」(De conc. virg. 29, II 173, 4ff.)。

23　Prosl. 1, I 100, 17.

24　C.D.h. I 25, II 96, 17.

25　これがアンセルムスの意見であったということは、彼の言明——神学者は、聖書の権威をはっきりと言葉に出して自分を支持するものとしてもっていない時には、絶対的に語らないようにという言明——から従ってくる (Monol. 1, I 14, 1 ff.; C.D.h. I 2, II 50, 7ff.; ib. 18, II 82, 5ff.; De proc. Spir. S. 11, II 209, 14)。

26　「神ガヨリヨイ啓示ヲ何ラカノ形デ私ニオ与エクダサルマデ、私ニハ一応ソノヨウニ見エルトイウ以外ハ、ドノヨウナ確実性ヲモッテシテモ、ソレヲ受ケトラナイトイウコト」(C.D.h I, 2, II 50, 9f.)。「ソレラハ私ニ明白ト思エル諸根拠カラ、アタカモ必然的デアルカノヨウニ結論ヅケラレテイテモ、ソノタメニ全ク必然的ダトイウノデハナク、サシアタリソウ考エルコトガ可能ダト言ッテイルモノトトッテホシイ」(Monol. 1,I 14, 2ff.)。「ソコデ、コノ問題ニツイテ、ドノヨウナ人ノ正当ナ意見ヲモ退ケズ、マタ私ノ意見モ真理ニ反スルコトガ理性的ニ立証可能ナラ、頑固ニ弁護スルコトヲ避ケナガラ、ココニ私ノ考エヲカイツマンデ述ベタイ」(De conc. virg., Prol., II 139, 10ff.)。

五　神学的な学問の、全線にわたって可能な、しかしまた必然的な進歩がある。アンセルムスにとって、同時に、権威である教会教父たちに関して、アンセルムスははっきりと言葉に出して次のように語った、人は彼らの作業〔労作〕の結果のところにあくまで立ちつづけなければならないことはないし、また立ちつづけることはゆるされない、と。彼らは信仰の知解の探究において、偉大なこと、いや、彼らなりの仕方で凌駕できないことをなした。しかし彼らの生は、すべての人間のそれのように短いものであった。ところが他方において、客観的な真理ノ根拠は、人間的な把握力との関係において、そこで **intelligere** の諸可能性が彼らの命題でもってつくされ、その同じ神学的作業の継続がわれわれにとって禁じられることができるにしては、――主、教会に対して、世の終りまで教会と共にいることを約束された主が、その恵みを教会の中で分与することをやめ給わないであろうことが、確かである限り、その同じ神学的作業の継続がわれわれにとって禁じられることができるにしては――あまりに包括的である[27]。それらすべてのことが、アンセルムスの意味で、ただ単に教会教父たちの神学について妥当するだけでなく、またすべての神学についても妥当するということは、明らかである。アンセルムスはただ単に、真理のあれらのヨリ深遠ナ、マタヨリ多クノ根拠 **(maiores et plures rationes)**――人間の精神に対して決定的に（あるいは少なくとも此岸においては決定的に）閉ざされたままであり続けなければならない真理のあれらのヨリ深遠ナ、マタヨリ多クノ根拠[28]――が存在していることについて知っているだけでなく、また現在は隠されているが、しかしそれ自体接近することができ、将来においてなお見出されるべき根拠《ラチオ》〔理由〕[29]について知っている。それ故に、アンセルムスが学問の内部での運動を、事実、その都度、一つの根拠〔理由〕からもう一つのより高度な根拠〔理由〕への上昇として理解し〔具象的に考え〕ようとした限り、彼に対してははっきりと言葉に出して、神学的な進歩という考えを帰することは適切なことである[30]。その際、どうしても次のこと――その都度、これこれの歴史的な時間の中で遂行された進歩というものが、神学者の恣意の手にゆだねられているのではなく、むしろ、われわれにとってその都度、何を知解することがよいことであるかをよく知り給う神の知恵によって条件づけられているということ――が、よく注意されなければならない[31]。神学の完全性〔完全になる素質があること〕**(Perfektibilität)**[32]がアンセルムスにとって同時に、原動力と留保を意味していることは見紛うべくもないことである。

27　「聖教父オヨビ博士タチノ多クハ、使徒タチニ従イ、私タチノ信仰ノ根拠ニツイテ多クノ強力ナ論述ヲシテオリマス。ソシテ、ソノ真理ノ瞑想ニオイテ彼ラニ等シイ人タチヲ見イダスコトハ、現代モ将来モ望ミ得マセン。一方、堅固ナ信仰ノ持チ主ガソノ根拠ノ発見ニ努力スルコトヲ望ムトシテモ、決シテ彼ハ非難ヲ受ケルベキデハナイト私ハ考エマス。ソモソモ、『人ノ一生ハ短ク』（ヨブ一四・五）、コレラノ教父、博士タチニシテモ、イッソウ長イ人生ヲ与エラレタナラバ発見出来タコトモスベテ言イ尽クスコトハ出来マセンデシタ。マタ真理ノ根拠ハ広大、奥妙デ、死スベキ運命ニアル者ノ知リツクスコトノ不可能ナコトデス。サラニ、主ハ『コノ世ノ終リマデ』共ニオラレルコトヲ約束ナサッタ教会ニ、ソノ恩寵ノ賜物ヲ変ワラズ与エ続ケテオラレマス」(C.D.h. comm. op., II 39, 2–40, 7)。

28　**C.D.h. I 2, II 50, 12; ib. II 19, II 131, 14f.**

29　**C.D.h. I 2, II 50, 8ff.; De conc. virg. 21, II 161, 3ff.**

30　「モシ無償デ受ケタモノヲ人ニ喜ンデ分ケ与エラレレバ、先生ガマダ到達シテオラレナイ高キモノヲ受ケル ニ 値 スルノデスカラ、神ノ恵ミニ期待ナサルベキデス」(**C.D.h. I 1, II 49, 3ff.**)。アンセルムスがこの考えに対して、まさに神ハナゼ人間トナラレタカのはじめの数章――そこで、彼の学問的な自己意識がおそらく最高調に達した数章――において、特に明瞭に場〔所〕を与えている。

31　「私ニ有益トオ考エニナラレルダケ、私ガ理解スルヨウニ計ラッテクダサイ」(**Prosl. 2, I 101, 3f.**)。

32　「モシ貴君ノ質問ニ私ガアル程度満足ノイクヨウニ答エルコトガ出来タトシテモ、私ヨリ賢明ナ人ナラ、ヨリ以上ニ貴君ノ意ニ沿ウコトガ出来タデアロウコトハ確カデアル。サラニコノヨウニ重要ナ問題ニツイテハ、人間ガ何ヲ言ウコトガ出来タトシテモ、ソレヨリモ深遠ナ根拠ガ秘メラレテイルコトヲ知ラナケレバナラナイ」(**C.D.h. I 2, II 50, 10ff.**)。

六　しかしまたすべての神学的な言説の具体的な標準がある。もちろん、それは次のような標準――それによってそれらの神学的な言説が積極的に評価されることができるであろう、換言すれば、それによってそれらの神学的な言説の特殊的な（spezifisch）認識価値が確定されるであろう標準――ではない。この決定、すなわち、特定の学問的な考察が現実の **intelligere** を、換言すれば、**intelligere** における進歩を、意味しているかということについての決定は、最後より一歩手前の法廷〔権威の座〕において、その都度、それらの言説の創始者および彼の聞き手のところで、対話仲間と読者のところで、下される。[33] 他方、その決定は最後法廷的には、当然のことながら神――自ら真理であり給う神――の中に隠されており、あくまで隠され続けている。まさに次のことの中に、最後的にはあの、それら神学的な言説の語りの不適当さから、単に学問的な確実さでしかないことから、その語りの完全になりうる性質 (Perfektibilität) から、結果として起こってくる神学の攻撃されている姿が成り立っている。それはすなわち、神学の言説が最上の場合においても人間的な賛同を——結局、この賛同の最後法廷的な標準が示され得、訴え出ることのできるものであることなしに、人間的な賛同を——見出すことができるだけであるということである。しかし、少なくとも神学作業が信頼に値するものであるか信頼に値するものでないかについて決定する一つの標準がある。この標準は聖書——言うまでもなく、アンセルムスによれば、同時に Credo の根本要素（それと credere が、したがって intelligere が、かかわっている根本要素）を形造っている聖書——の本文である。聖書がそこでの決定的な源泉であることによって、同時に、聖書はまた、intelligere の決定的な標準であり、理性的結論デアル真理ノタメノ権威 (auctoritas veritatis, quam ratio colligit) である。[34] アンセルムスの規則は、この点で、次のようなものである。〔一つの〕命題が、聖書の本文と、あるいはその直接的な結果〔帰結〕と一致する時には、その命題は確かに絶対的な確実性をもって妥当するのであるが、しかしまさにこの一致の中で、まだ、本来的に神学的な言説ではない。それに対して、〔一つの〕言説が本来的に神学的な、換言すれば、聖書の本文に対して独立的に形成された命題であるならば、その時、それが聖書に矛盾しないという事実がその言説が信頼に値していることについて決定するであろう。他方、その言説が聖書に矛盾していると いう事実は、そのほかどんなに輝かしい基礎づけがそこにあるとしても、それが信頼に値しないものであることについて決定するであろうということである。[35]

33　ここのところに、多かれ少なかれ賛同的な結論——それをもって、例えば『神ハナゼ人間トナラレタカ』において、ボゾが、あるいはアンセルムスがボゾの口を通して、時々、個々の思想の動きの完成を強調するのを常としている結論——が属している。

34　De concordia Qu. III 6, II 272, 6f.『神ハナゼ人間トナラレタカ』の中で（例えば、直ちに I 3, II 50, 20ff. において）、対話相手であるボゾが、その質問でもって、終始、ただ単に疑いだけでなく、同時にまた、彼が一見、矛盾する聖書の箇所を名ざしであげながら、教会的な権威を代表していることが注目されなければならない。神学的学問は、まさにそのようなものとして、また、この側面に向かっても責任をもたなければならないのである。

35「私タチガ理性ニヨッテ表明スルコトデ、時ニ聖書ノ言葉ヲモッテ明ラカニ示スコトモ、ソノ言葉カラ立証スルコトモ出来ナイコトガアルトシテモ、ソノ見解ヲ受ケ容レルベキカ、拒否スベキカハ次ノヨウニ聖書ヲ通シテ知ルコトガ出来ル。スナワチ、モシコノ見解ガ明白ナ理性ニヨルモノデ、聖書ノドノヨウナ部分トモ矛盾シナイナラ――聖書ハドノヨウナ真理ニ反スルコトモナイヨウニ、ドノヨウナ虚偽ヲ支持スルコトモナイカラデアル――、理性ノ表明シテイルコトヲ聖書ガ否定シテイナイトイウ事実カラ、ソレハ聖書ノ権威ニヨッテ受ケ容レラレテイル。シカシ、タトエ私タチニハ私タチノ理性ガ批判ノ余地ノナイモノト見エテモ、私タチノ理解ガ疑イモナク聖書ニ反スルモノナラ、ソレハドノヨウナ真理ノ支持モ得テイナイモノト信ジナケレバナラナイ」(De concordia Qu. III 6, II 271, 28-272, 6)。「モシ私ガ聖書ニ疑イモナク反スルコトヲ何カ言エバ、ソレガ誤リデアルコトハ確実ダシ、マタソノコトニ気ヅイタナラ、ソレヲ固執シタイトハ思ワナイ」(C.D.h. I 18, II 82, 8ff.)。

七　さて、さらに引き続いての intelligere の条件は、どうしてもまた、それとしての credere そのものの実在である。また知解にとって、正しいこと (das Rechte) が正しく信じられるということは、徹頭徹尾、決定的なことである。しかし正しく信じることは、ただ、次のような信じること――人間の対応する行為であり、定義からして、神ニ向カウコト (tendere in Deum) であるところの信じること――だけである。「ソレニ向カワナイナラ、ソレヲ信ジルコトハ誰ニトッテモ無益ナコトデアル」[36]。信仰はただ単にソレヲ信ジル (credere id) ということだけではなく、むしろ信ズベキコトヲ信ジルコト (credere in id, quod credi debet) である。そうでないとしたらそれは、すべての表向き確実だと言われていることにもかかわらず無益な、死んだ信仰である[37]。信仰とその知解は神の言葉に基づいているのであろうか。確かに。しかしこの言葉の賜物について語られるところでは、常にその言葉の、すぐ次の、最も近い働き、すなわち、それを聞くことの出来事、のことも共に理解されなければならない[38]。信仰とその知解は心の事柄であろうか。確かに。しかしまさにそれだからこそ、それは意志の事柄である。なぜといって、信じることとその知解の正しさが望まれないところでは、どうして正しい心があるはずがあろうか[39]。この正しい信仰が存在しないところ、そこではまた正しい知解もありえない。そこでは神学の学問性が、ちょうど正しいことが信じられないところにおけると同じように、問いに付されているのである。(40) アンセルムスはこれら二つの宿命的なことを完全にいっしょに見たのである。それ故、彼はこうもりとふくろうの神学に対するあの警告と関連して、次のことをいくら切迫した調子で厳しく訓戒するとしてもこれで十分だということはなかった。それはすなわち、すべての神学的な答えようとすることと答えることができることの前に、神学者自身に向けられた禁欲的な (asketisch) 問いがよく顧慮されなければならない、ということである。あの答えることができるようになるためには、純粋なきよい心、明らかにされた目、子供のような服従、(41) 霊にあっての生、聖書からの豊かな養いが必要である。信仰が実在の信仰であるところ、換言すれば、服従であるところでは、こうもりとふくろうの、太陽の輝きをめぐっての議論は、起こらないであろうということ、服従の信仰に基づいた神学は積極的な神学であるであろうということ、は彼にとって自明的なことである。彼は、もちろん、そのことでもって何か大胆なことを語っているということを知っており、それ故、またこのこと、すなわち、正しいことを信じることと正しい信じることとの(そしてまたそれと逆の)この必然的な共存(Zusammensein)が、そこで知解されるためには、信じられなければならないということを付け加える。なぜならば、ただ信仰の中でだけ、このこと、服従〔の〕信仰と教会の信仰のこの共存〔いっしょに存在していること〕が、経験されることができ、またただその経験の中でだけ、それは知解されることができるからである。(42) したがって、次のこと――アンセルムスがここで、死んだ正統信仰とただあまりにも動きのはげしい活動的な精神性へのへつらい (Flattergeistigkeit) の危険に対して、(ちょうど後にメランヒトンが彼の信頼信仰〔Fiduzialglauben〕の要請でもって、さらにもっと後になって敬虔主義がその生まれ変わりの経験の強調でもって、そして今日の神学者たちが彼らの「実存的な」思惟の要請でもって、なしたし、なしているのと同じような) 矯正をして力を奮わせたということ――は見損われてはならないことである。(43) しかし、どんなによくアンセルムスが、明らかにまた、intelligere のこの条件も最後から一歩手前のものであるかということについて意識していたかということを見てとることは教えることの多いことである。intelligere のこの条件は、彼にとって多くの真剣な問いの一つを意味するのであって、〔本来的な、唯一の〕問いを意味するのではないのである。

36　Monol. 77, I 84, 12f.

37　Monol. 78, I 85, 8f.; De concordia Qu. III 2, II 265, 10f.

38　「ソシテ、コノ畑ノ種ハ神ノ言葉、イヤ言葉デハナク、言葉ヲ通シテ把握サレル意味デアル。意味ノナイ声ハ心ノウチニ何モ構築シナイ」(De concordia Qu. III 6, II 270, 23ff.)。

39　「心デ望ムヨウニ、私タチハ心デ信ジマタ理解スルガ、正シク信ジアルイハ理解シテモ、正シク望マナイ者ヲ、聖霊ハ正シイ心ヲ持ツ者トハ判断シテイナイ。ナゼナラ正シク信ジマタ理解スルコトハ、正シク意志スルタメニ理性的被造物ニ与エラレテイルノニ、ソノヨウナ者ハ正シイ信仰ト理解ヲソノタメニ行使シテイナイカラデアル」(ib. Qu. III 2, II 265, 5ff.)。「恩寵ニヨッテ意志ノ正直ガコノ作用〔精神的ニイダクコト〕ニ加エラレテ信仰トナルノデアル」(ib. Qu. III 6, II 271, 8f.)。

40　「ソモソモ、正シイ理解ニ従ッテ正シク意志シナイ者ハ正シイ理解ヲ持ッテイルトハ言エナイシ」(ib Qu. III 2, II 265, 9f.)。「シカモ、精神ハ信仰ト神ノオキテニ対スル従順ナシデ、ヨリ高イモノノ理解ヘト登ルコトガ禁ジラレテイルダケデハナク、善キ良心ノ欠如ハ、時ニ与エラレテイル理解ヲモ除去スル……コトサエアリマス」(Ep. de incarn. 1, II 9, 9ff.)。

41　「ソコデ、マズ心ガ信仰ニヨッテ清メラレナケレバナリマセン。マタ、……主ノオキテヲ順守スルコトニヨリ、マズ眼ガ照ラサレナケレバナリマセン。マタ、……マズ証言ニ対スル謙虚ナ従順ヲ通シテ神ノ子供トナラナケレバナリマセン。……デハ、信仰ノ奥義ヲ非難シ議論スル前ニ、肉ノモノヲアトニシ、霊ニ従ッテ生キマショウ。……聖書ノウチデ、私タチガ従順ヲ通シテ養ウ糧ニヨッテ豊カニ養ワレレバ養ワレルホド、知性ヲ通シテ満足ヲ与エルモノヘト、ヨリ深クヒカレルコトハ真実ダカラデス」(ib. 1, II 9, 5f.)。

42　「実ニコレコソ、私ノ言ウ『信ジナカッタナラ、理解シナイデアロウ』トイウコトデス。ナゼナラ、信ジナカッタナラ、人ハ体験シナイデショウ。ソシテ、体験シナカッタナラ、人ハ分カラナイダロウカラデス」(ib. 1, II 9, 5f.)。

したがって、この文章――それは、よく知られているように、シュライエルマッヘルの信仰論の表題の頁に、私ハ理解スルタメニ信ジマス (credo ut intelligam) と並んで現われているのであるが、この文章――は、正しい個人的な服従信仰と教会の信仰の間の相関関係の必然性の「体験」について語っており、信仰はこの体験に対し優位な立場に立ちつつ秩序づけられているということを語っている。

43　「ソレユエ、誰モ慎重サヲ欠イタ軽率サヲモッテ種々雑多ナ詭弁ヲ弄シ、アル抜ケ難イ誤謬ニ陥ルコトノナイヨウニ、マズ堅固ナ信仰ヲモッテ真摯ナ生活ト知恵ヲ身ニツケズニハ、軽ハズミニモ複雑ナ神ニ関スル諸問題ト取リ組ムコトガアッテハナリマセン」(ib. 1, II 9, 16ff.)。

八　**intelligere** の〔本来的な〕条件——すべてがあざむくのでないならば、独自ノ種類ノモノとして、すべてのそのほかの条件の系列からぬきん出ており、それの側としてすべてのそのほかの条件を条件づけ、相対化している〔本来的な〕条件(44)——に、われわれは、アンセルムスにとって必然的な、神学と祈りの関連性に注意する時に、触れることになる。アンセルムスは、彼のモノロギオンが完結して出版され、世に存在するようになった時、次のこと——本質的にその同じ素材、すなわち、より狭い意味での神論を、もう一度『プロスロギオン』の形で、すなわち、神へのはっきりと言葉に出しての語りかけの形で、仕上げること——を必要なことだとみなした。彼は、それからまたこの形式を、著述上のきまった図式にはしなかった。『神ハナゼ人間トナラレタカ』(Cur Deus homo) およびそのほかの著述の中で、われわれは彼が、教師と生徒の間の対話の形式をとっているのを見る。老年になっての著作『自由選択ト予知、予定オヨビ神ノ恩寵ノ調和ニツイテ』(De concordia) の中で、われわれは既に Quaestiones〔問題〕の方法——それはそれから後期スコラ学にとって特徴的となったのであるが、その Quaestiones の方法——の発端に気づくのである。そして「瞑想」(Meditationes) の中で彼は生涯、『プロスロギオン』の祈願の形と交代で、また神的ー人間的な事物についての魂の独白に没頭しつづけた。それだから確かに、『プロスロギオン』の形の中で、彼の研究全体にとってただ単に文体的あるいは人間的にだけ特徴的であるのではない一つの態度が明らかになってくるということが、見損なわれてはならない(45)。まさにアンセルムスの、おそらく学問的に最も完全な書物、『神ハナゼ人間トナラレタカ』(Cur Deus homo) こそが、この態度を繰り返し看破させているのである(46)。神ガオソレ多クモ私ニ教示サレルコトヲ、というように彼は説明しようとする。彼はその会話相手に対して、その質問と共にひき受けた教師のためのとりなしの祈りの義務のことを思い出させる(47)。論証を実行しつつあるその特別な高所においてボゾ自身は、祈り求める「神ハホムベキカナ」[48]で、論述を中断する。そして彼が別な機会に、傑作的な会話の進め方に対するその驚嘆の気持に表現を与える時、彼に対してアンセルムスはこう答える。真理の道において導くことは、実際には、ただ神の事柄でだけありうるであろう[49]、と。そのことに著作の結論の言葉が対応している。「シカシ、私タチガ理性ニヨッテ発見シタト推察スルコトガ、真理ノ証言ニヨッテ確認サレルナラバ、ソレヲ私タチハ自分タチニダケデナク、永遠ニ祝別サレル神ニ帰スベキデアル」[50]。人はそれらすべてのことの意味を、正しい知解はアンセルムスによれば、それに先行し、共に働く神の恵み[51]を通して条件づけられているということを指し示す一般的な、もちろん、それ自体正しい指示でもって言い尽してはいない。既にこの一般的なものでもって、そして、この恵みがその都度祈られなければならないということでもって、もちろん、次のこと――信仰の知解への最後の、決定的な能力は、人間的な理性の自発的活動とそのまま一致せず、そのような能力は人間的な理性の自発的活動に対して、（知解スルコトが意志的行為〔voluntarius affectus〕であることが確かである限り）[52]ただ、その都度、贈り与えられることができるだけであるということ[53]――が言われている。この贈り与えられた能力が、知解が行なわれるために必要な論理的な作業の遂行が正しくなされること（Korrektheit）から成り立っているということも正しい。恵ミノ賜物、換言すれば、アンセルムス的祈りの対象は、この側面から見て、人間的な思惟の、願望され、そこで起こる最高業績（Spitzenleistung）と同一である[54]。しかし、そのことは結局、ただ、事柄の一つの側面でしかない。ここで問い合わされるべき決定的なテキスト、『プロスロギオン』への導入の祈り[55]、を注意深く読むならば、アンセルムスは彼の祈りの対象として常に二重のことを念頭においていたことが示されるのである。一つには、確かに、神が彼の心に、「ドコデ、ドノヨウニシテアナタヲ求メタラヨイノカ」教えて下さるように、神が彼の目を照らし出し、神を見ることができるように、彼、生まれながらにして地にのたうち回っているもの、の身を起こして下さるように、ということである。人は確かにそのことの中で、事柄のあの一つの側面、――人間に対してもともと起源的に、創造と共に、与えられている認識能力を実現させることとしての恵み――、を再認識しなければならないであろう。しかし、知解の出来事は、したがって祈り求められた恵みは、明らかに、なおもう一つの客観的な側面をもっている。アンセルムスは、あの願いと並べて第二の願いをおいている。わたしには、このテキストの基本的な調子と直面して、その第二の願いを第一の願いの単なる修辞的な繰り返しとして受けとることは排除されているように思われる。第二の願いは、こうである。神が彼の心に、「ドコデ、ドノヨウニシテ、アナタヲ見イダシタラヨイノカ教えて下さるように。神が彼に対してそのご容顔を、ご自身を、顕わして下さるように[56]。神がご自身を彼に対してもう一度贈り与えて下さるように、と。彼は、人間が神を認識できないという人間的な非認識の困窮状態[57]、——それによってまた信仰者も圧迫されている困窮状態——を、もちろん、また信仰者も、原罪をもった人間性が神から遠ざかっていることにあずかっているということから説明する[58]。しかし、この神からへだてられた姿それ自体は、明らかにまた客観的に、神ご自身が遠くいますということである。神は不在であり給う。神は何人も近づくことができない光の中に住み給う。神をあこがれ求める人間は何をすべきであろうか。「アナタヲ仰ギ見ルコトヲヒタスラ願イマスガ、アナタノゴ容顔ハアマリニモ遠ク離レテオリマス。アナタニ近ヅクコトヲ望ミマスガ、アナタノ住マイハ近ヅキガタイノデス。……シカモ、『主ヨ、イツマデ』私タチヲ『主ヨ、イツマデ忘レラレルノデスカ』。私タチカラ『イツマデソノゴ容顔ヲソムケラレルノデスカ』。私タチヲ主ハイツ顧ミ、私タチノ言葉ヲ聞カレルノデスカ。……イツ『アナタノゴ容顔』ヲ私タチニ示シニナラレルノデスカ」。両方のことがまさに力を奮う、「アナタガオ教エクダサラナケレバ、アナタヲ求メルコトハ出来ズ、アナタガ顕ワシテクダサラナケレバ、アナタヲ見イダスコトハ出来マセン」。そこではただ単に神を正しく尋ね求めることが問題であるだけでなく、同時に、それと共に(そしてそれが初めて、キリスト教認識の全き恵みであるのであるが)、神の現臨が、神との出会い——われわれが神を尋ね求めることを通しては、たとえそれがどんなに純粋なものであろうと、それ自身ではつくり出すことができない、(もっともただ、純粋な心をもって神を尋ね求める者の身にのみ起こるのであるが)神との出会い——が、問題である。われわれは、言うまでもなく、既にある程度[59]、intelligere という概念の弁証法について知っている。それがまたただイクラカデモ、実在トシテ存在スルコトヲ知解スルコト (intelligere esse in re)

であるということは、自明的なことではない。まさにこの資格づけられた intelligere ――そこでは、人間は神のご容顔のいくらかを見るようになる資格づけられた intelligere――こそが、祈り求められなければならない。なぜならば、すべての正しい尋ね求めることも（それもまた恵みなのであるが）、もしも神がご自身を「示され」ないならば、もしも神との出会いがとりわけ、神からして現実となり、まさにそのことでもって、見出すこと、資格づけられた intelligere、が出来事となって起こらないならば、何の役にも立たないからである。そのところからして、『プロスロギオン』の中で明らかになってくるアンセルムスの態度が初めてよく理解できるものとなる。それは実際、ただ単に「敬虔な」思想家――それがよくなされるように、自分の行為を神の行為に奉仕させる「敬虔な」思想家――の態度であるだけではない。それはまた、そういうものでもある。しかし、それはそのことを越えて、[60] 彼の学問的な即事性の特定の、おそらくはどうしても決定的な表現である。すべてのことは、言うまでもなく、ただ単に、彼に対して神が、神について正しく考えるよう恵みを与え給うということによってもってかかっているだけでなく、また次のこと――神ご自身がこの思惟の対象として舞台に登場され、ご自身を思想家に対して「示し」、それと共に「正しい」と考えることを実在トシテ存在スルコトヲ知解スルコトへと資格づけ給うということ――によってもってかかっている。それと共に初めてキリスト教認識の恵みが完全となる。この完全な恵みを無理に奪いとるためではなく、むしろこの完全な恵みが欠けてはならないこと性を知る知識の中で、『プロスロギオン』の著者は神への語りかけ（その中で彼が始めた神への語りかけ）の中に、神に相対して立っている者――なぜならば、彼の intelligere が空しい泡沫ではなく、彼自身が結局、愚カ者であるべきでないとしたら、神が彼に相対して立たなければならないということを知っているがゆえに、神に相対して立っている者――の態度の中に、あくまで堅くとどまるのである。この態度の中で、この知識の中で、また『プロスロギオン』二―四章の証明はなされる。そのことは、その理解とその解釈にとってどうでもよいものではありえないのである。[61]

44　また最後に名ざされたもの、信ジルコト (credere) の真正性も、まさにそれこそが、条件づけられ、相対化される。アンセルムスは、一度、祈りつつ、神の明るく照らし出す恵みに感謝しつつ、（そのことが看過される時には、この箇所はただ誤解されることができるだけである)、次の大胆な主張——今や自分はそれほどまでに明らかに理解したので、たとえ信じようと欲しなくても、この理解は自分にとって残るであろうという主張——をあえてなした。「善キ主ヨ、アナタニ感謝シマス。以前アナタノ恩寵ニヨリ信ジテイタコトヲ、今アナタノ光ニヨッテ理解シ、ソノタメニ、タトエ私ガアナタノ存在スルコトヲ信ジルコトヲ望マナクテモ、存在スルコトヲ理解シナイコトガ私ニハ不可能デアルコトヲ、アナタニ感謝シマス」(Prosl. 4, I 104, 5ff.)。

45　「そのような箇所の魅惑する言葉を、人は、啓蒙主義がヘルデル、古典主義、ロマン主義によって克服されて以来、確かに聞くことができる。しかしながら、また今日でも、人は、それらのものを心の純粋に主観的な実行として受け取り、しかし、その後に続く論理的なことを、悟性の、純粋に客観的な実行として受け取っており、そのように打ちこまれた楔によって、初めから、両者に対する生きた理解に対し自分を閉ざしてしまっているのである」。W・シュタイネン(W. von den Steinen, Vom Heiligen Geist des Mittelalters 1926, S.36) のこの苦情は、ただ、あまりにも正当なものである。

46　C.D.h. I 1, II 48, 10.

47　「神ノオ援ケト貴君タチノ祈リニヨリ、……ソモソモ、貴君タチガコノコトヲ要望シ、私ガコノタメニ祈ルヨウニ願ッタ時、貴君タチハ繰リ返シソレヲ約束シテクレタ」(ib. I 2, II 50, 4ff.)。

48　「……スデニ私タチノ求メテイルモノニ関シテ、アル偉大ナコトヲ見イダシマシタ。ドウゾ、始メラレタトキノヨウニ、ソノママ続ケテクダサイ。神ノゴ援助ヲ希望シマス」(ib. II 6, II 101, 20f.)。

49　「貴君ヲ導イテイルノハ私デハナイ。ムシロ、私タチガソノカタニツイテ今語リ、ソノカタナシデハ何事モ私タチニハ出来ナイカタコソ、真理ノ道トシテ私タチガ信ジテイルスベテニ私タチヲ導イテクダサルノデアル」(ib. II 9, II 106, 7f.)。

50　「ソノウチデ疑問ニ対シテ満足ノイク回答ヲ与エ得タナラ、ソレハ私ノシタ業デハナク、神ノ恩寵ガ私ト共ニシタコトデ、私ニ帰セラレルベキデハナイ」(De concordia Qu. III 14, II 288, 12ff.)。

51　知解は、教会の主が教会の中で分与することをやめ給わない恩寵ノ賜物に属している(C.D.h. comm. op., II 40, 6)。「宣教モ恩寵デアル。マタ聞クコトモ恩寵、聞クコトカラ理解スルコトモ恩寵、意志ノ正直モ恩寵デアル」(De concordia Qu. III 6, II 271, 11ff.)。

52　Monol. 68, I 78, 16.

53 「ソコデ、信仰ニ理解ヲ与エル主ヨ、……私ガ理解スルヨウニ計ラッテ〔与エテ〕クダサイ」(Prosl. 2, I 101, 3)。「アナタノミモトニ私ヲ引キ上ゲテクダサイ！」(Prosl. 18, I 114, 10)。

54 「アナタヲ凝視スルタメニ、私ノ精神ノ眼ヲ浄化シ、イヤシ、鋭クシ、『照ラ』シテクダサイ」(Prosl. 18, I 114, 11)。

55 **Prosl. 1, I 97ff.**

56 「私タチニアナタゴ自身ヲ顕ワシテクダサイ！」(ib. I 99, 18f.)。

57 「アナタハ私ヲ創造サレ、マタ再創造シ、私ノスベテノ善ハアナタガ私ニ付与サレマシタ。シカシ、私ハアナタヲマダ仰ギ見タコトハナイノデス」(ib., I 98, 13f.)。

58 「神ヨリ遠ザケラレタエバノ子孫ノ一人デアル私ハ不運デアル！」(ib., I 99, 8)。

59 二五頁以下を参照せよ。

60 「私ノ願イヲ増シ、私ガ望ムモノヲオ与エ下サイ。ナゼト言ッテ、仮ニアナタガ、造ラレタモノスベテヲ私ニ下サッテモ、モシモアナタゴ自身ヲオ与エ下サラナケレバ、アナタノ僕《シモベ》ハ満足シナイカラデス。デスカラ、アナタゴ自身ヲ私ニオ与エ下サイ、ワガ神ヨ、アナタヲ私ニ下サイ」(Medit. 14, 2, MPL 158, 781)。

61 確実な本能をもってキルケゴールは、このところで、アンセルムスの神証明に関し、彼にとって興味のあるものを見出した。「それにしても、これは、証明する独自な仕方である。アンセルムスは言う、私は神の存在を証明しよう。この目的のために、私は神に、私を力づけ、助けて下さるようにと祈る、と。しかし、そのことは、神の存在を証明するはるかによりよい証明である。それはすなわち、人が、神の存在を証明するためには、神の助けを得なければならないとあのように強く確信していることである。もしも人が、神の助けなしに神の存在を証明することができるとしたならば、神が存在することは、それほど確かではなくなることになるであろう……」(Walter Ruttenbeck, Sören Kierkegaard, 1930, S. 143)。

われわれは最後に確かめたことを総括する。アンセルムスにとって問題であるところの学問、知解は、信仰ノ知解である。そのことでもって次のこと――信仰ノ知解はただ、信仰の規範 (Glaubensvorlage) を積極的に思索することから成り立つことができるだけだということ――が与えられている。信仰ノ知解は、信仰の規範をそれとして基礎づけはしないであろう。むしろそれをまさにその理解を絶した不把握性の中で知解しなければならないであろう。信仰ノ知解は、信仰の規範に相対して、反映(Reflexion) の、換言すれば、それ自体語ることができないことについての比喩の、平面の上を動かなければならないであろう。したがって信仰ノ知解は、その結果としてただ学問的な確実さだけを――信仰の確実さではなく、学問的な確実さだけを――主張することができるであろう。それ故、信仰ノ知解はこれらの、その結果の原則的な完全性 (Perfektibilität) を否定しはしないであろう。信仰ノ知解は、啓示された信仰の規範の基本的なテキストとしての聖書と、いかなる場合にも決してはっきりとした矛盾の中に自分をおくことはできないであろう。信仰ノ知解は、もしもそれが服従の信仰の知〔ること〕でないならば、それが現にあるところのものでないし、それが現になすところのことをなしていないであろう。信仰ノ知解が目標にまでくるということは、最後に、人間的な運動に関しても、それからまた目標が与えられてあることに関しても、恵みである。したがって、それは最後的には祈りおよび祈りの聞きとどけの問題である。

四　神学の道

既になされた限界設定の後、どのようにアンセルムスが知解(intellectus) の機能そのものを理解したかということは、比較的簡単に表現されることができるであろう。intelligere〔知解スルコト〕という動詞の文字通りの意味、intus legere〔内部ニ立チ入ッテ読ムコト〕をどこかで思い出すことが適切であるとすれば、それはまさにアンセルムス的な intelligere 概念の説明に際してである。intelligere ということは、アンセルムスにおいては、既に述べられたすべてのことによれば、疑いもなく、原則的に、legere〔読ムコト〕を、すなわち、Credo の中であらかじめ語られていることを後から〔後に続いて〕考えることを、意味している。真理を知るようになりつつ、さらに真理を肯定することの中で、intelligere はただ単に credere〔信ジルコト〕と同時に起こるというだけでなく、intelligere はそれ自体 credere であるし、あり続ける。それは credere が、われわれが既に見たように、それ自体、既に素朴な形での intelligere であるのと同様である。しかし、さらにそのことを越えて、intelligere は、あらかじめ語られていることの中で、内部で (in)、読む、あとから（あとに続いて）考えるということ、換言すれば、真理を自分のものとしながら、今やまた、知識として受け取ることと肯定することの間にひろがっている道程を、実際に通りぬけ、したがって、真理を真理として理解することを意味している。アダム〔堕罪〕後の人間の状況によく対応していることは、（われわれが、まさに『プロスロギオン』一章から聞いたように） credere とこの、本来的な intelligere が、ただ単に概念として区別されなければならないだけでなく、また実践的にも一致しないものであって、信仰者は intellectus fidei〔信仰ノ知解〕――それ自身、Credo の考えぬかれた理解――をそのまま単純に、すなわち、自動的に、手に入れるわけにはゆかないのである。むしろ信仰者は、そのような信仰ノ知解を、祈りのもとで、力をつくして彼の理性的能力を用いつつ、探し求めてゆかなければならないのである。その際、信仰者はその信仰ノ知解を、教会の啓示されたCredo、なかんずく特に聖書、を越えたどこか、あるいは脇のどこかで探し求めはしないであろう。アンセルムスの intelligere が、深められた形のものであるとはいえ根本的にはただ legere〔読ムコト〕でしかあろうとしないということ、その点が、アンセルムスとその時代の「自由主義」神学者とを区別している点であり、またそれが深められた legere であり、intus legere〔中デ、内部デ、読むこと〕であり、あとから（あとにつづいて）考えてゆくことであるということが、同じように明確に、アンセルムスとその時代の「積極主義者たち」、伝統主義者たちとを区別している点である。われわれは、まさにアダムの子孫および嗣子として、聖書の中に啓示された真理に対して、決して次のような具合に相対して立っているわけではない。すなわち、信仰の中でなされた、（真理についての）外的なテキストを（その外的なテキストは確かに完全な、啓示された真理であるのであるが）聞きとる、すなわち読みとる〔こと〕、と同時に、今やまた、真理を自分自身真理として理解してゆこうとする課題、——われわれに対して神的な仕方で与えられた真理をまた人間的に探究してゆくべき課題——はわれわれから免除されてしまうという仕方で、聖書の中に啓示された真理に相対して立っているのではない。啓示された真理はいわば（われわれから見て）内的なテキストをもっている。その内的なテキストは、もちろん、（われわれから見て）外的なテキストが、——その権威のある主張から見ても、われわれの信仰という点からみても、ふさわしい仕方で——真理であるということ以外のことを語っておらず、またその内的なテキストはまさに外的なテキスト以外のところで見出されるということもないのであるが、しかもそれでいて、ここで外的なテキストを聞き、読みとることはそのまま内的なテキストを聞き、読みとることになるということでは決してなく、むしろ特別な意志と特別な行為によって、なかんずく特に決定的なこととして、特別な恵みによって、外的なテキストの中で尋ね求められ、見出されてゆかなければならないのである。聖書は、もちろん、完全ナ真理ヲイワバ確固トシタ基盤トシテ、ソノ上ニ建テラレテイル。そして、この聖書の「基盤」がわれわれに対して信仰の中で啓示されるのである。しかしまさに、聖書の基盤がそのように啓示される時に、それはわれわれの知解にとって問題となり、われわれは、啓示されたものと信じられたものを、自分自身——この「自分自身」の限界の内部で、それ故、「いくらかでも」、神ノ援ケニヨッテイクラカナリトモ瞑想シテキタ、……真理ヲ[1]——洞察すべき課題の前におかれている。ただ単に客観的真理そのものだけではなく、またわれわれによって洞察されるべきその〔真理の〕内的な意味、根拠、関連性も、聖書が語っていることは、それが語っている通りのものであるということを証しすべきなのである。[2]

1　C.D.h. II 19, II 131, 9f.

2　「……個々ノ研究ヲ通シテ達シタ結論ハドレモ……、ソレハ推理ノ必然性ガ簡潔ニ要求シ、真理ノ明晰性ガ明ラカニ証明スルモノデアルコトヲ表示シテホシイトシタ」(Monol. Prol. I 7, 7ff.)。「……推理ト真理ニヨッテ証明スル」(C.D.h. Praef., II 42, 14f.)。

したがって、intelligere は——何故ならば、そのようなことは、決して、perspicere〔瞑想スルコト〕ではないであろうから——、われわれが、〔一つの〕信仰命題を基礎づけるために、その内容を確証している聖書の言葉を思い出すことから成り立っていることはありえない。

そのようなことは、もちろん、欠かすことのできないintelligere の前提に、信じるところの legere〔読ムコト〕に、立ち帰ることを意味するであろう。[3] 不信者たちの抗弁と嘲笑、また信じるキリスト者たちももっている不確かさ、教養あるものと教養のないものたちが聖書と Credo の本文に対して問うもろもろの問い[4]、それらは次のこと——啓示の内的なテキストと外的なテキストは、われわれ人間にとって、いずれにしても一つではないということ、それらのテキストの意味、根拠、関連性は、それと共にそれらのテキストの真理は、われわれによって、いずれにしても、そのままただ、読みとられることはできないのであって、むしろわれわれにとって、広い範囲にわたって闇の中に閉ざされており、われわれによって特別な、〔単に〕読むことを越え出ている (hinausgreifend) 運動でもって把握されなければならないということ——を示している。確かに、信仰の中で自分のものとされた言葉は、また、単なる、理解ノウチニアルモノヲ意味スル言葉 (vox significans rem in intellectu) としても、それ自身、意味、根拠、関連性に満ちた、祝福を与える全き真理である。しかし、まさにそのようなものとしてそれ〔信仰の中で自分のものとされた言葉〕は、またわれわれによって把握されることを欲している。[5] そのようなわけで、「聖書的根拠」を断言的に引用してくることは、確かに問題をもう一度立てるであろうが、しかし問題と取り組むに当たって何も貢献しないであろう。そのことを、アンセルムスによって鮮明に (lebhaft) 強調された方法論的な原則——intelligere と probare〔証明スルコト〕が問題である時には、聖書の権威を引合いに出すことでもって作業がなされてはならないという原則——が語っているのである。[6] 多くの異議が唱えられた規則——そのもとにアンセルムスはその著書『神ハナゼ人間トナラレタカ』(Cur Deus homo) の中で自分の身をおいた規則、すなわち、このキリスト論的な詳論においては、キリストニ全ク何事モ起コラナカッタカノヨウニ彼ヲ括弧ノウチニ入レ……キリストニツイテ……何事モ知ラレテイナイコトトシテ[7]、議論が展開されるべきであるという規則——はこの原則の特別な適用以外の何ものでもない。それらすべては、次のこと——アンセルムスは、信仰ノ知解を尋ね求めるために、そもそも、聖書の内容を知ることなしに、白紙デ (tabula rasa)、Credo をほかのところで得られた認識の諸要素から再構成するために、彼の考え〔ること」の源泉および標準としての聖書を〔一時〕用いないことにしたということ——を意味してはいない。これらの箇所についての、しばしば看過された、しかし、結局、最も近くにある身近な注釈は、アンセルムスが、すべての彼の著書においてと同様、『神ハナゼ人間トナラレタカ』(Cur Deus homo) で事実ないしたところのことである。しかし、そのところからして一義的に、次のこと——聖書と Credo はアンセルムスのところでは、また一瞬間たりとも、彼の考え〔ること〕の前提および対象であることをやめてしまうわけではなく、ただ、彼が、まさに（それに対し学問的に答えることが彼にとって問題である）特別な問題に際して、その答えを聖書の、すなわち、Credo の、諸命題から引き出してき、それの権威でもって基礎づけることを、換言すれば、学問的な研究（それの性質についてはなお後で語られなければならないであろうが、その学問的な研究）の代りに、「このように書かれている」を舞台に登場させ、まさに朗読されたことが熟慮され、理解されることを欲している[8]瞬間に、朗読することを、やめようとしているだけであるということ——が結果として生じてくる。

3　「アンセルムスは神学者として、……立証スルトイウヨリモ、貴君ト共ニ探究しようと欲する」(C.D.h. I, 2, II 50, 6)。

4　「異教徒タチハキリスト教ノ信仰ノ単純サヲ狂気ザタトシテ愚弄シ、コノ質問ヲ私タチニ浴ビセカケ、マタ信者ノ多クモ心ノウチデソノコトニ思イヲメグラシテキタ。……コノ問題ニツイテハ、有識者ノミデナク、多クノ無学ナ者モ尋ネ、ソノ理由ヲ求メテイル」(C.D.h. I 1, II 47, 11–48, 6)。

5　「ソレ故ニ、彼ハ、非常ニ熱心ニ〔最高ノ熱心サヲモッテ〕心ヲコノコトニ向ケタノデ、彼ノ信仰ニ基ヅイテ、精神的理性ヲモッテ、聖書ノ中デ、暗闇ニ覆ワレテ隠サレテイルノヲ感ジル多クノモノヲ理解スルコトガデキタ」(Vita S. Anselmi auctore Eadmero lib. I cap. 2 §9, MPL 158, 55)。

6　「ソコデ（スナワチ、黙想ニオイテ）行ナウ証明ハドノヨウナ事モ聖書ノ権威ニ全ク頼ラズ、……証明スル」(Monol. Prol., I 7, 7f.)。「ドウセコノ人間ハ聖書ヲ信ジテイナイカ、曲解シテイルノダカラ、聖書ノ権威ヲモッテ彼ニ答エテハナラナイノデス」(Ep. de incarn, 2, II 11, 5f.)。「……私タチガ信ジテイルコトハ、聖書ノ権威ヲ借リズニ、……証明サレ得ルトイウコトデシタ」(ib. 6, II 20, 18f.)。

7　C.D.h. Praef. II 42, 12ff.「……受肉……ハ全クナカッ

タモノト仮定シヨウ」(ib. I 10, II 67, 12f.)。「私タチハキリストトキリスト教信仰ガ全ク存在シナカッタモノト仮定シタ」(ib. I 20, II 88, 4f.)。「彼ニツイテ、コレマデノヨウニ全ク存在シナカッタカタトシテ……」(ib. II 10, II 106, 20)。「……先験的ニ……」(ib. II 11, II 111, 28)。

8　ローマの日読祈祷書（四月二十一日、朗読六）が述べていること、すなわち、アンセルムスはバリでの会議で（一〇九八年）、聖霊の発出についてのローマ・カトリックの教えを、聖書ト聖ナル父タチノ無数ノ証明ヲ用イテ弁護したという言明は、そもそも彼のやり方にも、それからまた、あの問題についての彼の特別な書物の内容にも、相応しない。むしろ、アンセルムスは、まさに、ほとんど引用を用いることなしにことを処理し、すませる神学的な記述の仕方の巨匠なのである。

われわれは、このところからして、まず第一に、同じように多く異論が唱えられているアンセルムスの方法論的な定式のことを理解する。彼は、「理性〔アルイハ推論〕ノミ」(sola ratione) で検討され[9]、立証され[10]、確信させられ[11]、ユダヤ人たちに対して、また異教徒たちにさえ、議論において、満足が与えられるべきであると言う[12]。この定式――詳論された意味で、権威を引き合いに出しての議論を排除するこの定式――は、その脈絡の中でのルターの信仰ノミニヨッテ (sola fide) と同じように、誤解されたり、また理解されることができるものである。理性〔推論〕ノミは、ルターの信仰ノミと類比的に、あたかもアンセルムスが solitaria ratione (〔単独的ナ意味デ〕理性ノミ) と書いていたかのように、理解されてはならない。アンセルムスの理性〔ラチオ〕は、ちょうどルターの信仰 (fides) が行いを結果として自分のもとにもっているのと同じように、必然的に、権威を前提として自分のもとにもっている。しかし、ちょうどルターによれば、ただ信仰のみが義とするように、アンセルムスによれば、ただラチオだけが、証明する（狭義の、より厳密な意味での intelligere に奉仕する）法廷として認められるべきである。

9　C.D.h. I 20, II 88, 8.
10　C.D.h. II 11, II 111, 28.
11　Monol. 1, I 13, 11.
12　C.D.h. II 22, II 133, 8.

しかし、アンセルムスにおいてはラチオ (ratio) とは何を意味しているのか。

この決定的な概念を理解することは、直ちに次の事情――この言葉は絶えず奪格においても、対格においても用いられるということ、したがって明らかに彼の「探究」の手段をも、また目標をも表示することができるという事情――によって、ことが面倒となってくる。彼がラチオ〔理性〕ニヨッテ(ratione)[13]と言う時、ラチオは尋ね求められた知解(intellectus)への道を表示しているように見える。それに対して彼が rationem esurire[14]〔根拠ヲ熱望スル〕、quaerere[15]〔求メル〕、ostendere[16]〔示ス〕、intelligere[17]〔知解スル〕について、meditari de ratione[18]〔根拠ニ関シ黙想スル〕について語る時、それは尋ね求められた知解(intellectus)そのものを表示しているように見える。第一の場合に、さし当たってまず知解する人間的なラチオ〔理性〕を、第二の場合には知解されるべき、信仰の対象そのものに固有なラチオ〔根拠〕を考えることがゆるされるであろう。それはさし当たってまず〔事情はそうであるということ〕である。何故ならば、これら両方のラチオ(rationes)とそれらの相互の関係の顕著な、アンセルムス的な定義を念頭において、人は、個々の場合において、常に、すべての可能な交差を考慮に入れなければならないであろうからである。疑いもなくアンセルムスは、人間に固有な、認識するラチオ〔理性〕のような何ものかを知っている。ある時、彼はラチオでもって、経験と取り組むに際しての主要な能力――概念および判断を形成してゆく能力――のことを表示する。そしてそれをそのようなものと、すなわち、人間ノ中ニアルスベテノモノノ原理オヨビ判断[19]と、呼ぶのである。そして彼は人間を〔天使と共通に、すべてのそのほかの被造物と区別して[20]〕理性的ナ本性(rationalis natura)と呼び、彼の理性性〔ラチオ性〕ということでもって判断を形成してゆく能力、真なるものと真でないもの、善いものと善くないもの等々の間で区別する能力のことを理解する[21]。しかし、わたしはただ一つだけ次のようなアンセルムスの箇所――そこでラチオの人間性が顕著にうき立たしめられ、そのようにして客観的なラチオに対するその対立が、ある程度、強調されている一つの箇所[22]――を知っている。しかし、探究ノラチオ(ratio quaestionis)[23]について、あるいは私ノ確信ノ根拠《ラチオ》(ratio certitudinis meal)[24]について、あるいは信仰ノ根拠[25]について、あるいは神のもろもろの言葉と行為の理由《ラチオ》について、それらの必然性と可能性のラチオ[26]について、語られる時、人間的な(あるいはまた天使の)概念能力と判断能力についての思想は、明らかに、越えられる。これらの結合からして、その結果、まず第一に、信仰対象に固有な、（人はこう言うことがゆるされるであろう）存在的な（ontisch）ラチオ――人間的な概念能力および判断能力の認識するラチオを手段にして、信仰の対象が啓示を通して与えられた後、指示〔証明〕されるべきである存在的なラチオ――の表象が生じてくるのであるが、この表象は、人が、アンセルムスは三番目に、最高のこととして、真理ノ根拠《ラチオ》（ratio veritatis[27]）を知っているということをつけ加えてうけとる時に、はじめて正しく解釈される。真理ノ根拠〔理性〕は、それとして、また厳格に理解されたならば、最高ノ本性ノ理性（ratio summae naturae）と、すなわち、父と同質である神的な言葉と、同一である[28]。この真理ノラチオは神のラチオ[29]である。それがラチオであるがゆえに、それは真理をもつのではなく、むしろ、神が、真理が、それ〔真理ノラチオ〕をもつがゆえに、それは真理をもつ。確かに、言葉（Wort）として、あの言葉は神的なのではなく、むしろ、それが父から生まれた、すなわち、父によって語られた言葉であるがゆえに、あの言葉は神的である。そのことは、いよいよもって、すべてのそのほかの、神ノラチオとは同一でないが、しかし、神の被造物のラチオとして神ノラチオにあずかっているラチオについて言えることである。真理がそのようなラチオに制約されているのでなく、むしろ、ラチオが真理に制約されている[30]、と。そのことは、まず第一に、認識的な（noetisch）ラチオに対して、適用されるべきである。アンセルムスは（私には、そのような事例は一つも知られていない）、認識的なラチオの使用を念頭において、また、そのひっくり返し、ラチオノ真理（veritas rationis）という表現を〔もしもそうしようと思えば〕使い得たであろう。しかし、その時、ラチオノ真理は、明らかに、表示ノ真理（veritas significationis）（例えば、一つの命題の真理）と同一であるであろう。そして、このものについて、まず第一に、次の規則――それは（そのことでもって、自然的な思惟能力あるいは言語能力の「真理」以上のこと、ソレガ〔ソレガ言イ表ワソウトシテイル目標ニ〕フサワシイコト〔ad quod facta est〕、が言おうとされている時）徹頭徹尾、表示が、〔特徴〕表示された対象と一致するということを通して、条件づけられているという規則――が妥当する[31]。この、対象を通して規定された正しい使われ方の中で、このこと――ワレワレノラチオノ真理（veritas rationis nostrae）について、まことに語られることができるかどうか――が決定される。さて、しかしまた、対象の存在と本質の真理はまた、それ自身の中に基づいておらず、むしろ、神的な言葉――それを通して、その対象が創造され、その対象に対して、それが造られると共に、それ自身に（神によって語られた言葉としてのそれ自身に）固有な真理との類似性を賦与する神的な言葉（したがって、本来的に、厳格に理解された真理ノラチオ〔ratio veritatis〕）――の中に基づいている。[32] したがって、人間的なラチオが正しい使用へと定められていること――まず第一に、対象から発する使用の定め――は、ただ、いわば導き(Leitung)、それを手段にして、真理そのものが、すなわち、神ご自身が、この決断を下し給う導き、でしかない。[33] そのことでもって、真理に関して、人間的なラチオが創造的な、標準的な意味をもっていることについては、いかなる意味においても語られることができない。[34] 第二に、存在的なラチオに関しては、既に語られたことからして次のこと――真理へのそれの参与は、原則的に、認識的なラチオの参与以外のものではないが、しかし、それよりもより高度な参与であるということ、その参与は、あのもの〔認識的ラチオの参与〕の場合と同様、すべてのラチオの真理としての真理そのものによって、存在的なラチオが賦与されなければならないということ――が生じてくる。しかし、この賦与〔すること〕は、認識的なラチオの側においては、その都度下される決断の事柄である一方、存在的なラチオについては、次のこと――それ〔存在的なラチオ〕に対して、対象（それのラチオが存在的なラチオであるその対象）の創造と共に、真理が賦与されているということ――が語られなければならない。そのことは、当然のことながら、傑出した意味で、信仰ノラチオ――それが、言うまでもなく、アンセルムスにとって問題である信仰ノラチオ――について妥当する。信仰ノラチオは、アンセルムスにとって、疑いもなく、真理ノラチオと、本来的な、厳密な意味で、同一である。それにもかかわらず、またここでも決断――それが真理ノラチオであるかどうかについてではなく、それがそのようなものとして自分を知解〔認識〕させるかどうかについての決断――が問題である。それ〔信仰ノラチオ〕は Credo の中に、すなわち、聖書の中に、隠されており、それは、自分自身をわれわれに知らせるためには、自分自身を啓示しなければならない。[35] しかし、それ〔信仰ノラチオ〕はそのことを、ただ、真理、神ご自身がそのことをなす時にだけ、なすことによってだけ、なす。したがって、知解することの出来事の中で、その都度、存在的なラチオと共にまた認識的なラチオが、真理（veritas）と同形的〔一致したもの〕(konform)であり、その限りマコトノラチオ（vera ratio）であるか――あるいはないか――、あるいは（そのことが実際ニハ、普通のことなのだが）ある程度、イクラカ（aliquatenus）そうである、といった具合である。原則的に、存在的なラチオとしても、認識的なラチオとしても、ラチオは真理の上になく、むしろ存在的なものと認識的なものの対立の彼岸において、真理自身がすべてのラチオの主であり、それ自身で、何がここととあそこで、その都度マコトノラチオであるかについて決定する。すなわち、信仰の対象のラチオが、また、（人間が自分の概念能力および判断能力についてなす）使用が、真理に（真理それ自身の決断の力によって）同形的であることによって、その〔存在的なラチオと認識的なラチオの〕まことのラチオ性のために決断が下され、求められた知解（intellectus）が出来事となって起こるのである。

13　あるいは、スデニ理性ノ指導ノモトニ〔検討シタノデ〕……(Monol. 29, I 47, 5) あるいは、理性ノ教エルトコロニ従イ (Monol. 65, I 77, 3) あるいは、理性ノ……指導ニヨリ (Monol 1, I 13, 15) あるいは、理性的ニ (De proc. Spir. S. 1, II 177, 9; Ep. 136, III 281, 37; C.D.h. I 25, II 96, 7; ib. II 22, II 133, 13; u. ö.)、あるいは、諸根拠カラ (Monol. 1, I 14, 2)、あるいは、必然的理由ニヨッテ (Ep. de incarn. 6, II 20, 19; C.D.h. Praef. II 42, 12; u. ö)。

14　C.D.h. comm. op. II 39, 5.

15　C.D.h. I 3, II 50, 19.

16　C.D.h. I 25, II 96, 6; ib. II 16, II 116, 17.

17　C.D.h. II 16, II 117, 21.

18　Prosl. Prooem., I 93, 2.

19　Ep.d. incarn. 1, II 10, 1f. この箇所は、異端的な詭弁家の肉欲主義に対して向けられている。

20　天使と人間によって（もっとも、そのほかの被造物もそれにあずかっているとしても）構成されている霊の国――アンセルムスによれば、神の道の終りと目標を形造っている霊の国――は、理性的デ至福ナ都と呼ばれている (C.D.h. I18, II 80, 17)。

21　De verit. 13, I 193, 2; Monol. 68, I 78, 21; C.D.h. I 15, II 73, 2; ib: II 1, II 97, 4.

22　私タチノ理性 (De concordia Qu. III 6, II 272, 5)。

23　C.D.h. I 1, II 48, 5.

24　C.D.h. I 25, II 96, 7.

25　Prosl. Prooem., I 93, 2; C.D.h. comm. op. II 39, 3.

26　C.D.h. II 15, II 116, 5f.

27　C. Gaun. 3, I 133, 11; C.D.h. comm. op., II 40, 4; C. D.h. II 19, II 130, 29; あるいは、真理ノ理性的根拠（C. D.h. I 4, II 52, 3)。

28　Monol. 9. f.

29　「神ハ何事モ理由ナクシテハナサラナイ……」(C.D.h. II 10, II 108, 23f.)。

30　「最高真理ハソレ自体で自存シ、ドノヨウナモノノモノデモナク、ムシロアルモノガ最高真理ニ従ッテ存在スル時、ソノモノノ真理アルイハ正直ト言ワレルノデアル」(De verit 13, I 199, 27ff.)。「真理ハ……、ドノヨウナ始メニモマタ終リニモ制約ヲ受ケルコトハナイ」(Monol. 18, I 33, 21f.)。

31　「……在ルモノヲ在ルト（すなわち、存在シナイモノヲ存在シナイト）命題が表示スル時、命題ニ真理ハアリ、真デアルトイウコト……」(De verit. 2, I 178, 6f.)。

32　「同ジク、ソノ本質ハ最高ニ存在シ、アル意味デハソレダケが存在シテイル言葉ノウチニ、存在ノ真実が認メラレル。ソレニ対シ、アル意味デハ存在セズ、マタソレヲ通シ、マタソレニ従ッテ何モノカトシテ創ラレタモノノ場合、ソコニコノ最高ノ本質ノ一種ノ模倣ガ認メラレル」(Monol. 31, I 49, 3 ff.)。

33　「タトエバ、モノノ存在ノウチニアル真理ハ最高真理ノ結果デアルガ、ソレガマタ思考ノ真理ノ原因デアリ、命題ノ、すなわち、意志された (im Willen)、真理ノ原因デアル」(De verit. 10, I 190, 9ff.)。

34　「シカシ、コレラ二ツノ真理（スナワチ、思考ノ真理ト命題ノ真理）ハドノヨウナ真理ノ原因デモナイノデス」(ib. 10, I 190, 11f.)。

35　それ故、「私タチガ真理ニ根ザシタ理由カラ学ンダ……」(C.D.h. II 19, III 130 29)。

われわれがアンセルムス的なラチオ概念の構造をさらに追求する前に、ここで、いくつかの後ろを振り返り見る注が挿入されてよいであろう。

一　どのような光が、まさにこの予期されなかった場所からして、前に語られた、知解と恵みの、知解と祈りの関連性の上にさしてくるかが指し示されなければならない。次のことは明らかである。それはすなわち、すべてのラチオの相対性に関して、事情がそのようであるとしたら、その時には、――また、〔そのもの〕信仰の対象のラチオに対する信頼が、また、〔そのもの〕自分自身の理性的〔ラチオ的〕な能力を正しく用いようとするよき意志が、どんなに確かな者にとっても――『プロスロギオン』一章でなされているような仕方で、知解を求めて祈られなければならないということである。また、すべてのラチオの相対性について事情がそのようであるとしたら、あのところ〔『プロスロギオン』一章〕におけると同じように、知解を求めて祈られるし、明らかにただ、祈られることしかできない。

二　真理がすべてのラチオを自由に支配し、決してそれと逆ではないが故に、啓示が、まず第一に、原則的に、権威の様式で(im Modus)、外的なテキストの様式で、起こらなければならない。真理ノラチオ(ratio veritatis)は、まず第一に、まさに〔権威をもっての〕命令(Diktat)以外の何ものでもありえない。その時、この〔権威をもっての〕命令に相応する用い方の中で、また人間的な能力もマコトノラチオ(vera ratio)となる。まさにそれだからこそ、次のような考え――あたかも「権威信仰」(Autoritätsglaube)(信仰は常に権威信仰である)は「非理性的な」態度であるかのような考え――は、縁遠いものである。信仰は、どうしても、(それが権威に聞き従うことによって)、――まさにそれと共に、人間的なラチオに対して立てられた問題をうけ取り、とり上げるために――、信仰の対象の隠れたラチオを肯定する。

三　啓示の様式(Modus)は、明らかにまた、知解スルコト(intelligere)の、すなわち、マコトノラチオ〔理性〕ヲモッテマコトノラチオ〔根拠〕ヲ探究スルコト(vera ratione quaerere veram rationem)の、出来事、内ニ〔入ッテ〕読ムコト(intus legere)――それに対して、また、内的なテキストが、(その際、ラチオが真理と一致する一致〔同形性〕が、客体の中にも主体の中にも基づいておらず、むしろ、〔信仰に対して、権威として出会い、照らしつつ明らかにする〕同じ啓示する神の力(Gottesmacht)に基づいている限り)自分を開示する内ニ〔入ッテ〕読ムコト――である。権威(auctoritas)とラチオの対立は、神と人の対立と符合せず、むしろ、神のひとつの道――その上で、人間はまず第一に信仰〔信じること〕へと、それから、信仰に基づいて(しかし、今や、ラチオ〔理性〕ノミニヨッテ〔sola ratione!〕)知解〔すること〕へと来る神のひとつの道――の二つの段階の区別を言い表わしている。

ラチオ概念を探究するわれわれのひき続いての探究は、必然性(necessitas)概念――われわれが、アンセルムスのところで、かなりな程度いたるところで、ラチオ概念のすぐ近くに見出す必然性概念――との、ラチオ概念の〔いくつかの〕関連性を考察することと結びつかなければならない。

アンセルムスは、彼が客観的な、信仰の対象に固有なラチオについて語った時、ラチオと必然性(necessitas)をet〔マタ〕でもって、[36] また同じ章の中でvel〔アルイハ〕およびet〔マタ〕でもって、結びつけた。[37] しかし彼はまた、人が、探求され、あるいは見出された客体の表示として、まさにラチオを予期するであろうところで、単独にただ、必然性(necessitas)だけを用いた。[38] そして、彼は――また、彼が主観的な(subjektiv)、弁証法的に得られた、あるいは得られるべきラチオについて語った時も――、ラチオを必然性《ネケシタス》と等置し、[39] ラチオを必然性《ネケシタス》を通して、[40] また必然性をラチオを通して、[41] 解釈した。この顕著な事態を、わたしは次のように注釈することが可能であり、必然であると思う。

36　「ドノヨウニアノ死が合理的マタ必然的デアルト証明出来ルカ」(C.D.h. I 10, II 66, 19f.)。

37　Ib. I 1, II 48, 2 u. 22.

38　「ソコデ、必然的ニ……ヨウナアル本性ハ存在スル」(Monol. 4, I 17, 8f.)。「実際ニ、モシ考エ得サエシタナラ、ソレハ（スナワチ、神ハ）必然的ニ存在スル」(C. Gaun. 1, I 131, 5)。「私タチガキリストニツイテ信ジテイルコトハスベテ必然的ニ実現スベキコトヲ……証明スル」(C.D.h. Praef., II 43, 2f.)。「神ガ必然性カラ人間トナラレタトイウ先生ノ立証ハ」(ib. II 22, II 133, 6)等。その同じことを、当然のことながらまた、数多くの証明と証明の部分を完結する「必然的〔必要〕デアル」(necesse est)が意味している。

39　「真理ノ理性的根拠、スナワチ、必然性」(C.D.h. I 4, II 52, 3f.)。

40　「理性的必然性ニヨッテ」(ib. I 25, II 96, 2. ところによっては、また複数で)。「……理由も、……必然性ヲ伴ウ」(ib. I 10, II 67, 5f.)。

41　「推理ノ必然性」(Monol. Prol. I 7, 10)、「理性的必然性」(C.D.h. I 25, II 96, 10; ib. II 115, 24; De proc. Spir. S. 11, II 209, 16)。

必然性(necessitas)は、疑いもなく、非存在〔……でないこと〕(Nicht-Sein)、あるいは別な仕方で存在すること(Anders Sein)の不可能性の性質を表示している。ラチオの多くの可能な意味のうちで、あのひとりの著者――この概念を絶えず、主観的に、また客観的に、それに加えて、必然性へのこの関連性の中で、用いている著者――のところでは、法則にかなっていること(Gesetzmäßigkeit)という意味が、一般的な指数(Index)として、最も推奨されてよいであろう。

その時、信仰の対象に関してと、その〔信仰の対象の〕知解に関して、それぞれ、必然性(necessitas)とラチオ(ratio)について次のようないくつかの定義が生じてくる。

一　信仰の対象に固有な必然性は、それ〔信仰の対象〕が存在しないでいること〔非存在〕、あるいは別な仕方で存在することの不可能性である。それ〔そのような必然性〕は、信仰の対象を非存在あるいは別な仕方での存在へと陥らせない限り、信仰の対象の基礎〔根拠〕である。

二　信仰の対象の知解に固有な必然性は、信仰の対象を存在しないものとして、あるいは別な仕方で存在するものとして考えることができない（思惟された）不可能性のことである。それ〔そのような必然性〕は、それが、信仰の対象の必然性を通して排除された非存在あるいは違った仕方での存在の（思惟しつつなされた）否定である限り、信仰の対象の知解の基礎づけである。

三　信仰の対象に固有なラチオは、その〔信仰の対象の〕存在と〔かくかくの姿での〕存在の法則にかなっていること(Gesetzmäßigkeit)である。それ〔信仰の対象に固有なラチオ〕は、信仰の対象の理性性(Vernünftigkeit)——それ〔そのラチオ〕が信仰の対象を、（法則にかなう存在と〔かくかくの姿での〕存在を聞くことができる）本質に対して、聞きうるものとする限り、信仰の対象の理性性——である。

四　信仰の対象の知解に固有なラチオは、次のような考えること——信仰の対象の存在と〔かくかくの姿での〕存在が法則にかなったものであることが、信仰の対象を考えること(Denken)の中へと共にとり上げられた考えること——である。そのような〔信仰の対象の知解に固有な〕ラチオは、——それ〔そのラチオ〕が、信仰の対象の知解を、信仰の対象が、（法則にかなった存在と〔かくかくの姿での〕存在を聞くことができる）本質を通して聞かれることとして特徴づけている限り、——この知解の理性性(Vernunft)である。

定義一と定義二の、相互の関係から次のことが続いてくる。

五　信仰の対象の知解の基礎づけ(Begründung)は、信仰の対象そのものに固有な根拠(Grund)の承認から成り立っている。存在的な必然性は認識的な必然性に対して先行する。

定義三と定義四相互の関係からして、次のことが続いてくる。

六　信仰の対象の知解の理性(Vernunft)は、信仰の対象そのものに固有な理性性(Vernünftigkeit)の承認から成り立っている。存在的なラチオ性〔合理性〕(Rationalität)は認識的なラチオ性〔合理性〕に先行する。

さて、必然性(necessitas)とラチオの、アンセルムスにとってよく知られている相互関係からして、いずれにしても、次のことが生じてくる。

七　信仰の対象に固有な根拠(Grund)は、信仰の対象に固有な理性性(Vernünftigkeit)と共存し、存在的な必然性(Necessität)は存在的なラチオ性〔合理性〕(Rationalität)と共存する。

八　信仰の対象の知解に固有な基礎づけ(Begründung)は、信仰の対象の知解に固有な理性(Vernunft)と共存し、認識的な必然性(Necessität)は認識的なラチオ性〔合理性〕(Rationalität)と共存する。

五と七から次のことが続いてくる。

九　存在的な必然性は認識的なラチオ性〔合理性〕に先行する。すなわち、信仰の対象の知解の理性は、また、信仰の対象に固有な根拠の承認(Anerkennung)から成り立っている。

六と八から次のことが続いてくる。

一〇　存在的なラチオ性〔合理性〕はまた認識的な必然性に先行する。信仰の対象の知解の基礎づけはまた、信仰の対象に固有な理性性(Vernünftigkeit)の承認から成り立っている。

しかし、前に、真理(veritas)に対する、存在的なラチオと〔真理に対する〕認識的なラチオの関係について語られたことから、次のことが従ってくる。

一一　ちょうど存在的なラチオ性〔合理性〕そのものが決して最後のものでなく、むしろただ、最高ノ真理(summa veritas)に照らしてはかられて、まことのラチオ性〔合理性〕であるだけでしかないように、また、存在的なラチオ性〔合理性〕と共存する存在的な必然性もそうである[42]。真理の中で、真理を通して、神の中で、神を通して、根拠は根拠をもち、理性性は理性性をもつ。

42　「神ハ決シテ何ゴトカヲスルヨウニ強制サレタリ、スルコトヲ禁ジラレタリスルコトハナイノデ、何事モ必然性カラスルコトハナイ。神にとって存在している必然性は、ただ栄誉ノ不変性でしかありえないであろう。ソレ〔ソノ栄誉ノ不変性〕ハ他者カラ与エラレタモノデハナク、自分自身ニ由来スルカラ、厳密ナ意味デハ必然性ト呼バレナイ」(C.D.h. II 5, II 100, 20ff.)。「ドノヨウナ必然性ニモヨラズ、……自己ノ、永遠ノ不変性ニヨッテ持チマタ保持シテイルソノ諸善ニツイテ、神ハ最大ノ称賛ヲ受ケナケレバナラナイ」(ib. II 10, II 108, 7f.。なお ib. II 16-17 を参照せよ)。「スベテノ必然性ハ、彼ノ(スナワチ、神ノ)意志ニ従属シテイル。ナゼナラ、神が意志シ給ウコトハ、必然的ニ存在スルカラデアル」(Medit. 3, III 86, 60f.; =Medit. 11, Migne においては PL 158, 764)。存在的な必然性は、例えば『神ハナゼ人間トナラレタカ』において、キリストが人間となることと和解の死に対して、帰せられている。存在的な必然性が、アンセルムスにおいては、何かあるほかの言葉——比類のない仕方で独裁的な神の決して語られない言葉ではない何かあるほかの言葉——がそうでないのと同様、最後の言葉ではありえないということが看過されてはならなかったであろう。「モシ彼ガナシ、ソシテ苦シンダスベテノコトノ真ノ必然性ヲ知リタイナラ、彼ガ望ンダカラコソ、スベテガ必然性カラ起コッタコトヲ知ルベキダ。シカシ、ドノヨウナ必然性モ彼ノ意志ニ先行シナカッタ」(C.D.h. II 17, II 125, 28ff.)。

必然性と理性《ラチオ》〔合理〕性相互の間の関係について、次のことが言われなければならないであろう。

一二　必然性の概念が、それ(基礎づけ)はまた認識的な内容をもっているにもかかわらず、存在的なものとの起源的な近親性をもっている限り、また理性性〔合理性〕の概念が、それ(理性性)はまた存在的な内容をもっているにもかかわらず、認識的なものとの起源的な近親性をもっている限り、必然性は理性性に先行しなければならない。それと同じことが、問題を真理概念へと移し戻すに当たって、——アンセルムスが、[43] 真理を決定的に正直《セイチヨク》(rectitudo)を通して、しかし、[44] 正直をそれ自身を通して、解釈し、したがって神の意志を神の知〔識〕に対し上位においた限り——結果として生じてくるのである。

43　De verit. 11f., I 191ff.

44　また、次の箇所を参照せよ、De conc. virg. 3, II 142f.; De lib. arb. 3, I 210ff.

われわれは総括する。

一三　またラチオ概念に平行的な必然性の概念をよく考慮するに当たっても、「理性的な」知解が信仰の対象のあとに従い、その逆ではないということが結果として生じてくる。その際、信仰の対象とその知解は、最後的には、真理に、換言すれば、神に、すなわち、神の意志のあとに従うのである。

一四　しかし、必然性の概念は、「理性的な」知解においては何が目ざされているかということを説明する。アンセルムスが理性〔ラチオ〕ニヨッテ(ratione)、理性をもって（法則にかなう存在と〔かくかくの姿での〕存在を聞きわける能力を手段にして）、信仰ノ根拠〔ラチオ〕ヲ、(rationen fidei)、すなわち、信仰の対象の理性性（信仰の対象が、法則にかなう存在と〔かくかくの姿での〕存在を〔理性的に〕聞き分けることができる本質にとって聞き分けうるものであること）を、認識的に知解しようとする時、彼の目標はこのこと――信仰の対象の必然性ヲ、(necessitatem)、信仰の対象の根拠を、（そのような信仰の対象の非存在あるいは別様な存在〔Anders-Sein〕の不可能性を）、必然性ニヨッテ、基礎づけをもって（その〔ような信仰の対象の〕非存在あるいは別様な存在の不可能性を考えつつ）考えること――である。信仰の対象が基礎〔根拠〕をもっているということ、（存在しないことができず、別な仕方で存在することもできないということ）は、彼に対して啓示の中で与えられており、信仰の中で確かなことである。したがって、彼は初めからして、存在可能なものを問わず、むしろ、存在するものを、しかも存在しないでいることができないもの(Nicht-Nicht-Sein-Könnenden)を、問う。まさに存在しないでいることができないものとして、しかし、彼は存在するものを考えようとする。信じられた基礎(Grund)に対して認識された基礎づけ(Begründung)が対応すべきであり、存在的な必然性に対して認識的な必然性が対応すべきである。その認識的な必然性への道を彼は、信仰の中に基礎づけられた信頼――〔諸〕概念と判断を形成する人間的な能力の（まことの）使用があり得、したがって、（存在的な理性性《ラチオ》〔合理性 Rationalität〕に〔信仰の対象の理性性〈Vernünftigkeit〉に〕対応し、存在的な理性性《ラチオ》〔合理性〕と存在的な必然性〔信仰の対象の理性性と基礎〕が共存することの力によって、また尋ね求められた認識的な必然性〔基礎づけ Begründung〕を可見的にした）（まことの）認識的な理性性《ラチオ》〔合理性 Rationalität〕（法則にかなった存在と〔かくかくの姿での〕存在を聞きわけること）が存在するであろうという信頼――の中で、見出す。この、信仰の対象の理性性《ラチオ》〔合理性〕と必然性を通る廻り道を通って、認識的な必然性を目指す認識的な理性性〔合理性」〔というもの〕に、真理そのものの絶対主権性の留保のもとで、知解スルコト (intelligere) のアンセルムス的なこころみが妥当する。

この認識的な理性《ラチオ》〔合理性〕と取り組んでのアンセルムスの努力が、したがって信仰の対象の法則にかなった存在と〔かくかくの姿での〕存在を知覚すること (Perzeption) が、具体的ニどのような具合であったかということと、そのことがこれからなお示されなければならないのである。

われわれがこれまでのところで知ることを学んだところの彼の問題提起の仕方全体によれば、次のことが期待されなければならない。それはすなわち、アンセルムスにとっては、その都度、キリスト教の **Credo** のこれこれの命題を、このような仕方で――すなわち、アンセルムスがそれら一つ一つの命題をすべての、あるいはすぐ次にある自余の命題と関連させ、その命題をこれらの〔自余の〕命題と比較し、結び合わせ、それらの命題を通して、明らかにさせるという仕方で――一つ一つ思いをこらして思索すること、換言すれば、その意味内容を探究すること、それらすべてのことを次の意図、〔信仰の対象の隠された法則〔それについてこの命題が語っている隠された法則〕を、後から考えつつ (**nachdenkend**)、自分自身で考え、その法則をまさにそのことでもって提示し、そのようにして信じられたことをまた知解しようとする意図〕をもってなすこと、が問題であるということである。その場合、認識的な根拠《ラチオ》〔理性〕は、それが存在的な根拠〔理性〕のあとに従うことによって、存在的な根拠〔理性〕の発見となってゆくのである。[45] その際、まさに **Credo** の自余の諸命題は道――その上で認識的な根拠《ラチオ》に対し存在的な根拠が先行し、その上で〔存在的な根拠を発見するために〕認識的根拠が存在的な根拠に従わなければならない道――を表示する。[46]

45　アンセルムスによって、彼の探究〔すること〕を表示するために好んで〔例えば、**Monol. 1, I 13, 14**〕用いられた動詞、**investigare** の語義――すなねち、〔例えば、匂いをかぎつつ足跡を追う犬について言われるような〕足跡を追うという語義――のことを考えてみよ。

46　したがって、そのことは次のことを意味するであろう。「理性ガ先導シ、彼ガ従ウコトニヨリ」(**ratione ducente et illo prosequente**)〔古田訳と違う〕(**Monol. 1, I 13, 15 f.**)。

それともアンセルムスはそれらすべてを全く違った仕方で意図していたのであろうか。彼は少なくとも部分的に、また時折は、また全く違ったことを意図していたのであろうか。彼は、信仰対象の存在と〔かくかくの姿での〕存在の法則を、実際にまた、人間的な概念と判断能力の中で（そのような人間的な〔概念と判断〕能力の諸法則と同一のものとして）尋ね求め、したがって、信仰の知解〔すること〕と並んでの、独立した、それ自身の源泉からくみとられた知解〔すること〕を可能であり、必然的であるとみなし、したがって、彼は知解ヲ求メル者として無（Nichts）でもって、換言すれば、自律的な人間的理性の諸法則のところで、また人間に共通の経験の諸事実でもってことをはじめ、したがって、知解ヲ見出ス者として別にどういう支えもなしに手放しで、換言すれば、ある種の一般的な「思惟必然性」を用いて（パロの魔術師たちに比較しうるような仕方で）、Credo の一種の影法師《ドッペルゲンガー》を、見出したというよりも、造り出したのであろうか。

　われわれは、繰り返しを避けつつ、次のように言わなければならないであろう。それはすなわち、われわれがこれまで、アンセルムス的な intelligere の〔もろもろの〕前提、条件、性質に関して、アンセルムスのテキストを手掛りにして、確かめてきたまさにすべてのことが、この見方に対して、ただ部分的にだけでも余地を与える可能性に対し反対して語っているということである。[47] しかし、この可能性は、また直接的にも反駁される。人は、どのようにアンセルムス自身が、時折、自分のやり方について発言してきたかについて思い出すことがゆるされるであろう。彼は、例えば、ギリシヤの人々を理性的ニ (rationabiliter)、filioque〔……ト子トヨリ〕の洞察へと導くことを望んでいると明言し、それから、彼はそのことを、彼らが信じていることを、彼らが信じていないことを証明するために、用いるという仕方でなすであろうと続けるのである。[48] あるいは、彼はその晩年の文書において、そこでの課題を次のように立てた。予定についての教説についても、自由な意志についての教説についても、その有効妥当性を前提しつつ、それら両方の教説の一致を示すことが大切である、と。[49] しかし、結局、アンセルムスの表向きそう言われている「理性主義」(Rationalismus) に反対する決定的な証明は、既に一度触れられたように、彼が、自分が書いたこれらの書物の中で、事実、なしてきたことから成り立っている。例えば、言葉の受肉について、あるいは、神の中での「性〔質〕」と「人格」の関係について、聖霊が父と子とより出ることについて、処女降誕と原罪について、ルチフェルの堕落について、提示されている「論証」が、一般的な〔もろもろの〕真理からの推論という意味での理性的根拠であるということを、私の知っている限りまだ誰も主張しようと欲しなかった。しかし、必然的ナ根拠《ラチオ》(rationes necessariae)の起源は、アンセルムスのすべての探究においては、Credo を先験的ニ(a priori)演繹する哲学者のところで、それがあるであろうのとは別なところに、すなわち、〔その上で〕また、答えられるべき問いも立てられているその同じ平面の上に、換言すれば、〔その中で〕いまはこの条項が、いまはこの条項が未知なx——探究の中で、既知なものとして前提されている信仰箇条a、b、c、d……を手段として（xと知り合いの仲である〔Bekanntschaft〕という前提なしに、その限り、タダラチオ〔理性〕ニヨッテノミ〔sola ratione〕）解かれる未知なx——として現われてくる Credo そのものの内部に、ある。他方、探究している神学者の概念能力と判断能力に対して、どこででも決して、次の機能——〔そこからして〕論証がなされる一つの強固な点、あるいはもろもろの強固な点を措定するという機能——は帰せられていない。むしろ、常にただ、一方において、ほかのところで措定された様々な点の間で選択をなすことが、他方において、彼〔探究している神学者〕にふさわしい課題——矛盾律(der Satz des Widerspruchs)の上にたてられた論理の規則にしたがって、あのxを解くために必要な定義づけ、結論づけ、区別と結びつけを（彼にとって可能なことの枠の中で）なしてゆき、そのようにして（対象を支配するのでなく、むしろ、対象によって支配されて）信仰の対象のまことの認識的な根拠《ラチオ》にまで、信仰の対象の存在的なラチオを事実聞きわけることにまで、くるという課題——が、帰せられている。——ここで論難されうるものとして特に問題になってくる「神ハナゼ人間トナラレタカ」の中でも、いや、まさにその書物の中でこそ、事情はそれと別様ではない。キリストが人間となることとキリストの和解の死の合理《ラチオ》性〔理性性〕と必然性の証明の基礎にある決定的な諸前提は、人類についての神の計画が成り立っていること[50]、神への服従へと人間が本質からして義務づけられていること[51]、神に対しての人間の無限の負い目としての罪[52]、罪を否定する神の否定の犯すべからざるものであること[53]、人間が自分で自分を救済することができない無能さ[54]、最後に、とりわけ、創造の教義の中で語られている神の自足性 (Aseität) と「栄誉」――すべての脈絡において、アンセルムスに対して、神にとって「適当なこと」と「適当でないこと」の標準を適用することをゆるす、あるいは命じる神の自足性と「栄誉」[55]――である。それらがa、b、c、d……――それからして、x、このところでは、キリスト論的なx[56]、が「理性的」であるとして、あるいは「必然的」であるとして、示されるa、b、c、d[57]……――である。『モノロギオン』における、そして『プロスロギオン』二―四章についてはここでまだ語らないとしても――『プロスロギオン』の第二部における状況は、もっと曖昧なように見える。これら両方の箇所において――確かに、それは、特別に巻きこまれる恐れのある危険な主題であるが――、アンセルムスは神の本質について取り扱っている。アンセルムスが少なくともなおこれらの書物において[58]、先天主義的 (aprioristisch) 神学をなしてきたかどうかという問いは、真剣に問われることができる。わたしとしては、そのような神学がなされたかどうかについては――ある種の方法的な不明瞭さがあることを否定することなしに――、またここでも、どうしても否定したいと思う。アンセルムスの後半の〔諸〕文書を通し、特に最も明瞭にまさに『神ハナゼ人間トナラレタカ』(Cur Deus homo) を通して、明示された道は、これと別な方向へと導く。彼の展開の途上におけるそのような重大な訣別〔断絶〕について[59]〔もしもそのようなものがあるとしたら〕、アンセルムスは当然気づいていたに違いないのであり、またそれについて何らかの仕方で情報を提供していたに違いないであろう。しかし、われわれは、彼のどの手紙と書物の中でもそのように結論づけさせる痕跡をもたない。ところでとにかく次のような具合――すなわち、まさに『モノロギオン』においてこそ、信仰の対象の事実性の不把握性を尊重しない思弁のあの極めて明確な拒否が[60]、すべての神認識の間接性のあの承認が[61]、そしてただ、『プロスロギオン』におけるほど明瞭でないのであるが、また、全体を基礎づける信仰の論証〔典範〕を指し示す指し示しが[62]、われわれに出会うといった具合――である。アンセルムスが初めに、また次のような者――そのものにとって Credo が、〔それについての〕未知あるいは不信仰を通して、今まで見知らぬものであり続けた者――をも神の本質の知解へと導くことができると言明する時[63]、そのことは、したがって、六四章と比較して、彼がそのような者に対して、したがって、また自分自身に対して、そのような教示を通して、信仰の知解の代替物を手に入れることができるということを意味することはできない。アンセルムスは、発言する(das Wort ergreift)時、あの溝――やむを得ない場合には信仰なしに到達されるべき、神的な存在への理解と、それ〔神的存在〕のドノヨウニ(quomodo)の不把握性にもかかわらず、不把握性と共に、遂行された、この〔神的〕存在の肯定の間の、橋渡しすることのできない溝(Graben)――を自分の背後にしている。そのところからして彼は教えるのであり、ただそこでだけ、実際の教えられること――また他の〔もろもろの〕問いの解決への、独立した引き続いての歩みを可能にするであろう教えられること――が生起することができるであろう。そのように、しばしば、そして(トマス・アクィナスへの想起のゆえに)誤解されつつ、「宇宙論的神証明」として特徴が表示された『モノロギオン』一―六章の展開は、理解されることを欲している。アンセルムスはここで実際になされたやり方――われわれに世界の中で出会う相対的に善なるもの、偉大なもの、存在するものの概念から、ひとりの、最高に、本来的に、いや、独一無比な仕方で善なる者、偉大なる者、存在する者へと上昇するやり方――を、ガウニロとの論争の中ではっきりと言葉に出して、次のような推論スルコト(conicere)(そこにおいては、コノヨウナタグイノ何カガ実在トシテ存在シテイルカドウカ〔sive sit in re aliquid huius modi〕という問いは、問いとして、それ自体、未解決なものであり続ける推論スルコト)として表示した。[65] しかし、そのことは次のこと――ほかのところで解明されるべき、神の存在を問う問いの前提のもとで、ここ、『モノロギオン』において、(事実、また宗教的に無智な者に対しても理解できる仕方で)神の本質が解明されるべきであるということ――を意味している。しかし、神の存在――それから、『プロスロギオン』二―四章においてそれぞれそのものが問題となる神の存在――は、『モノロギオン』において、信じられたとして、ないしは、ほかのところで探究されるべきものとして、前提される唯一のものではない。『モノロギオン』一―六章の背後には、再び(七―八章においては、それからまた、はっきりと説明されて)無からの創造についての教義《ドグマ》[66]が、神の〔もろもろの〕属性についての教説の背後には、(詳述するに当たっての「新プラトン主義的」技巧にもかかわらず)神の唯一無比性と全能へのキリスト教的告白が、神の言葉についての教説の背後には[67]、当然のことながら、ここでは論じられていない、カトリック教会のキリスト論が、立っている。[68] そして、アンセルムスが三位一体論を説明するために、既に知られたアウグスティヌス的な三位一体ノ痕跡（vestigium trinitatis）、想起〔記憶〕、知解、愛（menoria, intelligentia, amor）を、人間の中での神の像（Ebenbild）として、したがって、最も身近な、最も高貴な認識根拠（Erkenntnisgrund）として、引き合いに出す時、[69] それは、われわれがそれについてどうみなそうと、彼にとってはいずれにしてもまた、〔一つの〕聖書的・教会的・教義的な前提を意味していたのであって、決して「自然」神学の法廷を、一つの啓示神学と並んでの第二の啓示神学の法廷を、意味したのではなかった。――『プロスロギオン』の第二部においては、アンセルムスの「理性主義」（Rationalismus）は、（『モノロギオン』と共通にもっているものを度外視して）、その間に見出された一ツノ論証（ソレヨリ偉大ナルモノガ何モ考エラレ得ナイモノ）の適用によって到達されたより厳格な体系（Systematik）の中で尋ね求められなければならないであろう。さてしかし、まさにこの論証こそが、再び創造と切り離せないのであり、[70] また神の独一無比性および自足性と結びつけられている。[71] 神の中でのあわれみと、痛みや不幸からの解放（Leidlosigkeit）の間の関係、[72] あわれみと義の関係についての考察は、[73]「神ハナゼ人間トナラレタカ」の〔もろもろの〕問いを既に答えられたとして前提しており、神の隠れと不把握性についての詳述は、[74] 新たに、啓示の事実性――どのような因果律的な、あるいは目的論的な〔思想〕構造へと解消されることもできず、むしろ、それ自体において理性的な、必然的な（啓示の）事実性――を思い出させる。最後に、まさにこの書物のはじめに出てくる「私ハ知解スルタメニ信ジマス」――アウグスティヌスのそれと違って、あれほど明瞭な「私ハ知解スルタメニ信ジマス」――が、また、アンセルムスが自分の記述をまさにここでこそ〔その中で〕衣を着せて表現した顕著な崇拝（Adoration）の形式のことが、思い出されてよいであろう。もしも彼が、これらの背景のもとで、徹頭徹尾、教えられつつ語る代りに、何らかの仕方で創造的に思惟しつつ、神について語ろうとしていたのであれば、彼は何と奇妙な仕方で自分自身と矛盾していなければならなかったことであろう。彼の避けることのできない哲学的な系譜（アウグスティヌス、プロティノス、プラトン）への指し示しが彼のやり方の技巧を理解するのに興味深いものであるとしても、[75] 彼の「証明」

の内容に関しては、その内容を全線にわたって神学的に理解することに反対するただ一つの的確な根拠もないのであり、むしろ、そのことに味方する多くの根拠がある。われわれがここでまだ足を踏み入れていない『プロスロギオン』二―四章における神の証明は、もしもそれに関して事情が、上に述べたのと別様であるとしたら、この線全体に対して全くの特例を意味することになるであろう。

47　そのような可能性はアンセルムスの神学を（見せしめとなるような典型的な実例は、**H. Reuter, Geschichte der religiösen Aufklärung im Mittelalter Bd. I, 1875, S. 297f.** である!-)、恣意、あるいは首尾一貫性の欠如の迷路とするであろう。そして、彼のもろもろのテキスト全体からは、決して――たとえこの全体の関連性の外で読まれた個々の箇所において、彼をこの方向で誤解することがどんなに身近なことであろうと――基礎づけられないことである。

48　「〔私ハ〕……彼ラガ信ジテイナイコトヲ最モ確実ナ議論ヲ駆使シテ証明スルタメニ、ギリシヤ教会ノ人々ノ信仰、ソシテ彼ラガ疑イモナク信ジマタ告白シテイルコトヲ利用シタイ」(De proc. Sp. s. Prosl. II 177, 15ff.)。

49　「ソコデ……神の予知ト……自由ガ同時ニ存在シテイルト仮定シタ上デ、コレラガ同時ニ存在スルコトハ不可能カドウカ検討シタイ」(De concordia Qu. 11, II 246, 2ff.)。

50　C.D.h. I 4. 16–19. 23; II 1.

51　Ib. I 20.

52　Ib. I 11, 21; II 11, 14.

53　Ib. I 8, 12–15, 24; II 20.

54　Ib. I 24.

55　「神ニオイテハイカニ小サイ矛盾モ不可能性ヲ伴イ」(ib. I 10, II 67, 4f.)。

56　あの、既に語られた（五一頁参照）remoto Christo!〔キリストヲ括弧ノウチニ入レテ〕を通して表示されて。そのことは次のこと――まさに今度は、キリストの人格と業の理性性と必然性を証明することが問題であるが故にこそ、キリストが聖書、信条(Credo)、キリスト教的経験の中で占めている場所は、今度は使われずに空けておかれ、そのところからして得られるはずであったすべての議論は、この度は、そのまま用いられずにすまされなければならないということ――を語っている。

57　その際、この問題に、研究を意識的に集中させること――私タチノ問題ハ神ノ受肉ト……ダケデアル（また、ib. I 10, II 67, 9f. を参照せよ）――は、アンセルムスに対し、ボゾの激励に従いつつ、――神ハ喜ンデ与エル者ヲ愛スル (ib. I 16, II 74, 15ff.) ――少なくとも、通りすがりに、また、Credo のある隣接した諸点（このところに、とりわけ、終末論的な神の国についての偉大な付論 I 16-19〔それを、アンセルムスは、瞑想六で――ミーニュ版においては一一番――与えられた『神ハナゼ人トナラレタカ』の概括の中で、それから、省略した〕が属しているのであるが、そのような隣接した諸点）の理性性、あるいは必然性を、同様の仕方で明らかにすることを妨げない。それであるからボゾは結論のところで――、おそらくユーモアなしにではなく、いくらか学生的・楽観的に言い表わしつつ――次の意見でありうるのである。「私タチノ提案シタ一問題ノ解決ヲ通シテ、新約オヨビ旧約聖書ニ含マレテイルコトハスベテ立証サレタト理解シマス」(ib. II 22, II 133, 4f.)。

58　わたしは、F・R・ハッセ (Anselm von Canterbury, Bd. 2, 1852, S. 114) の判断、「この、彼の最初の書物は、大胆にもまた、彼の最上の書物として自ら宣言する。そのほかのどの書物もこれほど、考えぬかれ、統一ある仕方で企画され、入念に実行に移されてはいない」、に賛同することはできないであろう。私は、むしろ、アンセルムスは『モノロギオン』においてはまだ完全に事情が明らかになっていたのではないと思う。

59　それらの書物は、ベックにおける、彼の副修道院長あるいは修道院長としての活動の初期に属している。

60　人は、彼の時代の実際の理性主義者たちに対する彼の戦術的な状況についてよく考えてみよ。

61　Monol. 64.

62　Ib. 65.

63　Ib. 76f.

64　Ib. 1.

65　C. Gaun. 8. I 137, 23f.

66　Monol. 15–24.

67　Ib. 9–14, 29–37.

68　Ib. 27–65.

69　Ib. 47–48, 66–68.

70　Prosl. 3.

71　Ib. 5.

72　Ib. 8.

73　Ib. 9–11.

74　Ib. 14–17.

75　さらに、Alexandre Kyoré, L'idée de Dieu dans la philosophie de St. Anselme, Paris 1923 を参照せよ。

五　神学の目標（証明）

われわれは、われわれの探究の始めにおいて、先取りしつつ、次のこと――アンセルムスは、彼がある特定の働きの成果（**Wirkung**）のことを、すなわち、彼の神学作業の論争的・弁証法的働きの成果のことを、念頭においているところで、「証明〔すること〕」について語っているということ――を確認した。知解が起こる時、いわば知解の先端として、証明にまでくる。そして、アンセルムスは証明しようと欲するのである。[1] 彼は、もちろん、ただ証明しようと欲するだけではない。彼にとっては、われわれが見たように、また、なしとげられた知解の美（**pulchritudo**）も興味がある。しかし、彼はまた証明しようと欲する。彼は、人間的な対向者（**Gegenüber**）――そのものに対して彼が何かを語るべき人間的な対向者――との関係の中で考えている。われわれは『モノロギオン』において、独リ思イメグラシ、討議、考察スル（**persona secum sola cogitatione disputantis et investigantis**）[2] ひとりの者の声をきく。対話の形をとっているということは、アンセルムスにとっては、われわれが見たように、決してあの孤独な思惟〔すること〕を拒否したことを意味してはいなかった。それだからこそ、結局、対話の形をとったことは意味があるのである。彼は次のこと――キリスト教の **Credo** の諸命題は、異教徒、ユダヤ人、異端者たちによって誤解され、疑われ、異論が唱えられること、また、そのことが起こらないところでも、教会そのものの内部ででも、それら諸命題のラチオ〔根拠〕が、不安なしにではなく問われるということ――を知っている（また、彼の読者たちがそのことについて知っているということを知っている）。[3] この状況との対決の中で、アンセルムス的な知解スル（**intelligere**）は遂行され、その限りそれは証明スル（**probare**）になる。

1　例えば、『モノロギオン』と『プロスロギオン』の中での、後の彼自身の言明によれば、「信仰ヲモッテ神性トソノ位格〔神格〕ニツイテワレラガ知解シテイルコト」(Ep. de incarn. 6, II 20, 18)、あるいは西方の「……ト子ヨリ」(De proc. Spir. S. 1, II 177, 16)、あるいはキリストが人間となることの必然性 (C.D.h. II 22, II 133, 6) を証明しようと欲する。

2　Monol. Prol. I 8, 18f.——とにかく、Monol. 1 によれば、またこの孤独なキリスト教の思想家もひどく生き生きと非キリスト教的思想家のもろもろの可能性と取り組んでいる。

3　C.D.h. Praef. II 42, 9ff.; ib. I 1, II 47, 11–48, 2; ib. II 22, II 133, 8. Ep. de incarn. I, II 6, 2f.

人がここで「証明〔すること〕」とは何を意味しているかを理解したいと思うならば、とりわけ次のこと——キリスト教の Credo の諸命題に内在している真理ノラチオ〔根拠〕そのものは、一瞬間たりとも議論の的《まと》になっておらず、むしろ、自明的な、議論の基礎を形造っているということ——に注意しなければならない。対話の形と証明しようとする意志とは、決して次のこと——アンセルムスが、そこでは信仰と不信仰が、教会の声とすべてのそのほかの声が同じ権利をもっている高台《プラットフォーム》〔演壇〕におもむくということ——を意味してはいない。何故ならば、一つには、アンセルムス自身が時折、まさに対話の形を選ぶことに対してあげている基礎づけは、決して、あたかもカンタベリイの大主教は、そのような対話の目的のために、彼の肘掛椅子を、一瞬たりとも、立ち去ろうと考えていたということを意味しているようには見えないからである。[4] 次に、仮定されている質問者兼反対者ボゾは、——そのほかのもろもろの対話における弟子についても、事実、それと同じことが妥当する——、はっきりと言葉に出して、アンセルムス的な私ハ知解スルタメニ信ジマス (credo ut intelligam)[5] の地盤に身をおいており、対話の中でなされている、「不信者」のために代理となることをば「仮面」(Maske)[6] と言いきっており、既に気づかれたように、神学に相対して、同時に、また教会的権威の利害を代表しているからである。われわれは、ここで明らかに、自由な〔もろもろの〕確信の自由な学校とは別なところにいる。しかし、また、アンセルムスと、マルムティエ (Marmoutiers) の修道僧で、『プロスロギオン』二—四章の部分の批判者であるガウニロとの関係についても、事情はそれと別様ではない。ガウニロは、決して、神否定論者ではない。[7] 彼はただ単にはっきりと言葉に出して、『プロスロギオン』の自余の内容全体に対する彼の賛同について言明するだけでなく[8]、また、彼によって論難された、書物の第一部のことを、論証ガサホド確実ニナサレテイナイとしても、直観ノ正シサヲモッテナサレタモノ(recte quidem sensa)として特徴を述べている。それであるから彼は、この留保のもとで全体を肯定することができ、肯定すべきであると考えているのである[9]。したがって、彼は、神の存在ではなく、むしろ、ただそのためになされたアンセルムスの証明のことを論じている。またガウニロも、アンセルムスによって彼に対して確認されているように、愚カ者としてではなく、むしろカトリック信者として、(もっとも愚カ者ノタメノカトリック信者としてであるが)、書いた[10]。そのようなわけで、教会の地盤と屋根は、ここでも、一瞬間たりとも立ち去られていない。信仰の客観的なラチオ〔理性〕性(Rationalität)については、アンセルムスは、自分が問われているとも、弁明に対し義務づけられているとも、感じていない。彼〔アンセルムス〕は、次の要求——またこの点でも、神学者の「不安」がなければならないという要求——を、ただ大きな驚愕をもって拒否することができただけであろう。あの客観的なラチオ性の資格づけられた教会的な前提なしには、まさに、知解スルコトのための努力全体は、そしてまた、神学的な議論と弁証論の問いと答え全体は、対象がなく、意味のないものであった。神が存在し、神は最高の本質であり、三つの位格における一つの本質であり、人間となった……ということがまことであるという前提のもとで、アンセルムスはどの程度まで〔どのような事情のもとで〕(inwiefern)それがまことであるかという問いを論じるのであり、彼がこれこれの信仰命題に関して、この「どの程度まで〔どのような事情のもとで〕」を問い、自分に問わせる時、彼は、すべての自余の命題の前提された真理からして答える。知解スルコトについてのこの彼の概念が、明らかに、もしも彼が自分自身に徹底的に矛盾することになりたくないならば、また証明スルコト(probare)についての彼の概念である。「どの程度まで〔どのような事情のもとで〕」についての不安でもって十分である。ほかの者たちによって告げ知らされた〔もろもろの〕困難さは、そして彼自身によって十分感じとられた〔もろもろの〕困難さはなおさらのこと、全く真剣なものである。この不安は事柄《ザッヘ》にかなったものであり、意味深いものである。この不安に対しては、探究——良心的な、また見たところ最も表面的な、いや、最も愚かしい異論をも看過しない、その前進に際していかなる解明されない残余をも自分の後に残さない[11]、単に形式的なもろもろの類似(convenientiae)を〔覆いをとって〕暴露するということでは満足しない[12]探究――を通して、場所が認められなければならない。すべての人間的な知解することの限界と不確実さについての不安、知解を基礎づける信仰の行為が真正のものであることについての不安、最後に、知解をはじめて現実のものとする、常に新しく願い求められなければならない、神の恵みの現臨についての不安が、それにつけ加わってくる。しかしながら、神が聖書の中で、またCredoの中で、ご自分の事柄《ザッヘ》をよくなし給うたかについての不安、不信仰ないしは疎遠な宗教あるいは異端の存在を通して不安ならしめられること、啓示の否定の可能性を真剣にとること――それらすべては、もちろん、アンセルムス的証明の〔諸〕前提には属していない。

4　「ソシテ、質疑応答ノ形式ニヨル探究ハ多クノ人、特ニ理解度ノ鋭イ者ニハ把握シヤスク、シタガッテソレダケ彼ラノ意ニ適ウデアロウ」(C.D.h. I. 1, II 48, 11ff.)。

5　C.D.h. I 1, II 48, 16ff. アンセルムスは次の前提――彼に対し、愛ト宗教的熱意ヲモッテ問いが向けられるという前提――から出発する(ib. I 2, II 50, 3f.)。

6　「デハ、私ガ異教徒ノ言葉ヲ使用スルコトヲオ許シクダサイ。私タチガソノ信仰ノ根拠ヲ探究ショウト努メル時、……彼ラノ異議ヲ、私ガ提出スルコトハ妥当ダカラデス」(ib. I 3, II 50, 16f.)。「コノ問題デハ、貴君ハ、……何モ信ジタガラナイ人々ノ立場ヲトッテイルノデ」(ib. I 10, II 67, 1f.)。

7　人は、最高に真剣に意図された命題――一方、「私ハアノ存在スル至高ノモノ、スナワチ、神ガ存在スルコトモ、存在シナイコトガ不可能ナコトモ、疑イノ余地ナク理解シテイル」(Pro insip. 7, I 129, 15f.) という命題――に注意せよ。

8　ほとんど疑わしいほどの豊富さをもって、「本論ノ他ノ個所ハシゴク真実デ、明晰デ、崇高ナ論述ガナサレテオリ、サラニソノ価値ハ高ク、マタ敬虔デ神聖ナ情趣ノアル馥郁タル香気ヲ放ッテイル……」(Pro insip. 8, I 129, 20ff.)、とさえ言われている。――既にガウニロが、アンセルムスの「敬虔さ」を、彼の神学からそれだけ安心して免除されることができるために、嘆賞したのではなかったか。

9　「全体ガ絶大ナ敬意ト賞賛トヲモッテ受ケ容レラレルデアロウ」(Pro insip. 8, I 129, 24f.)。

10　C. Gaun. Prol., I 130, 4f. ――この小さな序文を念頭においても、アンセルムスの答えの自余の内容を念頭においても、次のこと――この書物に対して、P・ダニエルスと共に（P. Augustinus Daniels, O.S.B., Quellenbeiträge und Untersuchungen zur Geschichte der Gottesbeweise im 13. Jahrhundert, Münster 1909）、（たとえそのことへの古文書的な根拠があるとしても〔しかし、そのことはダニエルス、三頁の評論からひき出すことはできないのであるが〕愚カ者ニ反対シテ（contra insipientem）という表題をつけること――は全く不可能である。そのような表現はアンセルムス的ではありえない。

11　「……私ノ論述ニ対スル反論ガイカニ単純デオヨソ愚カシイモノデハアッタトシテモ、ソレヲ無視セズニ先ニ進ミタイ。ココマデ述ベテ来タコトニ曖昧ナ点ガ残ラナイト、私モソレダケ確実ニ論ヲ進メルコトガ出来ルシ、マタ私ガ黙想シテイルコトヲ人ニ納得サセタイコトガタマタマアッテモ、スベテノ、タトエ小サナ障害デモ除去シテイタナラ、理解ノ早クナイ者モ話ヲ聞イテ容易ニソレヲ理解出来ルデアロウ」（Monol. 6, I 19, 16ff.。なお ib. Prol. I 7, 11f. を参照せよ）。

12　C.D.h. I 3-4.

したがって、証明の受領者としての異邦人、ユダヤ人、あるいは異端者という向かい合うもの（Gegenüber）については、特有な事情があるのである。――アンセルムスは、〔神学〕作業をしてゆく際に、実際、これらほかの者たち、すなわち、キリスト教の啓示を、したがって、彼自身の前提を、否定する者たちを念頭においているということ、いや、彼は、そのような者と対立しつつ、そのような者自身に身を向けて、何かを語り、そのような者を、少なくとも沈黙にいたらせようと欲しつつ、語っているということ、そのことは疑いの余地がない。直接に外に向かって身を向けているとして、したがって、近代の意味での「弁証論的」（apologetisch）なものとして、確かに、アンセルムスの書物のうちのどの一つも、主張されてはならない。アンセルムスが考えており、興味を感じている読者は、キリスト教の神学者たちである。もっと正確に言うならば、彼の時代のベネディクトゥス派の神学者たちであった。(13) それにもかかわらず、アンセルムスの神学は、密教的な知恵ではない。それは――人は、ここで、「おおむね」（durchgehend）と言わなければならないであろう――、私タチノ「ウチニアル希望ニツイテ理由ヲ求メル者スベテ」(14)に対する弁明として展開される。アンセルムスの神学は、対話の相手として、近くで、あるいはそれほど近くないところで、舞台に登場している否定する精神[15](Geist)〔の持主に対して〕の否定である。――しかし、そのことでもって、彼はそのような精神〔の持主〕と一緒に、そのもの自身の地盤の上に身をおかなければならなかったとか、実際、身をおいたということは、決して語られていない。彼はそのようなことをなすことができなかったし、また、事実、そのようなことをしなかったのである。彼が、その論争的・弁証論的なプログラムを、ある時、馬鹿ゲタ質問ニ賢明ニ答エルコトというように表現し[16]、また、別な機会には、彼らがイカニ不合理ニワレワレヲ侮ッテイルカガ、理性的ニ〔道理ニ照ラシテ〕示サレルベキコトというように表現した時[17]、知恵と愚カサ、理性的デアルコトと非理性的デアルコトの対立そのものが既に、次のこと――ここで対話の相手たちは、二つの、ひどく違った平面の上に身をおいているということ――を指し示している。そして、あのように複雑なラチオという概念を、またこれらの箇所においても、(十八世紀から由来しているある強迫観念の標準にしたがって) 非弁証法的・主観的に理解するのではなく、むしろ〔その中で〕あの〔ラチオ〕概念が、アンセルムスのところで、われわれの立証によれば、そのほかのところで用いられているのと同じ動的な(bewegt)意味で理解することが適切であるとするならば、その時、人は次のこと――アンセルムスがここで、急に、不信者に対して(それに加えて、自分自身に対して)、存在的なラチオ性〔理性性〕によって条件づけられることのない認識的なラチオ性〔理性性〕を、最高ノ真理によって最後的に条件づけられることなしに、したがって、啓示、恵み、信仰なしに、認識的なラチオ性〔理性性〕を認めたということ(いわば、不信者と手に手をとって、「純粋な理性からして」キリスト教的知解を手放しで再構成すべく着手するために、そのようにして不信者に、信仰ノラチオに対する、要求されている証明をなすために、〔認識的なラチオ(理性) 性を認めたということ〕)――を言いきることは不可能でなければならないであろう。アンセルムスにとっては、そもそも自己救済は存在しないように[18]、また、非ラチオ性〔理性性〕からラチオ性〔理性性〕への、愚カサから知恵への自己救済は存在しない。むしろ、認識的なラチオが非ラチオ〔理性〕性からぬきん出つつ自分をあらわす時に、したがって、認識的なラチオがマコトノラチオ(vera ratio)となるということが起こる時に、そのことは、認識的なラチオに対して、上から、自分自身からして、明るく照らし出す真理ノラチオ、すなわち、信仰ノラチオ、そのものの業である。そのことのために、人間の側で起こることができるところのことは、ただ、この信仰ノラチオを、最上の知識と良心に従って、啓示の文書を手がかりにして、探究しよう（erforschen）とする、換言すれば、真理ノラチオあるいは信仰ノラチオを探究されたものとしてほかの者の目の前で舞台に上《のぼ》せようとする――真理ノラチオあるいは信仰ノラチオがそこで自分自身のために語り、自らほかの者に対して語りかけるように、舞台に上せようとする――こころみでしかない。アンセルムスは、「不信者たち」が、また、彼らがこの人間的な助けを欠いていることで苦しんでいるのを見る。客観的な信仰ノラチオを自ら探究することができず、また、ほかの者たちがこの作業を彼らのためになしてくれるということなしに、彼らは確かにキリスト教の Credo の使信を聞くが、しかし、そのような使信が語ることとは、彼らには、「理性」に逆らい、理性の方は、キリスト教の Credo の使信に逆らうように見えるのである。[19] 彼ら、不信者たちは、彼らが信じようと欲する前に、まず第一にこのラチオについて知ろうと欲する。[20] ところが、この最後の点で、アンセルムスが彼らを助けようと欲することができないということは明らかである。ちょうど神学が、愚カ者が信者に、そして、いまや信じつつ知解する者に、変えられる変化を先取りすることができないように、神学はまた、信じることと知解することとの間の関係の、あの正シイ秩序――それの力によって、信仰は権威に対する服従、〔知解〔すること〕に先行しなければならない〔権威に対する〕服従〕[21] である正シイ秩序――を解消させようと欲することはできない。あの変化が起こらない時には、したがって、この服従が出来事となって起こらない時には、アンセルムスとその議論相手の者たちとの間の深淵は、――すなわち、それをはさんだその両側においては、同一の言語で全く違った何かについて語られており、したがって、それを越えて助けと、相互の了解し合いは、不可能であるであろう深淵は――あくまで残るのである。[22] そこには説明することのできない可能性――対話相手は愚カ者であり、愚カ者であり続けるということ、したがって、対話相手とのすべての議論は意味のないものであり、目的のないものであるという可能性――があくまで残るのである。もしもアンセルムスが具体的ニ、この可能性の〔所与として与えられてある〕事実〔性〕を計算に入れているなら、彼は明らかに、ほかの者に相対しての、人間的な助けというあのこころみを、くわだてるや否や再び中止してしまう以外のことは何もできないであろう。もしもほかの者に、徹底的に、最後決定的に、信仰が欠けているなら、その者に対して、信仰の知解に関して、（もちろん、その者にとってまた実際に欠けている信仰の知解に関して）助けようと欲することは、ただ、無駄でありうるだけである。愚カシイ仕方デ尋ネルコトと知恵アル仕方デ答エルコトは、あるいは、非理性的〔非ラチオ的〕ニ軽蔑スルコトと理性的〔ラチオ的〕ニ示スコトは、その時、関係なしに、互いに並んで走るだけであり、それに対して向けられた労苦と興奮は、一度《ひとたび》そのことが見てとられる時には、両方の側で、同様に全くよく免除されてよいであろう。

13　そのことについては、Daniels, S. 112f. を参照せよ。

14　C.D.h. I 1, II 47, 10f.

15　「不敬虔ナ者タチニハ、ワレワレノ信仰ハ道理ヲ尽クシテ理性的ニ擁護サレネバナラナイ」(Ep. 136, III 280, 34f.)。「私ガ本論デ論駁シタアノ『愚カ者』……」(C. Gaun. Prol. I 130, 3f.)。

16　De casu diab. 27, I 275, 5.

17　Ep. 136, III 281, 37f. あるいは、不信者は次のこと——すなわち、「不条理ニモ知ラズニイルモロモロノコトニ理性的ニ到達スルコト」(Monol. 1, I 13, 16)——へと指導されなければならない。あるいは、「ソコデ、理性ヲモッテ自己弁護ヲシヨウト努メル彼（スナワチ、不信者）ニ対シテハ、ソノ誤謬ガ……立証サレナケレバナリマセン」(Ep. de incarn. 2, II 11, 7f.)。

18　「コノヨウニ多クノ、マタコレホドノ打チ傷ニヨッテモ、苦シミニヨッテモ、私ハ自分ヲアナタニ向ケルコトハデキマセン。ソシテ、死ニヨッテハ、私ハ押エツケラレ、無力ニサレルバカリデス。シカシ、アワレミ深イ父ヨ、ワタシヲ立チ帰ラセテ下サイ。ソウスレバ、私ハアナタニ向キカエラサレマス」(Medit. 8, MPL 158, 748)。

19　「キリスト教信仰ガ理性ニ反スルト考エ、ソレヲ拒否スル異教徒……」(C.D.h. Praef., II 42, 10f.)。「多クノ人ハ、理性ニ反スルト思エルコトヲ神ガ欲スルトハ決シテ認メナイカラデス」(ib. I 8, II 59, 12f.)。

20　「コノ信仰ニ理性的説明ナシデハ近ヅクコトヲ全ク望マナイ人タチ」(ib. I 3, II 50, 17f.)。「理性ニヨッテ立証サレナイコトハ何モ信ジタガラナイ人々」(ib. I 10, II 67, 1f.)。

21　C.D.h. I 1, II 48, 16.

22　啓示の事実の不把握性に、予定の不把握性が対応している。アンセルムスは、「義ナル者ト不義ナル者ノ子供タチガソレゾレ〔入リマジッテ〕洗礼ノ恵ミニ選バレ、アルイハ退ケラレル」のを見ている (**De conc. virg. 24, II 167, 17f.**)、そして、この神秘〔不思議さ〕と直面して、説明も忠告も知らないのである。「ナゼアナタノ最高ノ慈悲ニヨリ、同ジ悪人デモ一方ヨリ他方ヲ救イ、アナタノ最高ノ正義ニヨッテ、一方ヨリ他方ヲ罰スルカハ、タシカニドノヨウナ理由ヲモッテシテモ、全ク理解出来マセン」(**Prosl. 11, I 109, 22ff.**)。

ところで、われわれは、ひどく顕著な事実——すなわち、アンセルムスは、あの可能性の〔所与として与えられた〕事実〔性〕を計算に入れなかった、あるいは、いずれにしても、それについての考えを全く用いなかった(23)という顕著な事実——の前に立つ。次のこと——アンセルムスの書物（それの意図を、人は他方、周知のようにまた、十字軍の意図と比較した(24)のであるが、そのアンセルムスの書物）が、まさに論争という点で、顕著な柔和さを通してぬきん出ている(25)ということ——は、しばしば気づかれてきたことである。人は、その柔和さをまた、人格的・心理学的に評価することができるし、評価しなければならない。しかし、その柔和さと次の事実——アンセルムスは、そもそも、不信者と間違った信仰をもつ者たちに対して、ワレ知解センガタメニ信ジル (**credo ut intelligam**)、および彼の予定説的な背景にもかかわらず、証明しようと欲することに〔見たところ何の制止もなしに〕従事したという事実——は、また事柄に即した理解を要求する。人はそのことについては、アンセルムスの、〔ボゾの口にのぼせられた〕おやと思わせるような承認——信者の問いと不信者の問いのところで意図され、努力されていることが同一のものであるという承認——から出発することができる。「彼ラハ信ジナイカラ説明ヲ求メ、私タチハ信ジルカラソレヲ求メマス(26)。シカシ、私タチガ求メテイルモノハ一ツデス」。そのことは何を意味しているのか。アンセルムスのラチオ〔根拠〕ヲ求メルコト）が何を意味しているかということをわれわれは知っている。それはすなわち、**Credo** の個々の部分の相互の関連づけ合いの解明を通して示されるべき、信仰の認識的なラチオ〔理性〕性ということである。「私タチガ求メテイルモノハ一ツデス」。したがって、アンセルムスは「不信者たちに対して」、彼らが欠けていることに気づき、彼らが〔それを〕問うている信仰のラチオは、アンセルムス自身が尋ね求めている信仰のラチオと別なものでないことを信頼し、認める。彼らは啓示そのものに躓くのではない――彼らがそのことをなす限り、彼らは、〔そのものたちに対して〕何も助けられることができない愚ヵ者であるであろう。しかし、この可能性に関し、彼らは、アンセルムスによって言質がとられてはいない。そうではなくて、彼らは、啓示の問いそのものを未決なものにしておきながら、啓示のあれやこれやの構成要素に躓くのである。なぜならば、彼らにとって啓示のまとまった関連性、啓示の全体性、は知られておらず、それであるからまた、啓示の構成要素そのものの中のあれこれのものが（全体からして明らかにする照明なしに）理解できるものとなることができないからである。そのように理解された、「不信者」の躓き(Anstoß)に対して、キリスト教の神学者は、自分が無力であると感じてはいない。そのように理解された時、その躓きは、事実、彼、キリスト教の神学者自身を、信ジルコトから知解スルコトへと駆り立てたし、いまも駆り立てている躓き〔衝撃〕(Anstoß)と同じである。したがって、彼、キリスト教の神学者は、ほかの者をただ、自分自身の道に――まさにそのようにしてその者に対し、その者が（また彼も！）問うていることに対して答えてゆくために、自分自身の道に――ともなって連れて行きさえすればよい。アンセルムスが「不信者」の関心事をそのようにうけとめた時、なぜアンセルムスが、不信者との議論に、――その者〔不信者〕の地盤に、もしかして(etwa)一般的な人間理性の地盤に、その者と共に身をおくことなしに、しかし、また、その者に対して、条件（その者は、話し相手となることができるために、まず信者へと回心していなければならないという条件）をつけることなしに――、従事するのかということはよく分かる。アンセルムスは彼自身の地盤、すなわち、厳格に神学的な（むしろわれわれは、今日、こう言うであろう、教義学的な）即事性(Sachlichkeit)の地盤を、同様に〔その上で〕「不信者」も全くよく、話し合いに加わることができ、加わろうと欲することができる地盤であると、みなしている。彼、アンセルムスは、不信者を、この彼自身の地盤へと呼び招く。いや、彼は不信者に対して、次のような者――その問いと共にこの地盤に既に足を踏み入れた者――として語りかけ、それ故に、彼は（私ハ知解スルタメニ信ジマス、および彼の予定説的な背景を否定することなしに）不信者と共に、あたかもその者がボゾやガウニロであるかのように、論じることができるのである[27]。アンセルムスは不信者の関心事を実際にそのように受けとめたのであろうか。それに賛成しての、あるいは反対しての決定は、再び、彼がその書物の中で実際になしたことを見ながら、その結果決められなければならない。しかし、それを念頭におくならば、確かに次のように言われなければならない。然り。彼はこの関心事をそのようにうけとめた、と。人は、アンセルムスのところで、次のような箇所――そこでは、彼が、「証明する」ということを、したがって、外に対して、不信者が受けとるようにと、向けられた議論を、信仰そのものから得ようと努めつつ努力されている探究とは異なった行動として実行していた箇所、そこでは、もしかして「教義学的な」行動に、特別な「弁証論的な」行動が続き、あるいはそのような弁証論的な行動が、教義学的な行動に対して、基礎づけつつ、あるいは少なくとも場所をつくり出しつつ、類比的にあるいは間接論証的に(apagogisch)先行するであろう(28)箇所――を一つも見出さないであろう。むしろ、まさに信仰者の知解スルコトの実行こそが、まさに内に向かっての証明こそが、また、外に向かっての証明でもある。「不信者」の関心事が、ただ単に何らかの仕方で取り上げられ、神学的な課題の中に共に編み入れられるだけでなく、終始、「不信者」の関心事は信仰者の神学的な関心事と同一であるとして取り扱われる。このこと――ラチオと信仰(fides)の間での矛盾スル(repugnare)という外観を破壊すること――を、アンセルムス自身は、彼の「不信仰な」対話の相手が立ち上がるはるか以前に、欲していた。彼の信仰を、知解しないことと(Nicht-Erkennen)平和裡に折合いをつけさせることは、結局、アンセルムス自身にとって不可能であったし、また不可能なことである。「不信者」のどの問いが彼、アンセルムス、にとって新しいものであり得、彼が自分自身に与える答え以外にどういう答えを彼は不信者に対して与えることができるであろうか。アンセルムス的な証明は、神学者と世の子の間の連帯責任性――神学者が町の路地で世の子に出会うこと、ないしは、一般的な討論集会におもむくこと、によって起こってくるのでなく、むしろ神学者が世の子に対して、その者を自分の前に見出すところで、見出すままに、自分と同じ場所に、いずれにしても神学の場所に、いる者として語りかけようと決心することによって起こってくる連帯責任性――の前提のもとで、生起する。そのように、アンセルムスは世の子に対して、世の子が、それがいくらか明晰な理解力をもつ時、啓示の真理を前もって肯定しているということなしに、どのようにキリスト教信仰の理性性(Vernünftigkeit)について確信することができるかの教示を与えると約束することができるのである[29]。世の子に対して、それから、――キリスト教の教義の前提のもとで、そのような教示を与えるために。世の子は、信ジナイカラ求メル (quaerit, quia non credit) としても、世の子は外から、おそらく全く「傍観者の態度」で、問うとしても、世の子はただ単に疑うだけでなく、否定し、あざけるとしても、まさにそのような世の子に対して、まさにこの教示を与えるために「どのようにキリスト教信仰の理性性について確信することができるかの教示を与えると約束することができるのである」。

23　この考えは、わたしの知っている限り、二度――そして、そのことが起こりうるということは注目に値する――触れられる。すなわち、あの、「愚カ者ダト言ウベキデス。ダカラ、彼ノ言ウコトハ無視スベキデス」(C.D.h. I 25, II 95, 20f.) と同様に、神証明の高所において (Prosl. 3, I 103)。しかし、この考えは、どちらの箇所においても、直ちに再び放棄される。

24　例えば、Fr. Overbeck, Vorgeschichte und Jugend der mittelalterlichen Scholastik 1917, S. 228f. アンセルムスは Cur Deus homo を一〇九四―九八年に書き、一〇九五年にウルバヌス二世に対し最初の十字軍へと呼びかけ、一〇九九年にエルサレムは征服される。

25　少数の例外――そこでこの柔和さが、怒りに隣接する感情にまで高まる少数の例外――は、いろいろな点で特徴的である。Ep. de incarn. 1 (II 9, 20ff.) において、彼は一度、まさしく感情を害しつつ、ある同時代人たちの唯名論的・哲学的な背後関係に反対しつつ語っている。Ep. 136 (III 280, 26ff.) においては、彼にとって、洗礼と直面して、「キリスト教的」異端の事実――それから、結局また、その「キリスト教的」異端の創始者が由来している洗礼(と直面して、「キリスト教的」異端の事実)――は全く理解ができない。C.D.h. II 10 (II 108, 20ff.) において、ボゾは鋭い仕方で怒りをぶつけられている。なぜならば、ボゾは、自由の問題の詳論において、何故神は人間を、誘惑されえない姿に関して、ご自分と同じように創造されなかったかという問いを立てたからである。

26　C.D.h. I 3, II 50, 18ff.

27　それゆえに彼はまた、彼の信仰の仲間であるボゾを「不信者」の代表に任命することができるのである。

28　神学大全と、それに加えて反異教徒大全(Summa contra gentiles)を書くことは、教義学とそれに加えて宗教哲学あるいはその種のものを書くことは、アンセルムスにとってまさに不可能であったであろう。

29 「モシ神トソノ被造物ニツイテ私タチガ必然的ニ信ジテイル多クノコトヲ聞カズアルイハ信ジテイナイタメニコノ本性ヲ知ラナイ者ガイルトシテ、彼ガ普通ノ才能ノ持チ主デサエアッタナラ、ソノ大部分ハ少ナクトモ推論ダケデ認メルコトガ出来ルト私ハ考エテイル。ソノ方法ハ多イガ、ソノウチデ、……一ツ述ベヨウ……」。それに、既に言及された「宇宙論的神証明」が続く (**Monol. 1, I 13, 5ff.**)。

アンセルムスの神学は単純なものである。それが彼の「証明すること」の全くありのままの秘密である。アンセルムスは、キリスト教の知解を密教的な奥義として取り扱うことはできない。世俗の思惟の冷静な光を避けなければならない行為として取り扱うことはできない。彼は自分の神学に対して次のこと――自分の神学がそれとして、（外に立つ者たちに対して、特別に合うように整えることなしに）証明力をもち、確信させる力をもつということ――を信頼する。もしも彼が次のこと――自分の神学の、それに固有なもろもろの論証の外に立つ者たちを念頭において、特別な証明によっておきかえること――の方を優先的に選ばなければならないとしたら、彼は自分の神学に対して不信の気持をもたなければならず、彼の神学は彼自身にとって確信させるものではなく、したがって、悪い神学であるであろう。またアンセルムスは、世に対して、〔それをもって〕彼自身に対し仕えられるもの以外の、別なものをもって仕えることはできない。それは、ただ単に、彼は世に対して、正直なところ、ほかのものを提供すべくもっていないという理由からだけでなく、また、彼自身を確信させる証明以外の別な証明を知らないという理由からだけでなく、むしろまた、彼は世に対して自分が責任があることを知っており、したがって、世に対して、最善のもの以下のものをあえて提供しようとしないという理由からしてである。そして、それ故に、アンセルムスは神学の、ただ一つの問い、ただ一つの言葉、ただ一つの課題を知っているだけである。彼は、次のような意図――「証明し」ようとする、すなわち、信仰をすべての者たちに、（ただ単に自分自身に対してだけでなく、ただ単に小さな群れに対してだけでなく、むしろすべての者たちに）知解できるものとしようとする意図――なしにではなく探究する。しかし、彼はまた、あたかも啓示と教義《ドグマ》の否定など存在しないかのように、厳格な神学的な即事性の中で探究しつつ証明するのであって、決してそれ以外の仕方で証明するのではない。

もちろん、ここで最後の謎――それを表示することが（それの解決ではなく、それの表示が）ここで、適当な仕方で、結論を形造ることがゆるされる最後の謎――が出される。アンセルムスがこのやり方を、物事を「安易にとり」つつ実行しているという受けとめ方は、もちろん、あまりにも馬鹿馬鹿しい異議の申し立てであるので、それは詳細にわたって論駁する価値もないものである。アンセルムスの証明を知っている者は、彼が決して物事を安易にとりはしなかったということを知っている。また、別な可能性、「不信者」と、不信者自身の地盤で話し合うという別な可能性は、アンセルムスにとっては、それが「容易なもの」であれ、「難しいもの」であれ、とにかく、禁じられ、排除され、不可能な可能性であった。しかし、確かに、彼自身のもろもろの前提からして、次のように――彼が、彼の「〔もろもろの〕証明」が、不信者たちによって、すなわち、「信ジナイガユエニ、探究スル」(**quaerunt, quia non credunt**)者たちによって、そもそも理解されると考えている時、また、彼ら〔不信者たち〕とのただ神学的な対話だけでも可能であると考えている時、ましてや、彼らに（啓示と信仰の問題を未決なままにしておきながら）**Credo** の理性性（**Vernünftigkeit**）について確信させることに成功するであろうと考えている時、彼は思い違いに身をゆだねているのではないかと――問われることができ、また、問われなければならない。このような仕方で、イヤ応ナシニ（**nolens volens**）まただ、神学の場所にだけでも移されることを甘受するところの不信者――一体、どういう不信者のことを彼は考えていたのであろうか。一体、彼自身の「ワタシハ、知解センガタメニ信ジル」(**credo ut intelligam**)も、最もすばらしい仕方で、そういうような無前提的な（**voraussetzungslos**）理解〔すること〕の可能性に対して、生マレ変ワラナイ者タチノ神学の可能性に対して、すなわちキリスト教的即事性のない神学的即事性の可能性に対して、全く素敵な仕方で反対しつつ語っていたのではないか。そのような教示の成果は、最上の場合においても、キリスト教の諸命題の内的な首尾一貫性――そのように教えられた者たちに対して、決して、全体を、そして、全体と共に個々のものを、依然として、疑い、否定し、あざけることを阻止してくれるとは限らない（キリスト教の諸命題の内的）首尾一貫性——についての無益な教示以外のものであり得たであろうか。どういう意味で、この、その上、最高に達成されそうもない成果は、それに向けられた労苦に値したものでありうるであろうか。証明しようと欲すること全体は、根底からしてやり損なった、しりぞけられるべき思想ではなかったか。またアンセルムスは、もしも彼の神学に対して、はっきりと密教的な学問の性格を与えていたらその方がもっとよく、また彼自身の意図にとってももっと忠実に、行動していたことにならなかったであろうか。それに対して次のように答えられなければならない。神的な単純さの王道(via regia)と前代未聞の思い違いの道は、神学の歴史においては、あらゆる時代と、またその発展段階において、ただ紙一重のところで分けられて、平行線をたどって走っていたということである。確かにどの神学者のどの命題についても、それがこの限界のこちら側にあるか、それともあちら側にあるかは、明瞭に示されえないのである。したがって、前代未聞の思い違いの可能性が、見たところ、手でつかみ得るほど明らかに、またアンセルムスの神学のまったただ中で、見てとることができるということについて驚き怪しんではならない。したがって、人は、しかしまた、もう一つの別な可能性——最初に見たところでは、一見、最も前代未聞の思い違いと見えるものも実際には神的な単純さ、(悪い外観にもかかわらず、自分が欲していることと欲していないこととを正確に知っており、自分の目標について、あまりにも性急な批判者が見ることができるよりももっと正確に知っている神的な単純さ)でありうるであろうというもう一つ別な可能性——に対してあくまで開いていなければならない。次の可能性——アンセルムスの、証明しようと欲すること(Beweisen-wollen)を、またそれが、彼のくわだて全体の大災害を意味するというのとは違ったふうに解釈する可能性——がある。彼はおそらく、次の前提——不信仰、私タチハ信ジナイガユエニ(quia non credimus)ということ、不信者の疑い、否定、あざけりは、不信者自身がそれを真剣にうけとろうと欲したほど、真剣に受けとられるべきでは全くないという前提——をあえて立てたのである。彼はおそらく、彼が「証明しつつ」不信者に身を向けた時、不信者の不信仰を信じたのでなく、むしろ、その者の信仰を信じたのである。彼は、おそらく、不信者をただ単に自分自身と一緒に、神学の場の中で見ただけでなく、とりわけ、自分自身と一緒に教会の場の中で見た。それは、不信者の、現にそこにある何かある性質を念頭においてであろうか。例えば、創造以来存在しており、堕罪によっても抑圧されない、彼、不信者、の主観的なラチオ(ratio)の力強さを念頭においてであろうか。それとも、また生まれながらの人間がもっている何かある一般的な、ひそかな敬虔性を念頭においてであろうか。そのようなものは、もちろん、全く非アンセルムス的な可能性――それらを理性にかなった仕方で考慮に入れることは全くできない非アンセルムス的な可能性――であるであろう。しかし、確かに、アンセルムスはあの驚くべき前提をおそらく、信仰の対象そのものの客観的な根拠《ラチオ》――最高ノ真理(summa veritas)を通して上から照らし出され、また照らし出す客観的な根拠《ラチオ》、(それに対して、アンセルムスは、それが、いかなる人間もほかの者に教えることができないことを教えることができ、また繰り返し教えるであろうことを信頼していた客観的な根拠《ラチオ》)――の力強さを念頭において、あえてなすことができたのである。おそらく、神学はアンセルムスにとって、説教と全く同じように、キリストの宣教――それに際しては、あの照らし出され、また照らし出す客観的なラチオへの信頼は、宣教者の第一の、また最後の前提でなければならず、したがって、それに際しては、罪は勘定に入れられず、罪人はその罪性において固執されず、むしろ、その罪性のまま、神のものとして要求されるべきであり、したがって、それに際しては、人は聞き手の悲劇的な私ハ信ジナイ(Non credo)を、(この場合に、ただ単に許されているだけでなく、まさしく命じられている)ユーモアをもって通り過ごして、議事日程に移ってゆかなければならないキリストの宣教――の行為であった。おそらくアンセルムスは、キリスト教のCredoについて、次のような仕方――彼が罪人を罪人でない者(Nicht-Sünder)として、非キリスト者をキリスト者として、不信者を信者として語りかけるという仕方、すなわち、偉大な「あたかも……であるかの如く」(Als ob)、(それは、実際のところ、「あたかも……であるかの如く」ではなく、結局、すべての時代において信者が不信者に語ることを決定的に可能にすることであった「あたかも……であるかの如く」)の中で語りかけるという仕方――以外の仕方で語る術《すべ》を知らなかった。おそらく彼は、証明しようと欲しつつ、実際に、信者と不信者の間の深淵のこちら側に立ち続けたのでなく、むしろその深淵を越えて行った。しかし、この度は、(しばしば実際に起こったように、そして人がまた彼に対しても帰してきたように）軍使としてではなく——今、十字軍の時代を思い出すことは適当であるであろう——、征服者、そのものの武器は、彼が自分を不信者たちに対して不信者たちと同類の者としておき、不信者たちを自分と同類の者として受けとることから成り立っている征服者、として深淵を越えて行ったのである。(30) おそらく、人はこの線をさらにひき延ばしてはならない。人はただ、次のように言うことができる。それはすなわち、アンセルムスの意図が以上のようであったとすれば、その時、彼が証明することについて、われわれが既に見てきたようにうけとっていたということは、まさに理性的な、分別にとんだことであったし、また、（思い違いの可能性〔だとしてうけとること〕の助けをかりなくても）そのことはまさしくよく理解できるものであるということである。

30　「ソレ故ニ、私ハ自分ガイカニ多クノ罪ヲ犯シ、イカニ多クノ不義ニヨッテ自分ノアワレナ魂ガ汚サレタカヲ思ウニツケ、自分ガ他ノ罪深イ人々ト同ジデアルトイウバカリデナク、ドノ罪人ニモマサッテ、スベテノ罪人以上ノ罪深イ人間デアルコトヲ知リマス」(Medit. 6, MPL 158, 739)。

II　神の存在証明

A　証明の諸前提

一　神の名

『プロスロギオン』二―四章において、アンセルムスは神の存在を証明しようとする。彼は、神の一つの名――その理解からして、「神は存在する」という言明が必然的である（換言すれば、「神は存在しない」という言明が不可能である）神の一つの名――を前提することによって、神の存在を証明する。『プロスロギオン』五―二六章においてアンセルムスは、神の本質を、（換言すれば、神の完全性と独一無比な本源性を）証明しようとする。彼はこの神の本質を、あの同じ神の名――それの理解からして、「神は完全であり、本源的に知恵に富み、力強く、正しくあり給う」等々という言明が必然的である、（換言すれば、すべてのそれに反対の言明が不可能である）神の名――の前提のもとで、証明する。したがって、『プロスロギオン』の二つの部分の探究における共通の挺子《てこ》、論拠（argumentum）は、前提された神の名[1]――それについて、われわれに対して、その書物の序文のところで、いかに著者がそれを探ね求め、いかに、それから、彼がそれを、探求をほとんど放棄してしまった後、突然見出したかが報告されている前提された神の名――である。

1　「コノ表現ノ意味ニ（すなわち、まさに前提された神の名に）内在シテイル力ハ、ソノ言ワレタコトガ理解サレ、アルイハ考エラレタトイウ事実ヲモッテ、ソレガ実体トシテ存在シマタ神的実体ニツイテ信ズベキコトノスベテデアルコトガ、必然的ニ証明サレルホドノモノデアル」(C. Gaun. 10, I 138, 30–139, 3)。

この名は、『プロスロギオン』二章の初めのところで、

——そこで、この名がはじめて現われるのであるが、その『プロスロギオン』二章の初めのところで——ソレヨリモ偉大ナモノハ何モ考エ得ラレナイ何カ (**aliquid quo nihil maius cogitari possit**) という言葉で描写されている。この定式〔的表現〕は、『プロスロギオン』そのものとガウニロに反対する書物の中で、可動的なものである。**aliquid** の代りにアンセルムスはまた **id** と言うことができる。しかし代名詞はまた、短縮されつつ脱落することができる。**possit** の代りにまた、**potest** が、そして時折は **valet** が、立つことができる。**nihil** の代りにまた **non** が、**nihil** (ないしは **non**)……**possit** (ないしは **potest**) の代りにまた **nequit** が、そして全く時折、**maius**〔ヨリ偉大ナ〕の代りにまた **melius**〔ヨリヨイ〕と表現されることもできる。ところで、この定式〔的表現〕の理解のためには、ただ、この最後の変形だけが重要である。この定式の語義は、差し当たってまずは明らかである。この定式はそのままフランス語に翻訳されることができる。《**Un être tel qu'on n'en peut concevoir de plus grand**》[2]、あるいはもっとよい仕方で《**Quel-que chose dont on ne peut rien concevoir de plus grand**》[3]、と翻訳されることができる。ドイツ語では、こう書きかえられるべきである、「それより偉大なものが考えられ得ない何か」(**Etwas über dem ein Größeres nicht gedacht werden kann**)。その際、「偉大な」は、その変形であるヨリ善イ (**melius**) と、定式の用法全体が教えているように、全く一般的に、表示されている対象のすべての性質あるいは状態の高度な程度を述べている。したがって、場所と時間との関係におけるその〔表示されている対象の〕「偉大さ」も、その精神的な諸性質の偉大さも、その力強さの偉大さも、その内的および外的な価値の偉大さも、最後に、そのありうる存在のあり方も、表示している。そこで表示されている何か (**Etwas**) の上方に考えられることができない「より偉大なもの」は、したがって、全く一般的にその何かに立ちまさったもの (**das Überlegene**) である。この概念が特に『プロスロギオン』二—四章でなされている用いられ方からして、確定的な意味として次のことが引き出されるべきである。すなわち、そのものに対して、原則的により高い存在の仕方の中で存在しているもの、〔ということがひき出されるべきである〕。——この名の語義のより立ち入った理解のためには、とりわけ、この名が語っていないところのことがよく注意されなければならない。この名は、神は、人間が現実に考えるところの最高のもの――それを越えてその上に、それから、もっと高いものを人間が考えることができない最高のもの――であるということを語っていない。この名はまた、神は、人間が考えることができる最高のものであるということを語っていない。この名は確かに、あの現実もこの可能性も否定しない。しかし、この名は、両方のものが所与として与えられていることを問う問いを未決のままにしておく。この名は、明らかに、慎重に、それによって表示されている対象は、人間がそれを実際に考えるということに、あるいはまた、ただ考えることができるということだけにも、全く依存していないように見えるといった具合に、選ばれている。この名は、それ〔対象〕が現実に考えられることも、それからまたその考えられることができる可能性も〔一つの〕条件――さし当たってははっきりと言葉に出して語られていない条件――に依存しているように見える(4)といった具合に選ばれている。この定式がこの対象について語っていることは、徹頭徹尾、一つのこと、否定的なこと、である。すなわち、その対象よりももっと偉大なものは考えられない、と。人はその対象を何らかの関係において凌駕するであろうもの、あるいは凌駕することができるであろうもの、を考えることはできない。人が何らかの関係においてそれよりももっと偉大なものを考えるや否や直ちに、人は、(人がそもそもそのものを考えることができる限りにおいてであるが)、まだそのものを考え始めていなかったか、あるいは既に再びそのものを考えることをやめてしまっているであろう。――それに加えてまた、次のことが言われなければならない。そこでは厳格に認識的な内容の一つの概念――アンセルムスがここで神の概念として表示している(厳格に認識的な内容の)一つの概念――が問題である。この概念〔名〕は、神は存在するということを語っていない、また神は何であるかということも語っていない。むしろ、人間によって聞かれた禁止命令の形で、神は誰であるかということを語っている。神は純粋ニタダ概念的ニシカ定義サレナイモノ(une définition purement conceptuelle)(5)である。この概念〔名〕の中には、そこで表示された対象の存在についてと本質についてのいかなる言明も含まれていない(6)。したがって、そのようなものは何も、後から、分析的にこの概念〔名〕からひき出されることはできない。この概念〔名〕が神の存在と本質の証明に役立つべきだとしたら、第二の(それから厳密に区別されるべき)前提が必要である。換言すれば、神の存在と本質の思想——神の助けを得て、認識のために、証明のために、唱えられるべき（神の存在と本質の）思想——が、ほかのところからして、信じるに値する仕方であらかじめ〔所与として〕与えられているということが、必要である。したがって、ソレヨリモ偉大ナモノハ考エ得ラレナイ何カは、神論の圧縮された、後からの展開の可能な定式ではない。むしろ、よかれあしかれ、神の〔一つの〕表示(significatio)、神の一つの名——神の啓示されたさまざまな名の間で、この度、この特別な目的のために選ばれた神の一つの名、その際、どうしても、神の認識のためには、その同じ神のほかのところで〔ほかの仕方で〕の啓示が、自明のことながら前提されている神の一つ名——である。ただ次の指示が、この名を手段にして、神学的プログラムに対応しつつ、意図されることができ、可能である。それはすなわち、〔一方において〕神の名と、〔他方において〕神の存在と神の本質のほかのところで〔ほかの仕方で〕与えられる啓示の間に、証明しうる厳格な関連性が成り立っている、ということである。その限り、そしてそれと別様にではなく、この名の理解からして、神の存在と本質についての言明の必然性が生じてくる。

2　そのように、**Bainvel** は、**Dictionnaire de théol. cath.**〔カトリック神学辞典〕**I Sp. 1351** で述べている。

3　そのように、**A. Koyré, Saint Anselme de Cantorbéry, Fides quaerens intellectum, Paris 1930, S. 13** で述べられている。

4　それによれば、次のこと——ウィルヘルム・v・アウクセルレ（一二三一年死去）が、アンセルムスの証明についての彼の批評の中で、それの考エル(**cogitari**)を考エ出ス(**excogitari**)と訳出する、すなわち、解釈することがゆるされると信じた(**Daniels S.27**)時、そのことが直ちに重大な誤解を意味したということ——は自ずと明らかである。

5　**A. Koyré, L'idée de Dieu**〔神ニツイテノ理念〕**etc. S. 203.**

6　**J**・ペックハイ（一二九二年死去）が、アンセルムスの証明を「モトモト定義カラシテ、主張サレテイル論証」(**argumentum a definitione sumptum**)として引用した時(**Daniels S.44**)、そのことはまた決定的な誤解であった。

われわれは、既に語られたことに従えば、とりわけ次のことを確認しなければならない。それはすなわち、この名の前提は疑いもなく、厳密に神学的な性格をもっているということである。人は、この定式〔的表現〕が導入される際の導入のされ方によく注意せよ、「ソシテ、実際、アナタガソレヨリ偉大ナモノが何モ考エラレ得ナイ何カデアルコトヲ、私タチハ信ジテイマス……」[7]。そのことでもって語られていることが何であるかということは、あの決定的な命題――その中でアンセルムスが、後に、この神の名の起こりうる拒否に対して、換言すれば、神の名がキリスト者に対して知られていないということに対して、抗議した決定的な命題――を通して確認される。「シカシ、コレガドレホド誤ッタコトカ、ソノ最モ確固トシタ論拠トシテ、私ハ貴君ノ信仰ト良心ニ訴エタイ」[8]。この命題の中で、確かに、語りかけられているガウニロの信仰 (fides) は、彼がこの神の名そのものを知っていることを、また彼の良心 (conscientia) は、彼がこの名を通して表示されていることを知っていることを、確認すべきである。ガウニロは、信じるキリスト者として大変よく、誰が、ソレヨリ偉大ナモノハ考エラレ得ナイものであるかを知っている。それとまた、アンセルムスが『プロスロギオン』の序文で、この概念の発見に関してなした顕著な報告が、比較されるべきである。彼、アンセルムス、はシバシバ真剣ニそれを探し求めた。ある時は彼はその概念をすぐ次の瞬間には見出すと信じ、ある時は、決して見出せないと思った。遂に彼はそれを尋ね求めての探究を、不可能なくわだてとして放棄した。そしてさらに引き続いての時間をそのことについやさないために、もはやそのようなことを考えまいと決心した。しかし、まさにそれと共に、考え〔思想〕が、彼〔アンセルムス〕に、いよいよ頻りに迫って来はじめた。「ソノヨウナアル日ノコト、コノ執拗サニ激シク抵抗シ、疲労困憊ノ極ニアッタ私ノ心ニ、群ラガル思念ノ交錯ノウチカラ、ソノ発見ヲ絶望シテイタアノ論証が現ワレタノデアル。努メテシリゾケルヨウニシテキタ思惟デアッタガ、ソレヲ私ハ熱心ニ迎エ入レタ」[9]。これは学問的な研究の報告なのか、それともむしろ――おそらくはまさに典型的な――預言者的な照明の経験についての報告ではないのか。それはとにかくとして、アンセルムスは神のこの〔特徴〕表示を拘束力のない神学問題 (theologumenon) とは考えなかった。あるいは神についての一般的な人間的な知〔識〕の〔一つの〕構成要素とはみなさなかった[10]。むしろ彼はそれを〔一つの〕信仰命題 (Glaubenssatz) とみなしたのである。人が次のこと――アンセルムスにとって、啓示のテキストのはっきりと言葉に出しての言明と並んで、直接、これらの言明から生じてくる帰結、

（それらに対してアンセルムスが、これらの言明と同じ威厳を認めた帰結[11]）が存在したということ――をはっきりと念頭におく時、人は、ソレヨリモ偉大ナモノハ考エ得ラレナイモノ **(quo maius cogitari nequit)** が、当然のことながら（アンセルムスにとって権威ある）どのテキストの中ででも証明されえない[12]ということに躓くことはないであろう。アンセルムスは、それだからといって、決して、この定式〔的表現〕はでっち上げられたというふうには考えず、むしろはっきりと言葉に出して、彼がどこからその定式を得ると考えているかを語ったのである。彼が神に対して一つの名を帰す時、彼はそのことを、次のようなある一つの存在――何かある一つの別な存在について一つの概念を形成するある一つの存在――としてしているのでなく、むしろ自分の創造者の前に立っている被造物としてしている。この、神の啓示によれば現実の、神との関係の中で思惟しつつ、彼は自分が、あの禁止命令のもとにおかれていることを認識し、彼は、信仰にとって排除されている愚かしいこと――彼がこのより偉大なものを考えようと欲することによって、自分を神の上におくという[13]愚かしいこと――に陥ることなしに、神の上方にあるより偉大なものを、つまりもっとよいものを、考えることができないのである。ただ見かけだけ、彼によって形造られた概念が、すなわち、ソレヨリモ偉大ナモノハ考エ得ラレナイモノが、彼にとって、実際に、啓示された神の名である。――したがって、われわれ[14]は直ちに（直接それに先行する、『プロスロギオン』一章の、結論の言葉からして、どうして事情はそれと別様でありうるであろうか）、アンセルムスは、また、そしてまさに、神の存在証明に足を踏み入れる時にこそ、終始、そして正確に、その神学的なプログラムの遂行に従事しているということを見る。彼にとって、自明のことながら、また、神の存在も、前もって与えられている信仰命題である[15]。この、信じられた神の存在が、今や、同じように信じられた神の名[16]の前提のもとで、認識され、証明され、必然的に考えられるべきものとして理解されなければならない。その際、神の名は、今度は、**Credo** からとられた **a**[17]――それを手段として、今や、**x** としておかれた神の存在が、未知なもの（信じられていないのではないが、しかし、理解されていないもの）から知られたものに変えられるべきである **a**――である。「神が何デアルカヲ理解シテイル者ナラ、神ハ存在シナイトハ考エ得ナイ」[18]。**Credo** のこの点からして、もう一つの別な点、神の存在、が、——信じるに値するものとされるのでないが（そのようなもので、それは、そうでなくてもあるのである）、洞察しうるもの (einsichtig) とされなければならない。まさにこの点の選択、まさにこの神の名の発見が、アンセルムスによって、証明をなしてゆくために進み行かれるべき道の上での最初の一歩であった。アンセルムスが神の名に対して、決定的な意味を帰したということは、彼が後に、その神の名を、ガウニロに対して弁護した際の、弁護の仕方からと同様、彼が序において、その神の名の発見について報告していることから、結果として出てくる。われわれは次のことを確認する。この最初の一歩は、いずれにしても、特別に神学的な思惟に結びつけられている拘束性 (Gebundenheit) からぬけ出させず、かえって、直ちに、そのような〔特別に神学的な思惟に〕結びつけられている拘束性の中へと導き入れる。この最初の一歩は、この問いにおいて認識を可能にしているように見えたあの具体的な拘束を選びとるという選択をなす、と。

7　Prosl. 2, I 101, 5.

8　C. Gaun. 1, I 130, 15f.

9　Prosl. Prooem, I 93, 10ff. また die Vita des Eadmer I 2, 9 (MPL 158, 55) を参照せよ。

10　そのように彼は、後に、広い範囲にわたって理解された。「神ハ、精神ノ共通ノ理解ニヨレバ、ソレヨリ偉大ナモノハ……ナイモノデアル、ト語ッタアンセルムスヲ (Bonaventura, Daniels S. 38)。神ハ、万人ガ認メルトコロニヨレバ、ソレヨリ偉大ナモノハ……ナイモノデアル……ト、アンセルムスハ論ジタ」(Joh. Peckham, Daniels S.43)。

11　S.22 Anm. 6 を参照せよ。

12　人は、おそらくまた、この脈絡において、比較されうるものとして、ルターの信仰ノミ (sola fide) のことを思い出すことがゆるされるであろう。

13　「ナゼナラ、アル精神ガアナタヨリヨイ何カヲ考エ得ルナラ、被造物ガ創造者ヨリモ優位ニ立チ、創造者ヲ審クコトニナリ、コレハ甚ダ愚カシイコトダカラデス」(Prosl. 3, I 103, 4ff.)。アンセルムスがまさにこのところで、例外的に「ヨリ大キイ」(maius) の代りに、「ヨリヨイ」(melius) を用いていることは、おそらく偶然ではないであろう。

14　アンセルムスの証明と取り組んだ後のスコラ神学者の中で、特にボナヴェントゥラとトマス・アクィナスは、アンセルムスによって前提された概念においては、神ノ名 (nomen Dei) が問題であるということを正しく見てとっていた (Daniels S.39 u. 65f.)。そして、ローマのエギディウス

(gest. 1316) のところで、アンセルムスの意図を最も正確に描写しうるであろう命題が見出される。「神ガ存在スルコトヲ証明スルトハ、神トイウコノ名ニヨッテ提示サレルモノガ何デアルノカヲ説キ示スコトデアル」――〔ただし〕もしもエギディウスが残念なことに次のように続けて述べていないとしたら、「ソレハ、コノコトヲ証明スルアラユル論証カラ明ラカデアル」(Daniels S. 76)。そのことからして、エギディウスは、あれら「すべての」証明の意味での名 (nomen) ということで、神ノ神格〔人格〕ノ名 (nomen personae) ではなく、神ノ本質的ナ名 (nomen essentiale)、すなわち、神の本質のことを言おうとしていたことが明らかになってくるのである。また、ボナヴェントゥラとトマスにおいても事情はそうである。しかし、「ソレヨリモ偉大ナモノハ何モ考エ得ラレナイ」は、アンセルムス自身においては神格〔人格〕ノ名 (nomen personae) の意味をもっており、またそのような役割を果たしているのである。

15　「アナタガ私タチノ信ジテイルヨウニ存在スルコトヲ、……私ガ理解スルヨウニ計ラッテクダサイ」(Prosl. 2, I 101, 3f.)。

16　もしも人がこの証明を、――特に、トマス・アクィナスがふんだんになしたように、――「神ガ存在スルカ否カハ、ソレ自体デ知ラレルノカ」(Utrum Deum esse sit per se notum) に対する答えとして把握するならば、人は、アンセルムスの証明の決定的な前提の啓示神学的な (offenbarungstheologisch) 性格へのアンセルムスの指し示しを看過したことになる。アンセルムスにとっては、神学においてはそのような「ソレ自体デ知ラレル」はなく、信仰の前じるし (Vorzeichen) のもとに立っていない洞察はない。

17　既に、神の存在の概念を定義するのに欠くことができない、信じられた神の本質は、確かにbとして考察の中に入ってき、Credo のさらにひき続いての〔諸〕点は、c、d、e……として、多かれ少なかれ、明らかにその背後に立つことができる。

18　Prosl. 4, I 103, 20f.

われわれは、アンセルムスの神証明にとって標準となる神の名についてのさらにひき続いての解明を、ガウニロの二つの誤解――直ちに、この第一歩に相対して起こってくる二つの誤解――の論議と結びつける。

一　ガウニロは、特に彼の反対書の四―五章において、次のような考え――人間は、すべての直観を欠いているので、したがって、ここで有用な一般的概念を欠いているので、神の名を聞くに際して、単なる言葉（vox）以上のものを、換言すれば、同時に、実在ノ真理（rei veritas）を、神に関する真理を、聞くことができないという考え――を展開させている。それが**Deus**〔神〕という単語であろうと、アンセルムス的な定式〔的表現〕であろうと――ただ言葉だけでは、彼〔人間〕に対して、言葉が表示するはずのことの、ほかのところで〔所与として〕与えられているよりよい存在（**Gegebensein**）なしには、神についてのいかなる知解を手に入れさせることはできないであろう。そこで少なくとも四つの点――そのところで、そのことによってアンセルムスを無視して語られる四つの点――がある。

a　ガウニロは、アンセルムスによって主張された、神の知解の可能性に関するその懐疑において、自分が、神の不把握性（**Unbegreiflichkeit**）の概念の偉大な崇拝者であることを認めている。実際に、神に関して知解させる力のある言葉があるのであろうか。一体、神についての人間のどれかある言葉が、把握できないものを、人間的、あまりに人間的に、（決して目標にまでこない）〔概念をもって〕把握しようと欲することの、多かれ少なかれ意味深い象徴（**Symbol**）以上のものであるであろうか。そのようにガウニロは、アンセルムスに対して問わなければならないと考える。そして、十分顕著なことに、ガウニロは、その際、また自分の立場を強固にするためにアンセルムス自身を引き合いに出すべきだと考えたのである[19]。まさに『モノロギオン』二六―二七章および六四―六五章に少し注意を払うならば、そのことは、そのように問う者に対して（そう思えるのであるが）、その者はアンセルムスのところで、この点で、無駄骨をおったということを示さなければならなかったであろう。また『プロスロギオン』そのものの中でも、その者は直ちに、一章で、「私ノ理解ハ決シテソレト比較出来ナイカラデス」ということを、一五章で、「ソレユエ、主ヨ、アナタハ、ソレヨリ偉大ナモノが考エラレ得ナイモノ、デアルダケデナク、考エラレ得ルヨリモ偉大ナ何カデス[19b]」ということを、そして、一六―一七章において、まさに、信仰の中で神を知解する者にとっての、神の全面的な隠れ〔ていること〕についての、一連の最も印象深い説明を、読むことができたはずである。ガウニロが明らかにそれらの箇所を読みとばすことができたということは、ただ次のこと――また、神の不把握性についての命題もアンセルムスにとっては信仰命題（それを、アンセルムスは、あの神の名の前提を通して決して否定せず、むしろ、ほかの〔もろもろの〕信仰命題と並んでそれを、この神の名を手段にして、知解にまで高めることが、まさにこの前提の意図であったし、それをアンセルムスはまた、『プロスロギオン』においても、まさにこの神の名を手段にして、正しい、正規の仕方で証明した信仰命題）であったということが、ガウニロにとって隠されたままであり続けたということ——からだけ説明されうる。[20]どこからしてわれわれは、神の不把握性について知るのであるか。一体、どのようにしてわれわれは、人間によって形造られたすべての神概念の不適切さを主張するようになるのであろうか。アンセルムスによれば、それは、確かに、われわれが神の本質について知っているすべてのことと同様、信仰からして、また、信仰の中でである。すなわち、われわれに対して、再び信仰からして、信仰の中で、次のような神の〔特徴〕表示——それは神の本質について何も語っておらず、むしろ〔一つの〕考え方の規則、（それに従いつつ、われわれは、神の本質についての信じられた〔諸〕命題〔例えば、神の不把握性についての命題〕を遂行してゆき、われわれ自身の必然的な考えとして考えてゆくことができる考え方の規則）を立てているという単純な理由からして、決して不適当な言明、象徴（**Symbol**）といったたぐいのものでない〔神の特徴〕表示——が与えられ、知られている限りにおいてである。この、遂行された、必然的な考え、証明そのものは、それからもちろん、それ自体、神の不把握性の影の中に立っている、すなわち、ただ思弁的にだけ、ソノモノ自体ノ特性〔ソノモノ自体〕ヲ通シテ（**per proprietatem**）でなく、ただ、比喩ヲ通シテ（**per similitudinem**）、考えられたものでしかないものという留保のもとに、それ〔考え、証明〕は、それ自体、上から、真理そのものからして、内容が満たされることを、いつも必要としているであろう空虚な形式であるという留保のもとに、立っている。しかし、この留保はあの考え、証明をまた守るであろう。すなわち、〔その中で〕すべての神学が動いているこれらの限界の中で、あの考え、証明はまことであり、犯すべからざる有効妥当性がそれに帰せられる。それに対して、次のこと——ガウニロによって守られた、神の不把握性〔というもの〕が、ひどく世俗的な知識（**Gnosis**）の命題、（信仰に基づいていないがゆえに、また、神についてのいかなる知解も基礎づけることができず、それ故にこそ〔本来それが内包すべき〕批判的なえり分ける力を結局もつことができないひどく世俗的《グノーシス》な知識の命題)以外の何かであるかどうか——が真剣に問われなければならない。

19 「マタアナタモソレニ似タモノハ何モ存在シ得ナイト言イ切ッテイルヨウニ」(Pro insip. 4, I 127, 3f.)。

19 a Prosl. 1, I 100, 16.

19 b Prosl. 15, I 112, 14f.

20 その命題は次のように証明される、「コノ類イノ何カ(スナワチ、ソレヨリ偉大ナモノガ考エラレ得ル何カ)ガ存在スルコトハ考エラレ得ルコトデスカラ、モシアナタガコノモノデナイナラバ、アナタヨリモ偉大ナ何カガ考エラレ得ルコトニナリマス。シカシ、コレハアリ得ナイコトデス」(Prosl. 15, I 112, 15ff.)。

b ところで、ガウニロは、表向き空虚だと言われる神の名と共に働く第二の知解の要素を要求するとともに、そのような知解の要素は可能であるとみなしているように見える。もしも彼がアンセルムスを理解していたならば、彼は次のこと——またアンセルムスも、その神の名を手にして、空虚な場において、(まことの無カラノ創造〔creatio ex nihilo〕)神の本質と存在の知解を生み出そうと考えたのでなく、むしろ、(『プロスロギオン』の内容が異論の余地のないように示しているように)、ほかのところで得られた知解の要素がアンセルムスにとって、神の存在と本質にかかわる〔もろもろの〕信仰命題の中で前提されているということ、ただ、これら〔の信仰命題〕は、今、それらの知解の内容に関して(それらの真理内容に関してではなく)未知なものとして、したがって、まことの、しかしまだ理解されない〔もろもろの〕命題として取り扱われるだけであるということ——を認めなければならなかったであろう。もしもガウニロが、彼によって要請された第二の知解の要素のところで、アンセルムスが考えたことと全く別な何かを考えていなかったとしたら、彼はこの事情を看過することはあり得なかったであろう。彼が、アル疑問ノ余地ノナイ論証(in-dubium aliquod argumentum)を要求する時(21)、すなわち、彼が、——それに基づいて、神概念を手段にして、神の存在を知解するために(22)、コノヨリ偉大ナモノガドコカニ実在トシテ存在スルコト(re vera esse alicubi maius ipsum)について確信しようと欲する時、彼がマコトニ疑イモナク存在(24)スル実在(23)の証明を、スベテヨリモ偉大デ、善イあのモノノ存在の証明を、呼び求める時、彼は、明らかに、ほかのところで得られた、神概念を満たし、このもの〔神概念〕を手段にして証明されるべき信仰命題の存在(Gegebensein)のことを言おうしておらず、むしろ全く浅はかにも、それに相応する見方(Anschauung)の存在のことを言おうとしている。事情がそうであるということは、彼〔ガウニロ〕自身によって与えられた、彼の異議の申し立ての二つの例証からして生じてくる。彼は、人が彼に「神の」知解について語る時、「神」について、ほかのところからして、――ちょうど彼が、人が彼に対して、〔ひとりの〕特定の、彼に知られていない人間について語る時に、ほかの人間たちとの彼の旧知の間柄に基づいて、少なくとも一般的に、人間そのものについて知っている程度に――、知ろうと欲する。(25) 彼は、神の未知な存在を、遠くの大海にある一つの未知な島――彼が自分に対して、その島の完全性(Vollkommenheit)の記述を通してではなく、むしろただ、人がまさに、人がそのことをなすことができる時、これまで未知な島の存在を証明するのを常としているような具合に、証明させようと欲する未知な島――の存在と比較する。(26) 彼にとっては、神の不把握性についての彼の命題は、それほどまでに真剣なものでなかったのである。神の名の外での、ほかのところで得られた知解の要素――それのことをアンセルムスは考えていたのだが、――は、ガウニロにとっては、このような事情のもとでは、ただ、ほとんど注目に値したり、慰めに満ちたものではありえなかった。

21 Pro insip. 2, I 126, 9f.
22 Ib. 5, I 128, 12f.
23 Ib. 6, I 128, 31,
24 Ib. 7, I 129, 8f.
25 Ib. 4, I 127, 4ff.
26 Ib. 6, I 128, 14ff.

c　ガウニロにとっては、ソレヨリモ偉大ナモノハ何モ考エラレ得ナイモノ〔ということ〕は、何かある一つの概念――人間によって、該当する対象をながめ見るところの直観をもって、あるいはそのような直観なしに形成されることができるような一つの概念――である。それ故に、ガウニロは、神の不把握性を、アンセルムス的な定式〔的表現〕が知解させる力があること(Erkenntniskräftigkeit)に反対する議論として舞台にひき出すことができるのである。それ故に、彼〔ガウニロ〕は、この定式〔的表現〕が、知解させる力があるものとなるために、直観〔実見〕を通しての補充を必要としているということを要請することができる。言葉それ自体というようなものは、彼にとっては、あらゆる事情のもとで「ただ単に」言葉、空虚な言葉——相応する直観〔実見〕が〔所与として〕存在する場合にだけ、その空しさから解き放たれることができる空虚な言葉、しかし、そこで目指されている内容としての神を念頭においては、いつまでもその空しさの中に留まらなければならない空虚な言葉——でしかない。彼〔ガウニロ〕が、またこのところから、アンセルムスの、ほかのところで得られた知解の要素を、また、拒否することしかできなかったということ、彼がまた、神の存在についての信仰命題を、その知解させる力があるかどうかに関して、ただ空虚な言葉（vox）として表示することができるだけであったということ、は明らかである。次のような言葉——既に、それ自身で「ただ単に」言葉であるだけでなく、むしろ、人間的な頭脳によって、人間的な論理にしたがって「考えられ」、人間的なラテン語で語られ、表現された概念の衣を身につけて、神的な啓示されてあること（Offenbarsein）であるところの言葉——が存在しうるであろうということ、そのことは、彼にとっては、まさに、アンセルムスとは違って〔災害をもたらすような仕方で、アンセルムスとは違って〕、全く疎遠な考えであった。

d

ガウニロは、ソレヨリ偉大ナモノハ何モ考エラレ得ナイモノを、神（Deus）という言葉と一気に、そもそも知解させる力のないものとして表示した。[27] 彼は、さらにもっと明瞭に示されるであろうように、定式〔的表現〕の特別な内容をもっと正確に考察することなしに、ソレヨリ偉大ナモノハ何モ考エラレ得ナイモノの中に、神（Deus）〔という言葉〕においてと同様、単なる言葉（vox）として無力な定義——神の完全な本質の無力な定義——を見た。彼〔ガウニロ〕は次のこと——「ソレヨリ偉大ナモノハ何モ考エラレ得ナイモノ」というこの言葉（vox）は、「神」という言葉と違って、イクラカデモ理解シ得ルモノ（aliquantenus intelligibilis）であり、しかもその理由はまさにその内容はただ認識的なものであって、存在的な内容では全くないからである、ということ——を看過していた。アンセルムスははっきりと言葉に出して次のように言いきった。「主ヨ、私ハアナタノ高ミヲキワメルコトヲ望ミマセン。……シカシ、……アナタノ真理ヲ、イクラカデモ理解スルコトヲ望ミマス」[28]。このイクラカデモ（aliquatenus）は、今やまさに『プロスロギオン』の神概念を念頭において、神の本質を見てとる人間的な洞察の到達範囲の量的な制限を意味することはできない——何故ならば、存在的な内容は、この神の名にはまさに欠けているからである。したがって、それ〔このイクラカデモ〕は、ただ、この神の名の認識的な制限された姿を表示することができるだけである。この神の名は神を、次のような領域——その中で神が〔概念で〕把握されることができる領域[29]——で把握するのであって、つまり、神ノ高サニオイテでなく、むしろきわめて冷静に、また控え目に、それ〔神の名〕が、神がいずれにしても考えられることがゆるされない仕方を把握することによって、把握する。神は、次のような具合に、——（この可能性は、神に対する啓示、信仰、関係を通して閉ざされている）すなわち、神の上部に、より偉大な何かが考えられるという仕方で、あるいはまたただ、考えられ得るものとしてだけでも考えられるという仕方で、——考えられてはならない。この道に足を踏み入れようとする思想家に対して、主の啓示された名は——それはソレヨリモ偉大ナモノハ何モ考エラレ得ナイと称する——禁止しつつ出会う[30]。神学がこの誡めを堅くとって放さないでいることによって、信仰の認識的な根拠《ラチオ》が、信仰の対象の根拠《ラチオ》に、したがって、存在的な根拠に従うことによって、したがって、神学があの神の名を信仰命題として肯定し、さらにひき続いてのすべてのことのために前提することによって、神学に対して、（存在的なラチオ性から切り離しえない）存在的な必然性という回り道を通って、信仰の認識的な必然性が、（換言すれば、あの名を通して表示された神の存在と完全な本質を否定することの不可能性が）明らかとなることができる。したがって、それ〔神学〕は、信じられたものを知解する、すなわち、証明することができる。この、先に解明された意味で、『プロスロギオン』の神概念は、まさに、その制限された姿においてこそ、知解させる力をもっているのである。このイクラカデモ（aliquatenus）を決シテ……ナイ（nullatenus）というようにみなそうと欲する者、この神の名に対して知解の力を、それ〔神の名〕が確かに、神がご自分についてもつ概念と同一でないという理由で、否定しようと欲する者、その者は、アンセルムスによれば、次のような者——その者の目が太陽の光、（それから日光が出てくる太陽の光）を事実見ることができないという理由で、日光を見ることができないと主張する者——に等しい[31]。この「いくらかあるもの」(**Etwas**)

を無 (Nichts) へと人騒がせ的に曲解することは、アンセルムスの〔なした〕事柄ではない。

27　「神デサエ存在シナイト考エ得ルヨウナ仕方ニヨッテモ、ソレガ語ラレルノヲ聞イテ、同ジクソレガ存在シナイト考エラレ得ナイナド、ホトンド信ジラレナイデアロウ」(Pro insip. 2, I 126, 4ff.)。

28　Prosl. 1, I 100, 15ff. 「サテ、コレラノコトガソレニツイテ理解サレルガ、貴君ハソレガアル程度考エラレ、理解サレ、アルイハ思考ノウチニマタ理解ノウチニ存在シ得ルト考エナイノダロウカ」(C. Gaun. 1, I 132, 3f.)。「アルイハ、アル程度理解サレテイルモノガ時ニ否定サレ、シカモソレハ全然理解サレテイナイモノト同ジデアルナラ、全ク誰ノ理解ノウチニモナイモノニ関スル疑イヨリハ、誰カノ理解ノウチニアルモノニ関スル疑イノホウガ、ヨリ容易ニ論証サレルノデハナイダロウカ。ソレユエ、ソレヨリ偉大ナモノガ考エラレ得ナイモノ、トイウ表現ヲ聞イテアル程度理解シテイル人ガ、神ノ意味ヲ全ク考エズ、神ヲ否定シテイルタメニ、ソレヲモ否定スルトハ信ジラレナイ。アルイハ、ソレガマタ完全ニハ理解サレナイコトヲ理由ニ否定サレルノダトシテモ、アル程度理解サレテイルモノノホウガ全ク理解サレテイナイモノヨリハ容易ニ立証サレルノデハナイカ」(ib. 7, I 136, 27–137, 3)。

29　「神ガ存在スルコトヲ愚カ者ニ立証スルタメニ、私ガ、ソレヨリ偉大ナモノガ考エラレ得ナイモノ、ヲ提議シタノハ、彼ニシテモコレハアル程度理解スルダロウガ、神ハ全ク理解シナイデアロウタメデアルカラ、……」(C. Gaun. 7, I 137, 3ff.)。

30　既に Monol. 15 (I 29, 17ff.) を参照せよ。「最高ノ本性ノ実体ハ、ソレデナイホウガ、何ラカノ形デ、ヨリヨイヨウナ何モノカデアルト考エルノハ、冒瀆デアリ、……」。

31　「モシ完全ニ理解サレテイナイモノハ理解サレテオラズ、マタ理解ノウチニ存在シナイト貴君ガ言ウナラ、太陽ノ最モ純粋ナ光ヲ直視出来ナイ人ハ太陽ノ光ノホカノ何モノデモナイ日ノ光ヲ見ナイ、ト貴君ハ言ワナケレバナラナイ」(C. Gaun. 1, I 132, 5ff.)。

二　ガウニロはアンセルムスの定式〔的表現〕を絶えず、あたかもアンセルムスは、ガウニロによって批判された『プロスロギオン』において、スベテノモノヨリモ偉大ナ何カ (aliquid, quod est maius omnibus) と記述しているかのように理解し、また数多くの箇所でそのように引用した。人は、あの温和さ——アンセルムスが、この曲解を謝絶し[32]、彼の反対者の、一つ一つのことをすべて混乱させる不注意さと直面してさえ怒らず、その答弁の結論において、この反対者のよい意図を[33]承認した際の温和さ——に驚くことができる。ガウニロは、この不注意さをもって、宿命的な仕方で、次のこと——『プロスロギオン』の中で用いられているアンセルムスの定式〔的表現〕は、アンセルムスが『モノロギオン』において、アウグスティヌスに組しつつ、用いた定義と比べて、ただ単により明確な〔一つの〕内容をもっているだけでなく、別な内容をもっているということ——を見損なったのである。[34] 不安——アンセルムスが、『プロスロギオン』の序によれば〔一つの〕新しい論証（**argumentum**）を探求した際の不安——、〔それをもって〕彼がその新しい論証を見出したと報告している喜びは、もしも彼が、あれらの古い定義の一つを、彼の新しい論証と等価値のものとみなすことができたとしたら、説明できないものであるであろう。その同じ場所で、彼は、尋ね求められた新しい論証が何をなすべきかについて、明言した。すなわち、それはただ一ツノ論証として、神の存在と本質を証明するのに十分でなければならない。[35] しかも、それ〔論証〕は次のような仕方で——すなわち、それはその構造において、神の信じられた本質に相応し、したがって、神に適した仕方で神を証明するのに役立ちうるという仕方で——証明する力をもつべきである。その際、神の本質は、次のように手短かに記述される。ホカノドノヨウナモノヲモ必要トシナイガ、スベテノモノガソノ存在ト幸福ノタメニハ〔ソノモノヲ〕必要トシテイル至高ノ善であることは神に特有なことである、と。しかし、そのことは、神の名、（その前提のもとで、この神の存在と本質が証明されるべき神の名）は、次のような具合で——すなわち、まさに〔それと共に〕尋ね求められている証明をなしてゆくために、信じられた、しかし証明されていない神の存在を、あるいは、信じられた、しかし証明されていない神の本質を、[36] 念頭において、その〔神の〕名を考え、あるいは語ることでもって十分であるといった具合で——なければならないということを意味している。[37] さて、これらの条件に対して、ガウニロによって不注意に議論の中にもちこまれた、アンセルムスの洞察の以前の立場に相応している定式、スベテノモノヨリモ偉大デアルモノ（**guood est maius omnibus**）は、相応しないであろう。ここで直ちに、次のこと——その定式は、アンセルムスによっていま意識的に選ばれ、ひどく慎重に尖鋭化された認識的な把握の仕方から存在的な把握の仕方へと曲解しつつもとに戻してしまうこと以外の何ものでもないということ——を見る。この定式はまた、純粋な、厳格な意味で、ソレヨリモ偉大ナモノハ考エ得ラレナイモノがそうであるように、神の表示あるいは名ではなく、むしろ、それ自体、既に、神の本質の手短な記述〔書換え〕(Umschreibung) である。しかし、そのようなものとして、この定式は、神の信じられた存在の証明に対しても、神の信じられた本質の証明に対しても、不十分である。次のこと——アンセルムスが『モノロギオン』において、神の信じられた存在のことを、いろいろな箇所[38]で主張しているが、しかし、証明しようとこころみてはいないということ——は偶然ではない。この証明は、『モノロギオン』において前提された神概念に基づいては、不可能であるという洞察は、おそらく後の〔努力の〕成果であるであろう。その洞察は、ガウニロに対する解答の中で正式に語られるようになる[39]。そして次のように基礎づけられる。スベテノモノヨリモ偉大デアルモノは、また存在しないとして考えられ得るであろう。しかし、前提された概念がこの可能性を、それ自身を通して排除しない限り、したがって、神が存在しないこと〔非存在〕が、前提された神概念を除去することなしに考えられうる限り、この神概念は証明にとって役に立たない。なぜならば、神の存在の証明は、神の存在が考えるべく必然的であるとして（すなわち、考えないでいることは不可能であるとして）示された時はじめて、〔なされて、そこに〕あるからである。しかし、その同じ関連性の中で、アンセルムスはまた、（そして、今や、『モノロギオン』に対する明らかな自己訂正の中で）次のこと——すなわち、あの概念はまた、神の信じられた本質を証明するのに十分でないということ、しかも、その理由は、スベテノモノヨリモ偉大ナ何カは、再び、ソレヨリ偉大ナ何カが（タトエ存在シナイトシテモ〔etiam si non sit〕）少なくとも考えられうるであろうということを排除しないからであるということ——を明らかにする[40]。しかし、まさに、この考えの可能性を排除することこそが、神の根源的な完全な本質の実際の証明を通して遂行されなければならないであろう。ガウニロは、明らかに、『プロスロギオン』において導入された、アンセルムスの新しい定式〔的表現〕をあのように無思慮に曲解しつつ、存在的なものへと〔もとに〕逆戻りさせてしまうやり方よりも、もっと有害なことをくわだてることはできなかったであろう。まさに、その〔新しい〕定式をば、アンセルムスの意図に従って、証明力あるものにすべきところのもの、その定式の、神について考えることの規則としての、厳格な性格が、そのことによって、その定式から取り去られてしまったのであり、ガウニロがこの前提に基づいて、アンセルムスの証明に対して、自分自身、何の理解も示すことができなかった時、人はそのことを驚き怪しむことはできない。彼は、アンセルムスに対して、この概念を手段として用いたのでは、証明は不可能であるということを教えなければならないと考える時、再び無駄骨を折っているのである(41)。

32　「私ノ語ッタ言葉ノドコニモソノヨウナ論証ハ見イダセナイ。……私ガ言ッテイナイコトヲ言ッタトシテ非難スルノハ誤リデアル」(C. Gaun. 5, I 134, 26f.; 135, 22f.)。「私ノ語ッタ言葉ノドコニモ」ということで、まず第一に、ガウニロがただそれだけにかかわっている『プロスロギオン』のことが言われている。しかし、『モノロギオン』のことも――スベテヨリモ偉大ナモノが、神の存在を証明するために、またそこでも用いられていない限り――、一緒に言おうとされているということはありうることである。

33　善意 (benevolentia) (C. Gaun. 10, I 139, 11)。

34　明らかにガウニロの耳に聞こえており、ガウニロの脳裏にあった『モノロギオン』の神概念は、最大、あるいは最高、あるいは最善のものと呼ばれた、「最大ニシテ最善ナアルモノ……、ソレハ存在スルスベテノモノノウチデ最高デナケバレナラナイ」(Monol. 2, I 15, 22f.)。「最高ノ本性ノ実体ハ、……ソレガ何デアロウト、必然的ニ、ソレデナイヨリモソレデアルホウガ絶対的ニヨイモノデアル」(ib. 15, I 29, 19)。「神ハ、神デナイスベテノ本性ヲ超越シ、……人間ニ崇メラレ……ルベキ、アル実体」(ib. 80, I 86, 20f.) である。それは、文字通りにではないが、内容〔事柄〕的には、ガウニロのスベテノモノヨリ偉大ナモノである。――それについては、アウグスティヌスの次の文章を参照せよ。「アノ思惟ガ、ソレヨリ良キモノ、マタソレヨリ高貴ナモノガナイ何カヲ得ヨウトスル時ニ、神ニツイテ考エラレテイルノデアル」。したがって、神は考えられ得る最大のものである。おそらく、この箇所は出発点――そこからして、アンセルムスが、彼の、（またこのアウグスティヌス的な定式とも特徴的に異なっている）後の定式〔的表現〕へと到達した出発点――を形造っていた。「マタ、ソレヨリモスグレタモノガ存在スル何カガ神デアルト信ジルイカナル者モ見出サレ得ナイ」(De doctri. Chr. I 7)。人は、いかにアウグスティヌスが、この第二の命題において、再び、アンセルムスがひき続き先へと進んだ方向から遠ざかってゆくかに注意せよ。そのように、また、これに属する第二の箇所、「ソレヨリ高キニ位スルモノガナイコノ神ヲ、私ハハッキリト告白スルデアロウ」(**De lib. arb. II 6, 14**) において、〔アンセルムスがひき続き先へと進んだ〕方向から遠ざかってゆくかに注意せよ。――人は、アンセルムスの、アウグスティヌスとの、この点での取組み全体が、**C. Gaun. 10 (I139, 3ff.)** の箇所に凝縮されているのを見ることができる。「ソモソモ、私タチハ神的実体ニツイテ、（ソレデ）ナイヨリハ（ソレデ）アルホウガヨイト絶対的ニ考エラレ得ルモノハスベテ信ジテイル。（アンセルムスは、アウグスティヌスと共に、そのところまで〔道を〕進んでいる。）……シカシ、コノヨウナモノノウチノ何一ツトシテ、ソレヨリ偉大ナモノガ考エラレ得ナイアルモノデナイモノハナイ。ソレユエ、ソレヨリ偉大ナモノガ考エラレ得ナイモノハ、神的本質ニツイテ信ジラレルベキスベテデナケレバナラナイ」。（ここでわれわれは、アンセルムスの、アウグスティヌスに対して独立した考えと取り組まなければならない。）

35　**Prosl. Prooem. (I 93, 6ff.)**　彼〔アンセルムス〕は『モノロギオン』を譴《けん》責しつつ、数多クノ論証ノ連鎖と呼んでいる (**ib. I 93, 5**)。そして、そのことでもって、明らかに、神の名そのものが、そこでそもそも、彼が今それに対して与えようとしている体系的な (**systematisch**) 意味をもっていないということに対して、異議を申し立てている。

36　証明の素材〔資料〕(**Materie**) があらかじめ与えられてあるということ (**Vorausgegebensein**) は、当然のことながら、前提された名のこの「自足性」(**Aseität**) によって排除されていることはありえない。

37　「タダ一ツノ論証デ、シカモソノ論証自身ノ証明ニホカノ論証ヲ必要トシナイ〔ソレダケデ……コトヲ証明スルニ足ルヨウナ〕論証」(**Prosl. Prooem, I 93, 6f.**)。「前者ニハ、ソレヨリ偉大ナモノガ考エラレ得ナイトイウ表現以外ニ何モノモ必要デナイ。……ソレヨリ偉大ナモノハ考エラレ得ナイモノ、ガソレ自体ニツイテ、ソレ自体ヲ通シテ証明シテイル」(**C. Gaun. 5, I 135, 19ff.** また **C. Gaun. 10, I 138, 30ff.** を参照せよ)。

38　顕示的ニ **Monol. 6**, 暗示的ニ **ib. 31 u. 34.**

39　**C. Gaun. 5, I 134, 27ff.**

40　「モシ存在スルスベテノモノヨリモ偉大ナ何カガ存在スルガ、ソレハ存在シナイト考エラレ得ルシ、マタソレヨリ偉大ナ何カハ、タトエ存在シナイトシテモ存在スルト考エラレ得ル、ト人ガ言ッタナラドウダロウカ。……同ジヨウニ、コノ場合モ、ソレガ存在シテイルスベテノモノヨリモ偉大ナモノデハナイ、トイウコトヲ明白ニ結論ヅケルコトガ出来ルダロウカ」(C. Gaun. 5, I 135, 14ff.)。――ただ単に『プロスロギオン』においてだけでなく、また後の書物、『真理ニツイテ』――そこでアンセルムスはもう一度、神の本質の証明をなしたのであるが (De verit. I, I 176, 12)、その、『真理ニツイテ』――の中でも、われわれは、彼が、それ故、首尾一貫した仕方で、「……デアルト考エルコトハ不可能デアル」(impossibile est cogitare……) をもって作業しているのを見る。

41　アンセルムスの証明が、十三世紀においてさらに広く神学的な領域にわたって知られるようになった知られ方は、決して好意ある、有利なしるしのもとに立ってはいなかった。アンセルムス的な証明と取り組んだ最初の者たち(Richard Fischacre, Wilhelm von Auxerre, Alexander von Hales. それについては Daniels S. 24, 27, 30f. を参照せよ) が、もう直ちに、アンセルムスの証明を、次のこと――彼らがアンセルムスの証明を、純粋に存在的な (ontisch) 〔諸〕前提の上に基礎づけられた神証明 (それらのことを、アンセルムスは全部ひっくるめて、ことごとく、曖昧なものだとみなしたのであるが、そのような神証明) と同じ系列に入れて話題にのせること――によって、危険にさらした。

アンセルムス自身によって主張された、スベテノモノヨリモ偉大ナ何カを証明するに際しての無力さは、しかし、アンセルムスにとっては、第二のこと――スベテノモノヨリモ偉大ナ何カにとって、神の名として、あの自足性 (その対象の本質に相応し、かなっている自足性) が欠けていること――が最も密接に関連していた。スベテノモノヨリ偉大ナ何カは、証明する力をもつようになるためには、特定の、そのもの自身と共に与えられていない諸前提を必要としている。詳しく言うならば、それ〔スベテノモノヨリ偉大ナ何カ〕は、「最高のもの」であるために、まず第一に、スベテノモノの、換言すれば、それらの存在と本質の中で、自分たち自身を越えて「最高のもの」を指し示しつつ、「最高のもの」の中に自分たちの頂点をもつところの諸事物の、存在と本質を前提にしている。自余のピラミッド〔の部分〕なしには、頂点はまた頂点でありえないであろう。ヨリ劣ッタ善キモノカラヨリ偉大ナモノヘト上昇シツツ――アンセルムスがなお、ガウニロへの答えの中で記述したように――、人はスベテノモノノウチノ最上ニシテ最大ノモノの概念に到達する。ただ、あらゆる種類の高いものから、最高のものは、篩《ふるい》にかけられなければならないであろう。人は、低いものの存在と本質から、そのような最高のものの本質へと推論スルコト (conicere) が、推測しつつ結論づけることが、できる。不信者は、人はそのことができるということを思い出させられなければならないであろう。そして信者は、ローマ一・二〇から、この「できること」は啓示の真理であることを思い出させられなければならないであろう[42]。しかし、そのことでもって、「最高のもの」そのものの存在は、しかしまた本質も、知解され、証明されたのではない。なぜならば、その場合、それ〔最高のもの〕が存在しないとして、あるいは、確かに存在するが、しかし、その本質において凌駕されうるものとして、考えられうることを、何が防止するであろうか[43]。

42　**C. Gaun. 8, I 137, 18 u. 27ff.**

43　まさに「ガウニロニ反対シテ」八章――そこでは、アンセルムスの新しい定式〔的表現〕と、『モノロギオン』の神概念の間の、事柄の中に含まれている連続性が最も強くうき立たしめられている八章――のところで、彼は **(I 137, 23f.)** 鋭い仕方で、コノヨウナタグイノ何カガ実在トシテ存在シテイルカドウカを問う問いは、『モノロギオン』において歩まれた道（〔観省ニヨッテ〕神ニ達スル道〔**via eminentiae**〕）の上では答えられないことを強調している。

したがって、証明力あるものとなるために、「最高のもの」の概念は、第二に、次のような概念――まさに、この考え〔ること〕の可能性を排除する概念――を通しての補充を必要としている。この決定的な概念がまさに、ソレヨリモ偉大ナモノハ何モ考エ得ラレナイモノという概念である。スベテノモノヨリモ偉大ナモノが、ソレヨリモ偉大ナモノハ何モ考エ得ラレナイモノと同一であると考えられることによって、それ〔スベテノモノヨリモ偉大ナモノ〕が表示しているものの存在と完全さが証明されうるのであって、それ以外の仕方で、証明されるのではない[44]。したがって、自足性――それ〔スベテノモノヨリモ偉大ナモノ〕にとって、自足性――その中で、それがその対象に相応するであろう自足性――は、まさに固有ではない。しかし、その自足性は、『プロスロギオン』において発見された神の名にとっては固有である。ソレヨリモ偉大ナモノハ何モ考エラレ得ナイモノとして神を言い表わす表示の仕方は、いかなるものの存在と本質をも、神ご自身の存在と本質をもまた、考えられたもの、あるいは考えられ得るものとしてさえ、――前提していない。

この表示の仕方は、全くただ次のこと――神が考えられるべきであり、考えられることができるとしたら（そして、これら両方のことが実際のことであるということは、証明の、自明的な、ほかのところで得られた前提、実質である）、ほかのいかなるものも神よりも偉大なものとして考えられることはゆるされないであろうということ――を語っている。神のこの表示の仕方の前提のもとでなされるべき証明は、分析的な命題ではなく、むしろ、綜合的な命題であるであろう(45)。その点で、この表示の仕方は、その対象に対応している(46)。そして、まさにそのようにしてこそ、この表示の仕方はまた証明する力をもちうるのである。換言すれば、前提された神の名が、神証明においてなすべきであるところのことをなすことができるのである。ソレヨリモ偉大ナモノハ何モ考エラレ得ナイモノでもって、敵（否定、あるいは疑い）は、そのもの自身の本営（**Lager**）において探し出され、考えることそのもの――そこから、存在的な神概念の前提のもとで、神の知解が繰り返し問いに付されなければならない考えることそのもの――が、神の名のしるしのもとにおかれ、それと共に、神の必然的な知解へと呼び出される。ソレヨリ偉大ナモノハ何モ考エラレ得ナイモノは、まさに、神の非存在あるいは非完全性の、（すべての存在的な神概念の背後にひそんでいる）考えられうること〔思惟可能性〕（**Denkbarkeit**）を排除するのに、――創造者から被造物に対して発せられる、アナタガタハ神ノヨウデアッテハナラナイという禁止命令が含みもっている徹底さと重みをもって排除するのに――適している。そしてまさにそのようにしてこそ、神の存在と完全性の知解を、あるいは証明を、基礎づけるのに適している。

44　また、このところからしても、ガウニロの島のたとえが無用な思いつきでしかないことが証明される。ガウニロは、ソレヨリ偉大ナモノハ何モ考エ得ラレナイモノを、神の本質の定義とみなし、アンセルムスの証明を、そのように導入された神の本質から〔神の〕存在を推論することだとみなすのである。事実、アンセルムスにとっては、神の本質の証明は、神の存在の証明と同様、ソレヨリ偉大ナモノハ何モ考エラレ得ナイから続いてくる。しかも、それは、神の存在の証明が神の本質の証明に先行するような仕方においてである。またアンセルムスも、あの「島」の完全性（**Vollkommenheit**）から、その島の存在を知るようになるとは考えない。またアンセルムスも、まず第一に、その島の存在について知ろうと欲する。しかし、それは、確かに、ガウニロが明らかに考えている一般的な体験と比べて、決してそれほど濁っていない源泉からしてである。その限り、アンセルムスもまたその島の完全性について知りたいと思う。それから、その島の独一無比な、いかなるそのほかの完全性とも取り違えられない完全性について知りたいと思う。「ソレヨリ偉大ナモノガ考エラレ得ナイモノハ、ソレノミガスベテヨリモ偉大デアルモノトシテシカ全ク理解サレ得ナイカラデアル。ソコデ、ソレヨリ偉大ナモノガ考エラレ得ナイモノガ理解サレ、理解ノウチニアリ、ソレユエニソレガ実在トシテ存在スルコトガ主張サレルヨウニ、スベテヨリモ偉大デアルト言ワレルモノガ理解サレ、マタ理解ノウチニアリ、ソレユエ実在トシテ必然的ニ存在スルコトガ結論ヅケラレル。コウシテ失ワレタ島ノ記述ガ理解サレタトイウ唯一ノ理解カラ、ソレガ存在スルト主張ショウトシタアノ愚鈍ナ者ニ、貴君ガ私ヲ較ベタコトガドンナニ正当ナコトダッタカガ分カルダロウカ」（C. Gaun. 5, I 135, 26 ff.)。

45　この論証（argumentum）は、何よりも先に自分自身を証明しているということが、一〇六頁以下のところで言われている。

46　それについては、神の自足性についてのもっと古い陳述を参照せよ。「ソモソモ、最高トカヨリ大トカ言ウ場合、何カトノ関係デソウ言ウノダガ、モシソウイウ何カガ全クナイナラ、ソレ自体最高トモ、ヨリ大トモ理解サレ得ナイダロウ。ダカラト言ッテ、ソレガ善トシテヨリ小トナルワケデモ、ソノ本質的ナ偉大サニ何ラカノ傷ガツクワケデモナイ」(Monol. 15, I 28, 13ff.)。

アンセルムスが、まさにこの名を選ぶに当たって熟考した動機を、ガウニロは——人はそう言ってよいであろう——完全に誤解した。そうでなければ、スベテノモノヨリモ偉大ナモノ〔という定式〕を、彼は、筆にとって書くことはなかったであろう。アンセルムスが欲したことの理解は、人が、既にこの、彼の第一の歩みと直面して、ガウニロ的な混同（quidproquo）の過ちを犯さないということによってもってかかっている[47]。

47　Fr・オーフェルベックのようなあれほど賢明で、自主独立的な歴史家が（a.a.O. S. 220）、また、われわれの証明の根本概念の世間に行なわれている普通の、間違った説明の水準を少しでも越え出る術を知らなかったということは何と顕著なことであろう。

二　神の存在を問う問い

このこと——神の存在 (**Existenz**) の問題 (**quia es**〔アナタガ存在スルコト〕) が、今や、特別な問題として、神の本質の問題 (**quia hoc es**〔アナタガコノ……トオリノカタデアルコト〕) と区別され、際立って出てくること——は、『プロスロギオン』が『モノロギオン』を越えて前進してゆくことに含まれている一つのことである。当然のことながら、アンセルムスは、**existere** あるいは **subsistere**〔いずれも、存在スルの意〕という意味での **esse**〔存在〕[1]という概念を、既にあのところ〔『モノロギオン』〕で知っている——ちょうど彼がまた神の存在を既にあのところで信仰問題として主張していたように。しかし、神の存在は、あのところでは、既に知られているとして前提されたもろもろのものに含まれており、おそらくその当時は、まだ、可能な問題として、解かれるべき **x** として、アンセルムスの意識にのぼっていなかったであろう。アンセルムスにとって神の存在〔という問題〕は、信仰ノ知解の、すなわち、証明の、対象に、いずれにしても『プロスロギオン』においてはじめて、なったのである——今や、彼が、神の存在を問う問いを、その書物の先端のところで、すなわち、神の本質を問う問いの前に、発言させているという、際立った仕方で取り組まれながら。

1　例えば、**Monol. 6, I 19, 21f.; ib. 16, I 30, 22 ff.; ib. 28, I 45, 25ff.; ib. 31, I 49, 3f.; ib. 34, I 53, 17f.**

『モノロギオン』において、「存在」(**Existenz**) 概念の意味が、一つには、次のこと——**essentia**〔本質、存在〕、**esse**〔存在スルコト、存在、本質〕、そして **existens sive subsistens**〔存在シテイル〕という三つの単語が互いに比較され、それらについて、それらは、ちょうど **lux**〔光〕、**lucere**〔光ルコト〕、**lucens**〔光ヲ放ッテイル〕[2]が互いに関係しているように互いに関係していると語られること——によって明らかにされている。アンセルムスの、後でつけ加えられるべき、後になされた意見の表明を念頭において、人はあえて次のような解釈することがゆるされるであろう。essentia は、〔一つの〕対象の存在の力アルコト (Mächtigkeit〔potentia〕) を、esse は、〔一つの〕対象の存在の実在性 (Wirklichkeit〔actus〕) を、言い表わしている。しかし、それに対して、〔一つの〕対象は、それがそこに存在する (da ist) 限り、すなわち、――人は否定的な精密規定のところにとどまるのが最もよいであろう――ただ単に考えの中で、換言すれば、ただ単に人間の考えにとって、対象であるというだけでない限り、existens sive subsistens と言われる。essentia と esse を、また、次のような対象――それの〔現実の〕存在 (Da-Sein) が確かに、人間的な思惟の行為においては前提されているが（なぜならば、その対象が考えられる限り、その対象は存在しているとして考えられるのだから）、しかし、それのところで、この思惟行為 (Denkakt) は、この前提に関して、単なる仮説、創作、虚偽、誤謬の性格をもっていはしないかどうかについては決定されていない対象――ももつことができる。今述べられたすべてのことは、次のこと――該当する対象がただ、この思惟行為の前提としてそこに存在するだけであり、したがって、それはいかなる〔現実の〕存在 (Da-Sein) ももっていないということ、換言すれば、（おそらくその存在の力あること〔Mächtichkeit〕と実在性〔Wirklichkeit〕については〔例えば、寓話に出てくる存在のもろもろの能力や行為の場合のように〕、それ自身、首尾一貫した、意味深い発言がなされ得るかもしれないが）、現実には存在しないということ――を意味するであろう。それに対して、existens あるいは sub-sistens は、一つの対象を、考えられていること〔考えられた存在〕の内的領域から（そこに、その対象は、そもそもそれについて語られる限り、また身をおいているのであるが、その内的領域から）「外に出ている」(heraustretend) として、すなわち、その存在の力あること、その存在の実在性とその〔現実の〕存在 (Dasein) についてのすべての思惟に相対して、「対自的に〔それ自身で〕存在している」(für sich seiend) として、独立的に（もっとも、あの思惟することに対して閉ざされていないのであるが）存在するとして、特徴づける。換言すれば、その対象は〔現実の〕存在 (Da-Sein) をもっているのであり、その存在の力あること (Mächtigkeit) と実在性 (Wirklichkeit) については、おそらくほとんど、あるいは全く、何も語られることができないとしても、それは現実存在している(existiert)。——あの『モノロギオン』の箇所についてのこの解釈は、われわれが、『プロスロギオン』において、また、ガウロニに対する答えの中で、存在概念について聞くところのことをその傍らに並べておくならば、事情を明らかにしてくれるものだと言ってよいであろう。ここ、『プロスロギオン』において、アンセルムスは、あるところでこう区別する。一方ハ、モノガ理解ノウチニ存在スルのであり、他方ハ、モノガ存在スルコトヲ理解〔知解〕スル。第一の esse は考えられていること〔考えられた存在〕の外でモノ(res)が存在していないというその非存在(Nicht-Dasein)と結びつけられうるのである——ちょうど、その仕事が実行に移される前の、画家の理解ノウチデノ、〔一つの〕画像の esse〔存在〕のように。第二の esse は、あの第一の esse につけ加わってくるべき、考えられていること〔考えられた存在〕の外部での、事物の〔現実の〕存在のことである——ちょうど、画家のなされた仕事の後での画像の esse のように。理解ノウチニ持チ、マタ……存在スルコトモ理解シテイル[3]。第二の区別は、さらにもっと鋭い響きを立てている(今や、res という単語の別な使い方のもとで)。すなわち、〔一つの〕対象は、タダ理解ノウチダケノ存在か、あるいは、理解〔知解〕ノウチト実在トシテノ存在をもっている[4]。一方において、事情によってはただ考えられただけの〔一つの〕対象の規定〔定義〕としての存在の力あること(Seinsmächtigkeit)と存在の実在性は、他方においては、〔一つの対象の〕現実の存在(Dasein)は、アンセルムスによれば、明らかに事実[5]、内的な円が外的な円に関係するように関係している。〔一つの〕存在が存在の力をもっており、また存在の実在をもつとして考えられるところ、そこでは、その対象は、たとえただ単に仮説的、創作的、虚偽的な仕方においてであれ、また存在するとして考えられる。しかし、その対象にとって〔現実の〕存在が固有のものであり、その対象がただ単に存在するとして考えられるだけでないということ、したがって、その対象の存在は、仮説でも、創作でも、虚偽でも、誤謬でもないということ、そのことはその対象の存在の力あることと存在の実在性のことを考えるということでもって、いっしょに考えられていることではなく、そのことは——あの前提が今や、独立的に、思惟の光の中にはいってくる——、特別に考えられなければならず、また、いやしくも理解され、証明される時には、特別に理解され、証明されなければならない。

2 Monol. 6, I 20, 15ff.

3 Prosl. 2, I 101, 10ff.

4 Prosl. 2, I 102. 3; C. Gaun. 2, I 132, 22f.; ib.6, I 136, 7f.

5 アンセルムスは、そのことでもって、タダ実在トシテノミアル存在 (esse in re sola)（創造「前」の神）というさらにひき続いての可能な事例のことを、確かに排除することができなかったし、排除しようと欲しなかった。しかし、そのような事例は認識領域にとっては、考察の対象とならなかった。

この特別な考えと証明を問う問いが、存在を問う問い (Existenzfrage) である。それは、すべての、理解〔知解〕を問う問い (Erkenntnisfrage) の中で、理解〔知解〕の対象を、——それがただ単に、考えることの対象であるだけでなく、むしろまさに、考えることの対象である限り、対象そのものを——問う問いとして際立たせられている。それは、次のこと——考えることの対象は、それがまた考えることの対象であることは確かであるが、考えることに対して、同時に、（単に考えられたものへと解消させられないで）相対して立っているか、どの程度まで相対して立っているか、考えることの対象は、また、考えられたものの内的な円に属しつつ、同時に、ただ単に考えられただけでないもの (das Nichtnurgedachte) の外的な円へと「〔外に〕現われ出」、考えることに相対して独立的に存在するものであるかどうか、どの程度までそのようなものであるか——を問う。しかし、対象のこの〔外ニ出テ〕存在スルコト (ex-sistere) に、アンセルムスにとって、まさにそれ〔対象〕がまことに存在すること (Wahrsein)（決してそれ以下ではなく）がよってもってかかっている。真理にあっての存在 (das Sein in der Wahrheit) は、アンセルムスにとっては、いわば第三の、最も外側の円——それによって、（もしも考えが、すなわち、考えられた対象が、まことであるべきであるなら）存在 (das Dasein) が、そして、存在の内部で、考えられた存在 (das Gedachtsein) が、包まれていなければならない最も外側の円——である。対象はまず第一に、真理の中にある、それから、またそれだから、その対象はそこに〔現に〕あり、それから、再び、それだから、その対象は考えられることができる。〔そこに現に存在する〕存在という中間段階なしには、考えられたものはまた、まことであることはできないであろう。実際にタダ理解ノウチデノミ（したがって、実在トシテ存在スルコト〔esse in re〕を排除しつつ）あるところのもの、それはイツワリであるであろう。それに対して、理解〔知解〕ノウチニモマタ実在トシテモ存在するものは、まことなるものと同一である[6]——なぜならば、それは、もしもそれがそれより前に、真理のうちに〔まことに〕存在しなかったならば、実在トシテ(**in re**)存在することができないであろうからである。まさにそれだからこそ、（われわれが既に、前に聞いたように）、〔一つの〕言明の真理〔性〕は、その言明が、存在しているものを存在するとして表示するということによってもってかかっている[7]。したがって、〔一つの〕対象の理解〔知解〕を問う問いは、存在するとして〔それを理解するところ〕のそれ〔対象〕の理解のうちで（すなわち、それが存在する力があることと、またそれの存在の実在性の理解のうちで）休止してしまうことはできず、むしろ、その問いは、まことの理解〔知解〕、真理の知解であるためには、それを越えて、そのようにその存在のうちで理解〔知解〕されたものの〔現実の〕存在の理解にまで、その〔対象が思惟と対立している〕対立性(**Entgegenständlichkeit**)の理解にまで、つき進まなければならない。理解〔知解〕を問う問いがまた、あの、第二の、外側の円にまで広げられる時に初めて、すなわち（理解を問う）問いが対象の現実存在を、ただ単に考えられただけでない存在を、問う時に初めて、その問いは全く真剣なものとなる。それと共に初めて、その問いは、真理の第三の、包括的な領域にまでつき進む。しかし、存在を問う問いが、真理問題としてのその切迫性の中で一度見てとられるならば、その時、すべては、その問いがその特殊性の中で念頭におかれ、答えられるということによってもってかかっているであろう。その〔存在を問う〕問いは、再び、〔対象が〕存在する力があることと存在の実在性を、対象の潜在可能性と現実性を、**essentia** と **esse** を、問う問いと混同されてはならない。また次のような外観——あたかもその〔対象の〕存在を分析的にその〔対象の〕考えられた存在(**Gedachtsein**)から高く〔ひき〕あげることが問題でありうるかのような外観——は避けられなければならない。存在を問う問いが、本質を問う問いを包含する問いとして、本質を問う問いに相対して、それ独自の新しい問いであることが明らかでなければならない。本質を問う問いが、その際、答えられたとして前提されているということ——いうまでもなく、どのようなものかの存在がそこで問われているかが確立されていなければならない――は、それ自体一つの問題である。しかし、存在は、その存在に関して問題となっている対象の本質から導き出されてはならない。存在を問う問いは、終始、次のような前提――それは、本質を問う問いが答えられることによっては、決していっしょに答えられていないという前提――のもとで、立てられなければならない(8)。明らかにこの、後者の意味の熟慮の中で、アンセルムスは『プロスロギオン』において、存在を問う問いを、ただ単に本質を問う問いから分けただけでなく、本質を問う問いの前に、第一の問いとして、探究したのである。

6　**C. Gaun. 6, I 136, 7f.**

7　**De verit. 2, I 178, 6f.** なお、次のものを参照せよ、五八頁、注31。

8　ボナヴェントゥラと、彼の後に従いつつ、（アクアスパルタの）マテウス **(Matthäus ab Aquasparta)** は、ガウニロの〔大海の〕島の比喩に対し、次の異議を申し立てた。完全なものとしてあの島を表示することは、形容矛盾（神の、その同じ〔特徴〕表示においては、決してそうでないところの、形容矛盾）を意味するであろう **(Daniels, S. 40 u. 62)**、と。この異議の申し立ては正しい。しかし、それにもかかわらず、それは、その異議の申し立てが、あたかも、アンセルムスにとっては、正確に遂行された本質概念から神の存在を推論することが問題であったかの外観を強めなければならなかった限り、アンセルムス〔の立場〕を危険にさらすことを意味している。

神の本質についての教え――『モノロギオン』と『プロスロギオン』五―二六章において論じられている神の本質についての教え――は、神の **essentia** と **esse** と取り組んでおり、その核心ニオイテ **(in nuce)** このこと、すなわち、これら二つのものは、神においては、すべての造られた〔実在〕物 **(Wesenheiten)** と違って、二つのものではなく、一つのものであるということを語っている。神は、その自足性のゆえに、すなわち、その創造主としての栄光のゆえに、神が現にあるすべてのもので、神の実在の力と同一でないある種の〔もろもろの〕力強さ **(Mächtigkeiten)** にあずかる参与を通して、あるのではない。また、神のすべての力強さは、神の力の実在の中での現実化を必要としておらず、むしろ、神ご自身は、常にあるところのものであり給い、神が常にあるところのものそのもので、神ご自身はあり給う。神の力強さと神の実在性は、同一である。[9] 神のこの力強い実在性の、あるいはまた神のこの実在の力の証明は、『モノロギオン』においては、神概念として、アラユルモノヨリ大キイモノ (maius omnibus) の前提のもとで、そして、神の存在を問う問いを未解決なままに残しつつ、なされた。われわれは、どのようにアンセルムスが、あの神概念を『プロスロギオン』において、ソレヨリ偉大ナモノハ考エラレ得ナイモノを通して置きかえ、それ故に、また、神の本質を今、別な仕方で証明するに至ったかということを見た。明らかに同時に、また、それとの関連性の中で、その間、アンセルムスにとってまた、あの未解決なままに残された問いが、彼の神論のほかの部分との間にもっている近隣性が、心を不安にするものとなった。[10] 確かに、信仰にとっては、神の存在は決して未解決な問いではない。信仰命題として、神の存在は、自明的ながら、また、最も軽微な疑い――それは単に仮説、虚構、虚偽、あるいは誤謬にすぎないのではないかという最も軽微な疑い――に対しても、その外にある。しかし、信仰が神の存在を肯定する際の確信に、あの不可能性――神が存在しないことを考えることができないという不可能性――を見てとる洞察は、対応しない。この洞察の欠如は、また、既にえられた神の本質についての知解をも、脅かされたものとして現われさせざるをえないであろう。信仰の要求された知解は、またここでも、解かれていないxでもって満足することはできない。神として表示された対象は、ただ、考えの中でだけ存在するとして考えられることができないということが示されなければならない。このことを示すことが、『プロスロギオン』二―四章でなされている神の存在証明の意図である。

9　「……コノ本質（スナワチ、最高ノ本質）ニツイテ使用サレルニシロ、ソレハ、ソレガドノヨウナモノハデ、ドレホドノモノカヲ示サズ、ムシロソレガ何カヲ示シテイル」(Monol. 16, I 31, 1f.)。「ソレユエ、ソレラ（神的な〔もろもろの〕性質）ノイズレノ一ツモ、ソレラスベテト――同時ニトッテモ、個別的ニトッテモ (sive simul sive singula) ――同ジデアル」(ib. 17, I 31, 24 23f.)。「シカシ、アナタハイツ、アルイハドノヨウナ形デ、ドノヨウナモノデアルニシロ、全体トシテマタ常ニソノモノデスカラ、アナタハアナタデアルトコロノモノデス」(Prosl. 22, I 116, 20f.)。「最高真理ハ何モノニ対シテモ全ク負債ハナイ。マタ、ソレガ最高真理デアルノハ、ソレガソレデアルトイウ以外ノドノヨウナ理由ニヨルノデモナイ」(De verit. 10, I

190, 4)。「善ト全能、ソレカラマタ同様ニ、アナタニツイテ語ラレ、信ジラレテイルアレラスベテノコト以外ノ本質ガアナタニ属スルコトハアリマセン」(Medit. 19, 3, MPL 158, 805)。

10　したがって、『プロスロギオン』二章の表題（I 101, 2）、神ガマコトニ存在スルコト、の最初の、可能な解釈はこうである。神の存在に関する真理問題については、このような仕方で——すなわち、問いが、対象を考えること（Denken）の「内的な」円を越えて、対象そのものを考えることの「外的な」円へとつき進み、それと共に、真理そのものに向かって〔つき〕進むような仕方で——真剣にうけとられるべきである、と。

*

しかし、神の存在証明がアンセルムスに対して要求されている際の、特有な、特徴的な切迫性は、これまでに語られたことをもってしては、まだ明らかにされていない。

それどころか、われわれのこれまでの記述は、むしろ、昔の誤解に対して新しい糧を与え、それを助長するのに適しているということがありうるであろう。われわれは、——そのことはアンセルムス自身はしなかったことであるが——、〔展望のきく〕明瞭さのために、まず第一に、そもそも〔ある一つの〕対象の存在を問う問いについて語り、それから、神の存在を問う問いについて語った。そこで次のような誤解——あたかも神の存在を問う問いは、〔一つの〕対象の存在を問う一般的な問いの特別な事例（Spezialfall）として、理解され、それに対応しつつ答えられなければならないかのようにうけとる誤解——が身近である。またこの誤解の父もガウニロである。ガウニロは、ちょうど神概念を、何かある一つの概念とみなしたように、また神の存在を何かある一つの存在とみなした。彼は、そのことでもって、ちょうどアンセルムスの第一の歩みを誤認したと同様、第二の歩みをも誤認した。そして、そのことの最も直接的な結果は、次のこと——神の存在を問う問いは、ガウニロにとっては、それがアンセルムスにとってもっていた切迫性と比べて、まさに比較にならないほど、はるかに僅かな切迫性しかもっていないということ——である。

両方のこと——神の存在を問う特別な問いを、一般的な存在問題の水準にならして均等化すること、その結果、起こってくるあの問いをどうでもよいものにし、骨抜きにしてしまうことという両方のこと——は、ガウニロが神の存在についてと、あの未知な、大洋上の島について、一気に語ることができるという事実の中で、まことに目立った仕方で示される。[11] あの島の存在の証明が、神の存在の証明とは、次のこと――あの島の証明の方は、それがどんなに望ましいものでありうるとしても、必要ならば、また、全くなくてすませられるということ、しかもあの島の存在を是非ともただ考えなければならない最後的な必然性だけでも、確かにそこにはないという理由で全くなしですませられるということ――を通して、もともとから異なっているということは明らかである。しかし、ガウニロにとっては、神の証明に関して、事情はまさにそのようなのである。アンセルムスが、神の存在を知解しようと欲する際の――なぜなら、彼は神の存在を信じており、したがって、神の存在について考えなければならないがゆえに、神の存在を知解しようと欲する際の――情熱は、ガウニロには全く縁遠いものである。ガウニロにとっては、神の存在は証明されないままであっても一向にかまわないのである。彼の好奇心的な情熱は、むしろ、次の主張――神をただ思惟の中でだけ、存在するとして考えることが全く可能であるという主張――に向けられている。[12] この自由に対して、「愚カ者ノタメニ」という弁明書全体が捧げられている。問題を自分自身でつかむ何らかの把握について、あるいはまた、ただ〔彼によって〕拒否されたアンセルムス的な解決よりももっとよい解決と取り組んでの、自分自身の心労について、あの弁明書は何の痕跡も示していない。確かにガウニロは熱心に、鋭く、誠実に思惟する。しかし、ガウニロにとっては明らかにただ、アンセルムス的な解決に対するかき立てられた批判を通して、アンセルムスの関心事の切迫性から身をひこうとすることだけが切迫したものである。彼〔ガウニロ〕は、自分の信仰について確信していないのであろうか。あるいは彼は、知解ヲ求メル信仰について何も知らないのであろうか。人は、この者を既に懐疑論者として、またこの者を既に伝統主義者として、記述した。そして彼は、おそらく、――そう見えるように――、同時に両方の者であったのであろう。次のこと――彼が事柄に向けている熱にうかされたような作業全体が、〔そこで〕彼が語っていることについての知識によって資格づけられていないということ――は確かである。彼は、神の存在について考えなければならないことはないのである。彼の情熱全体は、彼はそのことを実際にしなければならないことはないということの証明に向けられている。それ故に彼は、神の存在をまた、証明しようと欲しなければならないことはないのである。この二重の〔ねばならないという〕強制から解放されて、彼は、党派にかたよらない真理探究者の真剣な衣に身を隠しつつ、愚者ノタメノ書物のしゃれをもてあそぶための時間と暇を十分もっている。ところで、彼は、最初のそのような神学者ではないし、また最後のそのような神学者でもないのである。

11　人は、次のこと——後の議論の参与者たちのところでは、その同じ脈絡において、麒麟《キリン》ペガススと、そして、「百ターレル」についてさえ語られていたということ——の上に、ただ愛の外套をかけておおうことができる。

12　Pro insip. 2, I 125, 14ff.; ib. 7, I 129, 14.

〔そのもとに〕アンセルムスが、その証明に足を踏み入れるに際して立っている〔そうせざるを得ない〕強制を、最もよく、古典的な答え——彼が、ガウニロが失われた大洋上の島について語ったことに対して与えた古典的な答え——が例証している。アンセルムスは、確信をもって、もしも誰かが、彼に、（彼の神の名でもって表示されたものと異なったものとして、しかし意味深い仕方で、同一の証明の対象となりうるであろう）〔一つの〕ものの存在、あるいはまたただ〔そのものの〕概念だけでも、証拠立てることができるならば、またこの島の存在も断固として証明することができると宣言する。[13] しかし、そのことは、次のこと——アンセルムスは、ただそのものの存在だけが証明される (beweisen werden) ことができるものの存在の証明をなすということ——を意味している。[14] それと共に与えられた切迫性をもって、神の存在証明はアンセルムスにとって要求 (Erfordernis) なのである。

13　「私ハ確信ヲモッテ言オウ。モシ、実在トシテニシロ、思考ノウチダケニシロ、存在シテイルモノデ、私ノ論証ガ適用サレ得ルモノヲ、『ソレヨリ偉大ナモノガ考エラレ得ナイモノ』以外ニ誰カガ見ツケテクレタナラ、私ハアノ失ワレタ島ヲ見ツケテ、ソレ以上失ワレルコトノナイヨウニシテ彼ニ与エヨウ」(C. Gaun. 3, I 133, 6ff.)。

14　「存在シナイト理解サレ得ナイコトハ、神ニ固有ノコトデアル」。なぜなら、「タシカニ、始メアルイハ終リガアリ、アルイハ、部分カラ構成サレテイルモノ、マタ……ドコカアルイハイツカ全体トシテ存在シテイナイモノハ、スベテソシテソレラダケ存在シナイト考エラレ得ル。シカシ、始メナク、終リナク、部分カラ構成サレズ、マタドノヨウナ思考ニヨッテモ、常ニマタドコデモ全体トシテシカ見イダサレナイモノダケハ、存在シナイコトガ考エラレ得ナイ」からである (ib. 4, I 133, 27; 134, 2ff.)。ボナヴェントゥラは、彼がこのところで、さらにひき続いての、神の存在についてのアンセルムス的な証明を見出すと考える時 (Daniels, S.39)、自分をあざむいている。ガウニロに反対する書の四章において、アンセルムスにとって、神の存在が問題なのではなく、むしろ、神の存在はただそのような仕方でだけ、すなわち、アンセルムスによって意図された厳格な仕方でだけ、証明されることができるということの証明が問題である。この、わき役的な証明 (Seitenbeweis) は、当然それにふさわしいように、神の本質からしてなされる。しかし、まさにそれだからこそ、そのわき役的な証明は、神の存在の証明として役立つことはできず、また、そのようなものとして意図されることはできない。

われわれは次のこと――神が存在するということは、神の本質から開示されることはできないということ、なぜならば、神は何であり給うかという問いに対するすべての答えに相対して、神は存在し給うかという問いは、特別な、（信仰の確信にとっては解決されたとはいえ）未解決な問いであるからであるということ――を見た。したがって、神の存在証明に際して前提された神概念は、神の本質についての偽装された (verkappt) 教えであることはできない。しかし、確かに、神の本質からして次のこと――何をそもそも存在〔ということ〕は、（どういう正しさ、あるいは不正をもってか、とにかく、神について語られるとして）語ろうとしており、また語ることができるかということ――は開示されることができる。とにかく次の問い――神は（そのことは証明されなければならないであろう）ただ考えの中でだけ存在するとして考えられることはできないかどうかという問い――を未決のままにしておきながら、一体、神に対して（おそらく、ただ考えの中でだけかもしれないが）帰せられた、しかし、とにかく神に帰せられた存在ということでもって、いずれにしても何が言おうとされなければならないかが探究されなければならない。存在 (Existenz) ということは一般的に、〔一つの〕対象の、また、それが存在するとして考えられるということを度外視しての、存在 (Dasein) ということを意味している。〔一つの〕対象、およびそれが考えられていること (Gedachtsein) の真理が、その対象が現実存在しているということを条件づけている。しかし、まさに、真理がその対象の存在とその対象の存在がまことに考えられているということ（das wahre Gedachtsein）を条件づけている。それ〔対象〕がまず第一に真理の中にあるがゆえに、真理の中にある限り、それ〔対象〕はそこにあり、また存在するとしてまことに考えられる。それ〔対象〕そのものの中で、またそれそのものを通してではなく、むしろ、あの第三の包括的な円の中で、真理そのものの中で、真理そのものを通して、それ〔対象〕の存在について、またそれ〔その存在〕が考えられていることの真理〔性〕について、決断が下される。この決断する真理が神である。そして、その神の存在について、語られるべきである。確かに、またここでも、まことに、神の存在（Existenz）が、また神が考えられているということを度外視して〔の〕神の存在（Dasein）が、問題である。しかし、神は真理であり給うがゆえに、明らかに、傑出した意味での存在（Existenz）が問題であり、あの第二の、中間的な円の中での〔もろもろの〕対象の、真理を通して条件づけられた存在スルコト（existere）が問題ではなく、むしろ、すべてのそのほかの存在スルコト（existere）を条件づけ、基礎づける、いや、造り出す真理そのものの存在スルコト（existere）が、すべての相対して立つ対象性（Entgegenständigkeit）の、すべてのまことの外にあること（Draußensein）と、まさにそれと共に、すべてのまことの内にあること（Drinnensein）の徹底的な起源が問題である。神は――存在する時には――、本来的に、まず第一に、ただそのものだけが存在する者としての神にふさわしい、独一無比な仕方で、存在し給う[15]。神の外にあるもの、それはその存在を神の恵みを通してもっており[16]、神を通して無から造り出されたのであり[17]、また、その創造の後においても、ただ、神の同じ恵み深い創造的な行為を通してだけ[18]、無の中への墜落から守られている。したがって、神の意志〔すること〕と行為を度外視しては、神でないすべてのものは存在しないであろう。それらすべてのものの存在は、その時、いわば、神的な思惟の意図の中に閉じこめられてしまっているであろう[19]。それらすべては、それ自身において、自分自身からしては、存在の可能性すらもっていない。それ〔らすべて〕は、その存在の可能性[20]を神からして、しかしまたただ、神からしてだけ、もつ。それらすべては、存在を、神の言葉を通してもつ[21]。しかし、それらすべては、また、ただ神の言葉の中でだけ存在をもつのであって、それ以外の仕方では、存在をもっていない。それらすべては、それがあのところで―

―神の言葉の中で、神の言葉を通して――存在することによって、存在するのであり、あのところであるところのものである。[22] まさにそれだからこそ、それらすべては、結局、世間で行なわれる普通の道を通って、存在するとして知られることができるのであるが、しかし、存在するとして証明されることはできない。[23] したがって、そのような仕方で、アンセルムスが〔それについて〕語っており、〔それを〕アンセルムスが証明しようとしている神の存在は、すべてのほかの存在と区別される。

15　「コノ霊ハアル驚嘆スベキ独特ナ仕方、マタソレ独特ナ驚嘆スベキ仕方デ存在シテオリ、アル意味デハソレノミガ存在シテオリ、他ノモノハイカニモ存在シテイルカノヨウニ思エテモ、ソレト比較スル時、ソレラハ存在シテイナイ」(Monol. 28, I 45, 25ff.)。「ダカラ、コノ理由カラスルト、カノ創造者デアル霊ノミガ存在シ、スベテ創造サレタモノハ存在シナイ」(ib. 28, I 46, 29f)。「ソコデ、アナタノミガスベテノモノノウチデ最モ真実ニ、ソレユエ、スベテノモノノウチデ最大ニ存在ヲ持ッテオラレマス。ケダシ、ホカノモノハ何デモソノヨウニマコトニ存在セズ、ソレユエ、ヨリ少ナク存在ヲ持ツカラデス」(Prosl. 3, I 103, 7ff.)。「アナタハスベテノモノノウチデ至高デ、タダヒトリ己レヲ通シテ存在スル……カタノホカノ何デショウカ」(Prosl. 5, I 104, 11f.)。「ソレ故ニ、タダソノモノダケガ真実ニ存在スルトイウホドニ卓越シ、独自デ、ソノモノト比ベテハ、スベテノ存在ガ無デアルヨウナ、アノ方……」(Medit. 1,3, MPL 158, 712)。「アナタハマコトニ真実ニ存在シテオラレマス。ソシテ、アナタナシデハ、他ノ何カガ存在スルトイウコトハアリマセン」(ib. 19,3, MPL 158,805)。

16　「ソモソモ、全被造物ハ無償デ創ラレタカラ、恩寵ニヨッテ存在シテイル」(De concordia Qu. III 2, II 264, 18)。

17　「アノ最高ノ本質ガ自分ダケデ、コレホド……諸物ノ全体ヲ自己自体ヲ通シテ無カラ創ッタ」(Monol. 7, I 22,7ff.)。

18　「神ガ創造シナケレバ、ドノヨウナ本質モ存在シナイノミデナク、神ガ保持シナケレバ、創造サレタモノハ少シデモ存続出来ナイノデアル」(De casu diab. 1, I234, 19ff.)。「何モノモ創造的、現存的本質ヲ通シテノミ創ラレ、同ジクコノ本質ノ保存的現存ヲ通シテシカ何モノモ存続シナイコトハ必然的ナコトデアル」(Monol. 13, I 27, 13ff.)。「シカシ、ホカノモノハスベテ最高ノ本質ノ現存ニヨッテ無ニ陥ラナイヨウニ支エラレテイル」(ib. 22, I 41, 6f.; ib. 28, I 46, 17f. を参照せよ)。

19　「〔創ラレタモノハ〕……創ッタ者ノ理性トノ関係ニオイテハ、ソレヲ通シ、ソレニ従ッテ創ラレタノダカラ、（スナワチ、創造以前ニモ）無デハナカッタ」(Monol. 9, I 24,

19ff.)。

20　「ダカラ、存在スル前ハ（スナワチ、世界ハ）全ク何モ出来ナカッタ。……トナルト、存在スル前ハ存在スルコトハ出来ナカッタ。……一方、世界ヲ創ル力ヲ持ッテイタ神ニトッテハ可能デアッタ。コウシテ、世界ガ出来ル前ニ神ガ世界ヲ創ルコトガ出来タカラ世界ハ存在スルノデ、世界自身ガソレ以前ニ存在シ得タカラデハナイ」(De casu diab. 12, I 253, 9ff.)。

21　「最高ノ実体ハマズ自分ノウチデ全被造物ヲイワバ言イ表ワシ、ソノ上デ前述ノ内的表現ニ従イマタソレヲ通シテ創造スルコトハ確実デアル」(Monol. 11, I 26, 3ff.)。

22　「言葉ノウチニ、存在ノ真実ガ認メラレル」(Monol. 31, I 49, 3)。「最高ノ霊ソノモノガ自己自体ヲ表現スル時、創ラレタモノスベテヲソレハ表現シテイル。ナゼナラ、ソレラガ創ラレル前モ、スデニ創ラレテシマッテイル時モ、マタ破毀サレアルイハ何ラカノ形デ変形シタ時モ、常ニソレラハ最高ノ霊ノウチニ存在シテイル。タダシ、ソレラ自身トシテデハナク、最高ノ霊自体デアルトコロノモノトシテデアル。ソモソモ、ソレラ自体トシテハ、不変ノ理性ニ従ッテ創ラレタ可変的本質デアルガ、最高ノ霊ノウチニオイテハ第一本質 (das Wesen) ソノモノデ、マタ第一ノ存在ノ真理デアル」(ib. 34, I 53, 21ff.)。「君ハイツカ、アルイハドコカニ、最高真理ノウチニ存在シナイモノ、マタ存在スルカギリ、ソノ存在ヲ最高真理カラ受ケテイナイヨウナモノ、アルイハ最高真理ノウチニオケルソレトハ違ウモノデアルコトガ可能デアルヨウナモノガ存在スルト考エルカネ。……存在スルモノハスベテ、ソレガ最高真理ノウチニオイテ在ルトコロノモノト変ワラナイカラ、真ニ存在スル、ト絶対的ニ結論スルコトガ出来マス」(De verit. 7, I 185, 11ff.)。

23　「事実、何カガ存在スルコトヲ知ッテイナガラ、存在シナイト考エルコトハ出来ル」(C. Gaun. 4, I 134, 15f.)。

『モノロギオン』は、ただ、この脈絡の中でだけ理解しうる言葉でもって、終わっていた。それは次のような文章である、「ソレユエ、コノ霊ハ真ニ神デアルダケデナク、表現ヲ超エテ三位デ一ツデアル唯一ノ神デアル」[24]。この独一無比なるものの独一無比なる、また独一無比な仕方で証明しうる、存在を証明することが、明らかに関心事——それに対して切迫性という点で、いかなるそのほかの存在証明の関心事も、ただ多少とも比較されうる仕方でだけでも近づくことができない関心事——である。次の理由で——すなわち、神の真理を認識するためには、神は、すべてのそのほかの事物が存在するような仕方で存在し給うという認識が欠くことができないものであるという理由で――この存在の証明が要求されているのではない。もちろん、神はまたこの仕方でも存在し給う。しかし、神はただ単に、そして主なこととして、この仕方で、存在されるのではない。もしも神がただ単に、また主なこととして、この仕方で存在されるならば、神の存在証明は、それはどんなに望ましいものであるとしても、しかしまた、すべてのそのほかの存在証明と同様、結局、なくてもよいものであるであろう。しかし、神の存在は、ただ単に独一無比な存在であるだけでなく、本来的に、第一に、唯一の、すべてのそのほかの存在を徹頭徹尾基礎づけている存在であり、まさにそれだからこそ、またただそれだけが、厳密な意味で証明しうる存在である。神は、また、すべてのそのほかの事物が存在するような仕方で存在するとしても、同時に、神はまず第一に、本来的に、ただ神にのみ固有な仕方で存在し給う。神の存在が考える〔思惟する〕ことに対して、神への信仰を通して、課題として課せられているということを前提するならば、神の存在はどうしても認識され、証明されなければならない。それは、すべてのそのほかの存在の認識が（まさにガウニロが考えているのとは逆に）この存在の認識と共に立ちもすれば倒れもするという理由からだけでなく、むしろ、ここで、ただここでだけ、（何かある一つの事物の存在の問いが〔再びガウニロがそう考えているように〕立てられているだけでなく）、存在そのものの問いが立てられているという理由からしてである。この存在を問う問いは――真理問題が立てられなければならないことが確かである限り――、立てられなければならない。[25] これこれの事物の存在を問う問いから、人は身をひくことができる。いかなる事物も、それに相対しての認識がまた、免除されることができないほど、必然的に存在するものはない、――ちょうど、またいかなる事物も本来的に、第一に〔最初に〕存在しないように。徹頭徹尾必然的な認識〔知解〕の対象は、〔本来的に〕存在する者としての神である。神が考えることに対して、その啓示を通して、信仰の中で、課題として課せられているならば、この信じられたものを証明すべき必然性から免除されるということは決してないであろう。

24　**Monol 80, I 87, 12f.**

25　したがって、『プロスロギオン』二章の表題、神ガマコトニ存在スルコト、の第二の可能な意味は、存在者――それ自身がすべての存在することの根拠である限り、独一無比な真理の中で存在するところの存在者——が問われなければならない、ということである。

B　証明の遂行

『プロスロギオン』二—四章注釈

一　神の一般的な存在

『プロスロギオン』二章

資料批評的な状況は、次の推測——また『プロスロギオン』の各章の初めについている表題も、アンセルムス自身から由来しているという推測[1]——を許容している。『プロスロギオン』二章の表題はこう述べている。

Quod vere sit Deus. (I 101. 2)

「神ガマコトニ存在スルコト」。

1　この推測は、また、「神はなぜ人間となられたか」の序

の最後の数行 (II 43, 4ff.) からもしきりにうながされる。

この脈絡全体において、**esse** は、**existere** のように訳されなければならない。『プロスロギオン』二―四章においては、最初の導入的な数行を度外視するならば、神の存在 **(Dasein)** を問う問いが問題である。『プロスロギオン』五章の初めの言葉、「ソレデハ、……アナタハ何ナノデスカ」は、この書物の第二の問題、すなわち、神の本質の問題、を告げ知らせるであろう。**vere**〔マコトニ〕という副詞は、神的な **esse**〔存在スルコト〕、すなわち、**existere** の問題を次の二重の仕方で表示することができる。

(一) そもそも神の存在が問題である。神はただ単に、考え〔ること〕の中でそこにいるだけでなく、考え〔ること〕に相対してそこにい給う。まさに神が、ただ単に「内部に」いるだけでなく、また「外部に」も **(in intellectu et in re**〔理解ノウチト実在トシテ〕**)** いることによって、神は(人間から見て!)「まことに」**(in Wahrheit**〔真理の中に〕**)**、真理からして、したがって、現実に、存在する。(二) 徹頭徹尾、神に特有な存在が問題である。すなわち、神はただ単に、また、ほかの存在するものが(考え〔ること〕に相対して、独立的に、真正な対象性の中で) そこに存在するように、存在するだけではない。そうではなくて、神は、独一無比な、まことの仕方で、――すなわち、同時に、神のほかに、神と並んで存在するすべてのものの根源および根拠であり、それと共に、何かある〔一つの〕存在するものについての考え〔ること〕のすべての真理の根源および根拠である存在者にふさわしい独一無比な、まことの仕方で――存在する。『プロスロギオン』二章は、「マコトニ存在スル」の第一の可能な意味で、神の存在を証明し、『プロスロギオン』三章は、「マコトニ存在スル」の第二の可能な意味で、神の存在を証明する。『プロスロギオン』四章は、神は存在しないという反対命題 **(Gegenthese)** の事実を、光をあてて明らかにする。したがって、「神ガマコトニ存在スルコト」は、それ自体、『プロスロギオン』二章と三章の内容を提示することもできるであろう。しかし、アンセルムスは、『プロスロギオン』三章の特別な主題に対して、それ自身の表現を与えているのであるから、次のように――すなわち、『プロスロギオン』二章の表題をつけるに際して、彼の念頭にあったものは、「マコトニ存在スル」の、この章の内容に対応する、第一の意味であったというように――受け取ってよいであろう。

ここでは、まず第一に、神の一般的な存在が、そもそも神の存在が、問題なのである。

Ergo, Domine, qui das fidei intellectum, da mihi, ut, quantum scis expedire, intelligam quia es sicut credimus, et hoc es quod credimus. (I 101, 3f.)

「ソコデ、信仰ニ知解ヲ与エル主ヨ、アナタガ私タチノ信ジテイルヨウニ存在シ、アナタガ私タチノ信ジテイルトオリノカタデアルコトヲ、私ニ有益トオ考エニナラレルダケ、私ガ知解スルヨウニ計ラッテクダサイ」。

われわれは、ここで前に語られたことの要点を繰り返す。アンセルムスは、祈りつつ考え、また証明する。したがって、ただ単に次の方――その方の存在を彼は考え、また証明しようとくわだてる方――の存在を論理的に前提しつつというだけでなく、また、実際的に肯定しつつ、考え、証明する。人は、もしも、アンセルムスは、まさに神に向かって語りかけつつ、神について語っているということを見過しにしようと思うならば、『プロスロギオン』三章において明らかになってくる、証明の先端を看過し、それと共に、全体を誤解することになるであろう。証明が記述し、紹介しようとしている知解は、信仰に特有な知解であり、したがって、信じられたものからしての、信じられたものの知解 (Erkenntnis des Geglaubten aus dem Geglaubten) である。それは――それだからこそ、それを求めて祈られなければならない――、人間に贈り与えられるべき知解である。有益トオ考エニナラレルダケ (quantum scis expedire) という留保は、『プロスロギオン』一章の終りのところにあるイクラカデモ知解スルコト (aliquatenus intelligere) と関連しており、したがって、まず第一に、次のこと――くわだてられるべき学問的〔知識的〕なくわだては、神ご自身によって定められた制限、すなわち認識的な探究への制限、の中で起こるであろうということ――を語っているといってよいであろう。神的な高ミ (altitudo) をさぐり究めることが、そこでは問題でありえない。そのことを超えて、それから、次のこと――〔その中で〕そのような知解が、これこれの歴史的な時の中で、〔神学的に〕作業する者に(以前の者たち、および後にくる者たちとの関係の中で)与えられる明瞭さと明晰さの程度は、神的摂理の事柄であるということ――を指し示す指示が共に鳴り響いている。――『プロスロギオン』全体においては、神の存在 (quiaes) と神の完全な本質 (quia hoc es) が問題である。両方のことが、啓示され、信じられたとして前提される――私タチノ信ジテイル（**credimus**）〔ヨウニ〕。真理問題は、信仰にとって、両方の側に向かって、答えられている。しかし、まさにそれと共に真理問題が、考えること（**Denken**）に対して、立てられている。真理（**veritas**）は、認識ノ真理（**veritas cogitationis**）なしに、私ハ信ジマス（**credo**）は、知解スルタメニ（**ut intelligam**）という課題なしに、あろうと欲しない。そして、知解スルコト（**intel-ligere**）は、ほかの〔もろもろの〕信仰命題の前提のもとで、この信仰命題の必然性を、すなわち、この信仰命題の否定が遂行しえないものであることを、洞察することを意味している。神の存在と完全な本質に関しての、この洞察が、プロスロギオンにおいては問題である。

Et quidem credimus te esse aliquid quo nihil maius coitari possit. (I 101, 4f.)

「ソシテ、確カニ、アナタガソレヨリ偉大ナモノガ何モ考エラレ得ナイ何カデアルコトヲ、私タチハ信ジテイマス」。

この命題でもって、〔一つの〕前提――『プロスロギオン』において与えられるべき二つの証明の、ほかのところで得られた信仰命題として与えられた前提――が導入される。祈りつつ語りかけられているアナタ（**tu**）を代表する定式的表現は、神を知解しようと欲する信仰者に啓示されたところの神の名を言い表わす定式的表現である。神の本質についてのいかなる言明も、その定式的表現の中に隠されていない。ましてや（そのものの中に隠されて）神の存在についてのいかなる言明も隠されていない。この定式的表現は、全くただ、禁止命令――信仰者の考えること（**Denken**）に対して、啓示を通して（**credimus te esse**……〔アナタガ……デアルコトヲ、私タチハ信ジテイマス〕）〔心に〕刻みこまれた、神より偉大なものを考えることを禁じる禁止命令、そのような、それよりも、偉大なものと並んでの「神」を考えることは、直ちに、実在の、すなわち、啓示され、信じられた神を考えることであることをやめてしまうであろうという刑罰をともなった禁止命令――を言い表わしている。神は、信仰ノ知解（**intellectus fidei**）を尋ね求める者にとって、徹頭徹尾、ソレヨリ偉大ナルモノガ何モ考エラレ得ナイ何カであり給う。この対象が啓示されることに対応するこの禁止命令を承認することなしには、この対象は、すべての知解にとって、消え失せる。その場合、神（**Deus**）という同じものであり続ける言葉でもって、違う何かについて語られることができるだけである。信じられた神——ここで論じられている唯一の神——は、この名をもっている。そのようなわけで、この神の存在と完全な本質を、アンセルムスは『プロスロギオン』において証明しようとするのである。

An ergo non est aliqua talis natura, quia dixit insipiens in corde suo: non est Deus? (I 101, 5ff.)

「シカシ、『愚カ者ハ心ノウチデ、神ハ存在シナイト言ッタ』ノデアルカラ、アルイハ〔モシカシテ〕、ソノヨウナアル本性ハ存在シナイノデアロウカ」。

この問いでもって、アンセルムスは、神の存在の問題へと立ち向かう。しかも、まず第一に、一般的な意味で〔の神の存在の問題へと〕、神が、人間の考えること(**Denken**)の中でもつことができる存在に相対しての、神の存在の独立性の問題へと、立ち向かう。**est** は、ここでもまた **existit**〔存在スル〕を意味している。**aliqua talis natura**〔ソノヨウナアル本性〕は、実在のもの、この名の対象ということである。したがって、問いの文章——まさになされた前提によれば、この名をもっている対象は実在の対象ではないのであろうかという問いの文章——の主辞の中にも、賓辞の中にも、存在の概念が含まれている。この問いと信仰が取り組むのでないが、信仰の考えること(**das Denken des Glaubens**)がこの問いと取り組む。なぜならば、「神は実在の対象ではない」という主張は可能であり、現実のものだからである。アンセルムスが、ここで、ウルガタ訳の詩篇一三・一からとっている、愚カ者ハ言ッタ(**dixit insipiens**)という完了形は、この主張が出来事となって起こっている点を強調している。そのような異議がさしはさまれているがゆえに、また、信仰の考えることにとっても、この問いはリアルである。それはすなわち、不信者がはっきりと「否」と語るところ、そこで信仰者は、明らかにはっきりと「然り」と語らなければならないということ、換言すれば、信仰者は、神の、〔人間の〕精神の外にある(**transmental**)存在についての、信じられた命題を、必然的なものとして考えるよう呼び出されているということである。あの異議の申し立てからして、次のこと——神はまた、ただ単に考え〔ること〕の中でだけ存在するとして考えられるということ、換言すれば、神の独立的な存在は、また、仮説として、作りごととして、虚偽あるいは誤謬として、理解されることができるということ——が続いてくるように見える。ソノヨウナアル本性ガ存在スル(**est aliqua talis**

natura) という命題を問いとしての代りに、積極的な言明として理解する事実的な必然性はない。したがって、この命題を、それにもかかわらずそのように理解する者たちに対して、課題——この理解の、欠けている、事実的な、外的な必然性を、この理解の事柄〔内容〕的な、内的な必然性を示すことによって、〔償い〕回復させ **(wett machen)**、そのようにしてあの事実的に可能な異議の申し立てを事柄的〔内容的〕に間違っているとして示し、しりぞけ捨てるという課題——が与えられている。——ところで、あの異議の申し立てはどこからくるのであろうか。それは既にその由来を通して危険にさらされており、その由来を念頭において、議論の余地なく拒否されなければならないのではないであろうか。その異議の申し立ては、信仰者が、自分がそれによって問われているとして告白するだけの価値があるであろうか。事実、ちょうどアンセルムスが、神ハ存在スル **(Deus est)** という命題を、ただ単に論理的な可能性としてではなく、信仰の命題として資格づけられたものとして理解するように、アンセルムスは、直ちにまた、反対命題、神ハ存在シナイを、ただ単にあの命題に対立している論理的な可能性としてというだけでなく、むしろ、不信仰の反対命題 **(Gegenthese)** として資格づけられたもの、ないしは資格を剝奪されたものとして、理解する。神は存在しないと言う者は愚か者である。アンセルムスは詩篇をただウルガタ訳で読んだ。それにもかかわらず、彼の〔言う〕愚カ者は、ほとんど、原文のテキストの **nabal**〔愚か者〕以外の何ものでもない。人がこのもの **(nabal)** について知っているすべて——彼の欠けている点は、知的な才能と学識において欠けているのではない。彼は無知な〔馬鹿な〕もの **(dumm)** ではないが、無知なもののように振舞っている **(benimmt sich)** のである。彼は利口な〔策にとんだ〕人間である。しかし、彼は、根本からして転倒した、破滅的な原則に従っているのである。なぜならば、彼は主をおそれることを知らないからであり、神から離反しているからである。[2] それらすべては、多かれ少なかれ明瞭に、またアンセルムス的な愚カ者 **(insipiens)** についても妥当する。人は、その点で、また、『プロスロギオン』三章の終りに出てくる、彼の(皮肉をこめた)愚鈍デ愚カ者 **(stultus et insipiens)** という表示の仕方によって迷わせられてはならないであろう。彼〔愚カ者〕の愚かなゆえんは、その同じ章によれば、次のこと——被造物としての自分自身を創造者の上におくことを意に介さないということ――から成り立っている。彼は、『プロスロギオン』四章によれば、決して、神ガ何デアルカヲ理解シテイル者[3]ではない。それだからこそ、制限 (Beschränktheit) あるいは無教養からしてではなく、彼は、神は存在シナイと考えることができるのである。アンセルムスは愚カ者をして、結局、その者の反対命題の手に負えない動機を念頭に置いて、ただ、そのままほっておき、この反対命題を最後の審判の日まで繰り返させることができるだけである。さて、しかし、さらにひき続いてのことがよく考慮されなければならない。もしも人が、アンセルムスは詩篇一三・一からの引用を、ウルガタ版の脈絡の中で目の前にもっていた[4]というようにうけとることがゆるされるならば、彼〔アンセルムス〕は愚カ者を名ざすに当たって、あの(さし当たってまず、全人類と同一な)アウグスティヌスの滅ビノ大衆 (massa perditionis) ――その中に、神がひとりひとりの者を、彼を、まさにこの(神的な義に相応する)、自分自身に、すなわち、それ自体、救われていない人間の本質に、放任することの中で、退け捨てるために、解放しないことによって、ほっておき給うことができる滅ビノ大衆[5]――のことを考えていたに違いないであろう。信仰者は、愚か者と違ったふうに考えることによって、暗々裡に、あの者〔愚か者〕との彼の人間的な連帯責任性を承認し、神の恵みをこの連帯責任性をつき破り、除去する唯一のものとして承認する。上からのこのつき破りを念頭において、彼〔信仰者〕の命題と愚カ者の命題は、もちろん、ただ単に論理的な対立としてだけでなく、まず第一に、とりわけ、二つの存在様式 (Existenzweisen) ――人間の、神に対する根本的に違った立場を通して、根本的に違った仕方で規定された人間的な存在様式――の代表指数 (Exponenten) として、また最後的には、根本的に違った仕方で述べている、神ご自身の二つの判決の表現として、相対して立っている。アンセルムスは、愚カ者との議論を頭ゴナシニ拒否することができたし、拒否しなければならなかった、というように人は考えるだろう。しかし、アンセルムス自身は、言うまでもなく、知解しようと欲する。愚カ者の異議の申し立てを通して、アンセルムスに対して立てられた問い――神の存在についての信仰命題の事柄的《ザッハリッヒ》な、内的な必然性を問う問い――は、アンセルムスにとって新しいものではない。ただ単に神を信じない者の愚かさだけでなく、また神を信じない者の愚かさがはじめてそうするのでもなく、むしろ、知解ヲ求メル信仰そのものが、自分に対してこの問い、「私タチガ求メテイルモノハ一ツデ同ジデスカ」(unum idemque est quod quaerimus)を、(6) 立てる。考えつつ、(もっとも違ったふうに考えつつであるが)、信仰者は、常に、繰り返し、愚カ者とのあの人間的な連帯責任性の中にいるのであり、信仰者にとって、愚カ者の異議の申し立ては、自分自身の課題を思い出させるものであり、信仰者は、愚カ者に対して申しひらきをすることを拒むことができない。信仰者と愚カ者自身の間に、最後の審判の日まで、いかなる折合いをつける了解もないとしても、具体的ニハ、今日の愚カ者は、明日の信仰者——その者をして、信仰の答えにあずからせることは、今日、既に命じられているものでなければならない明日の信仰者——でありうるであろう。

2　私はこの報告〔陳述〕を、私のボンにおける同僚のM・ティロ博士の友情に負うている。

3　**I 103, 21.**

4　「愚カナ者ハ心ノウチニ『神ハナイ』ト言ウ。彼ラハ腐レハテ、熱ヲ入レテ憎ムベキ事ヲナシ、善ヲ行ナウ者ハヒトリモイナイ。主ハ天カラ人ノ子ラヲ見オロシテ、賢イ者、神ヲタズネ求メル者ガアルカナイカヲ見ラレタ。彼ラハミナ迷イ、ミナヒトシク腐レタ。善ヲ行ナウ者ハナイ、ヒトリモナイ……」〔口語訳をウルガタに合わせて一部訂正〕。そこでは、注目に値することであるが、パウロがローマ三・九で、ユダヤ人とギリシヤ人に共通の逸脱全体を証明するために引用しているその同じ箇所が問題である。

5　アンセルムスのこの棄却についての教えについては、次の箇所を参照せよ。**De casu diab. 18–20, I 263ff.; De conc. virg. 25, II 168f.; De concordia Qu. II 2, II 261.**

6　八一頁を参照せよ。

Sed certe ipse idem insipiens, cum audit hoc ipsum quod dico: «aliquid quo maius nihil cogitari potest», intelligit quod audit……(I 101, 7f.)

「シカシ、コノ愚カ者自身ハ私が語ルトコロノ、ソレヨリ偉大ナルモノガ何モ考エラレ得ナイ何カトイウコトヲ聞ク時、モチロンソノ聞イタコトヲ理解スル」。

人は、まず第一に、形——決定的な前提、「神」は、ソレヨリ偉大ナモノガ何モ考エラレ得ナイ何カと称する、が舞台に登場させられる際の形——、〔愚カ者自身ハ〕、私が語ルトコロノ、……コトヲ聞ク時 (cum audit hoc ipsum quod dico)、に注意せよ。これよりもっと非哲学的な仕方で、アンセルムスはことを始めることはできなかったであろう。彼は、対話している議論の相手と（あるいは、哲学者としてのその性質の中での自分自身と）、神認識の共通な最小限度について了解をえようなどとは、ましてや、彼が対話相手自身の地盤にこちらから出かけて行こうなどとは、思っていない。彼自身が、前もって、〔その方について〕語られるべき「神」は誰であるかを語る。彼が語り、ほかの者は聞かなければならない。[7] この、まさに自明的でないやり方は、――神の存在に関するほかの啓示命題を理解しようとする企てが、意味深い仕方で着手されるべき時に――、彼〔アンセルムス〕が、彼によって〔権威をもって〕指示された討議の基盤、神の名の定義を、（宣べ伝えられたとして前提されなければならない）信仰命題、ないしは啓示命題として把握した時に、――分明なものとなる。[8] したがって、既に、この討議の開始が、愚カ者に対して向けられた、信仰への呼出しである。この名は愚カ者にとって新しいものでありうるであろう。この名は、キリストヲ宣べ伝エル者タチノ言葉として、彼〔愚カ者〕を、次の地盤――その上では、彼は愚カ者としてひき続き考えず、それから確かに、ほかの結果をともなって考え続けるであろう地盤――の上に置く力をもつことができるであろう。しかし、ワタシハ語ル (**dico**) のこの、資格づけられた意味と、それに対応して、資格づけられた彼〔愚カ者〕ハ聞ク (**audit**) の可能性は、潜在的なもの (**latent**) であり続ける。ワタシハ語ルは、明示的 (**explizit**) にはただ、わたしはこの定式〔的表現〕を語るということを、また彼ハ聞クは、彼はその定式〔的表現〕を身体的に聞き、――そして（そのようにアンセルムス自身後で解釈したのだが）彼がその定式〔的表現〕を言語的および論理的に理解する、[9] ということを意味している。この彼ハ聞ク (**audit**) が前提されている時、――そのように、アンセルムスは、ひき続いて語るのであるが――、彼ハソノ聞イタコトヲ理解スル (**intelligit quod audit**) ということが主張されてよい。換言すれば、彼、心のうちで神の存在を否定する愚カ者は、この定式〔的表現〕を聞く時、それについて熟慮し、それをその言葉の意味において（彼がそれでもって何を始めようと、とにかく）自分で考えることを――神は、それより偉大なものを考えることを禁じる禁止命令の中でご自身を明示される方であるということを自分で考えることを――回避することはできない。アンセルムスが次のこと――愚カ者はこの定式〔的表現〕の本文を繰り返すことができ、また、この定式の語義についての彼の理解の前提のもとで、そのように表示された神の存在を否定することができるということ――を念頭に置いており、考慮に入れているということ、そのことをこの主張の、後でなされる明確な表現が示している。彼〔アンセルムス〕はそこで愚カ者に対して、彼〔愚カ者〕が神の名のことを、いずれにしても共に考え、そのようにして、神の名を否定することの意味に対して責任をもつようになることとなしに、またこの否定をなすことができないということについて言質をとるのである[10]。したがって、述べられている神の名は、理解できない音声 (Laut) ではなく、理解しうる音声である。神の名の中で語られている禁止命令は――それが注意されようと、注意されまいと、とにかく――それ自体、明瞭である。神という言葉は今後は、常に、ソレヨリ偉大ナモノガ何モ考エラレ得ナイ何カという定式〔的表現〕を通して解釈するということに同意した者（しかし、アンセルムスは、この同意を長きにわたって問うてはいない、アンセルムスは〔権威をもって〕命じているのである）、その者は、後から少なくとも次のような苦情――「神」は彼にとって、その語義 (Wortsinn) が分からない音声を意味しているという苦情――をもちこむことはゆるされないであろう。

7　アンセルムスは、もしも彼が、ソレヨリ偉大ナモノガ何モ考エラレ得ナイ何カ〔ということ〕を、十三世紀のあれらのスコラ学者たちの見解にしたがって（九六頁注10を参照せよ）、一般的な思考財 (Denkgut) と語彙の一要素としてうけとっていたら、全く違ったふうに表現しなければならなかったであろう。

8　ガウニロに対する答えのはじめのところで、この討議の基礎に対する異議の申し立ての可能性が――この異議の申し立ては、ガウニロ自身によってはっきりと言葉に出してあげられはしなかった――、一瞬、考慮された。しかし直ちに、信仰への訴え〔召喚〕(Appell) でもって撃退される。「モシ、ソレヨリ偉大ナモノガ考エラレ得ナイモノ、ガ理解サレズ、アルイハ考エラレナイ……ナラ、実ニ神ハ、ソレヨリ偉大ナモノガ考エラレ得ナイモノ、デハナイ……コトニナル。シカシ、コレガドレホド誤ッタコトカ、ソノ最モ確固トシタ論拠トシテ、私ハ貴君ノ信仰……ニ訴エタイ」(C. Gaun. 1, I 130, 12ff.)。

9　「自分ノ知ッテイル言語デ語ラレテモ理解シナイ人ハ明ラカニ知性ヲ欠イテイルカ、極度ニ愚鈍ナ知性シカ持ッテイナイカノドチラカデアル」(C. Gaun. 2, I 132, 11ff.)。

10　「誰カガ、ソレヨリ偉大ナモノガ考エラレ得ナイアルモノ、ガ存在シナイト言ウホドニ愚カデアッタトシテモ、自分ノ言ッテイルコトヲ理解シマタ考エルコトが出来ナイト言ウホドニ恥知ラズデハナカロウ。シカシ、モシソノヨウナ人ガイルナラ、彼ノ言葉ニ信用ヲ置ケナイドコロカ、彼自身モ軽蔑ニ値スル。トイウワケデ、ソレヨリ偉大ナモノガ考エラレ得ナイアルモノガ存在スルコトヲ否定スル者ハ誰デモ、ソノ否定ヲタシカニ理解シマタ考エテイル。シカシ、否定ヲ理解シマタ考エルコトハ、コノ否定ヲ構成スル諸要素ヲ除外シテハ不可能デアル。ソシテ、ソノ一要素ガ、ソレヨリ偉大ナモノガ考エラレ得ナイ、デアル。ソコデ、コレヲ否定スル者ハ誰デモ、ソレヨリ偉大ナモノガ考エラレ得ナイ、ヲ理解シマタ考エテイル」(C. Gaun. 9, I 138, 11ff.)。人はまたここでも自明性——アンセルムスがその、議論の相手といっしょに、神の表示に関して、まさにこの前提の地盤におもむく際の自明性——によく注意せよ。

……et quod intelligit, in intellectu eius est, etiam si non intelligat illud esse. (I 101, 8f.)

「……ソシテ、理解シタコトハ、タトエソレガ存在スルコトヲ理解シタノデハナイニシテモ、彼ノ理解ノウチニアル」。

「理解ノウチニアル」(esse in intellectu) は、われわれの章の中で、後で、「実在トシテ存在スル」(esse in re) と明らかに対立するようになり、ガウニロとの議論において、「思考ノウチニアル」(esse in cogitatione)[11] ということと同じ意味のものとして現われてくる。したがって、この表現は、理解のうちに、考え〔ること〕のうちに、考えの中にある、考えられたものとして対象である、存在するとして考えられたものである、ということを語っている。——アンセルムスは第四番目の、今や全く新しい方向を指し示す確定をなす（一、語ルコト、二、聞クコト、三、理解スルコト、四、理解ノウチニアルコト）。彼は、まず第一に、さらに引き続いて次のこと——あの定式〔的表現〕の聞き手は、その定式について熟慮することができるということ——と結びつけないで、むしろ、このこと、すなわち、この定式でもってまた愚カ者にとっても、何かが、つまり誰かが表示されているということ、と結びつける。この定式は、彼〔愚カ者〕に対して、確かに、〔一つの〕名の定式〔的表現〕として、神 (Deus) という用語の書きかえたもの——それの側で再び、議論されているもの自体の音声をもっての象徴 (Laut-symbol) である書きかえたもの——として、語られている。したがって、愚カ者がこの定式について考える時、彼は、また、この問題となっているものについて考え、彼はソレヨリ偉大ナモノガ何モ考エラレ得ナイモノとして表示されたもの〔のこと〕を存在するとして、対象として、考える。あるいは逆に言うならば、あの問題となっているものは、今や、彼によって対象として、存在するとして考えられたものである。[12] そのことは、また、「たとえそれが存在することを理解したのではないにしても」、換言すれば、彼が、あの問題となっているものの、ただ単に考えの中だけでない存在の考えを、ただ単に遂行しないだけでなく、むしろ、愚カ者としてまさに否定する時でも、実際のことである。この箇所は、いろいろな点で、ガウニロとの議論を述べながら、特にこの箇所と取り組んでいる〔いくつかの〕箇所から、光をうけとる。

11　**C. Gaun. 1, I 130, 13.**

12　さらに、**A. Koyré** の記述を参照せよ。「自分ノ理解ノウチニ何カアルモノガアルトイウコトハ、ソノモノガ私ノ理解ノ働キ〔業〕ノ対象ニナッテイルトイウコトニスギナイ。次ノコトモ言エルカモシレナイ。ソレハスナワチ、自分ノ理解ノウチニアルモノガ存在シテイルト考エル場合、ソノモノハ自分ノ理解ノウチニ、ソノ存在ヲモツ、トイウコトデアル。私ノ理解ノウチニアル〔ソノ〕モノハ、写シ〔コピー〕デモナケレバ、イメージデモナク、描カレタモノ、アルイハ象徴デモナク、存在シテイルモノソノモノデアル。『理解ノウチニアル』トイウ言葉ノ意味ハ、理解ショウトスル意図ノ対象デアルトイウコトデアル。換言スレバ、意図的ナ存在デアルトイウコトデアル」(**L'idée de Dieu etc. S. 208f.**)。

一　ガウニロは、アンセルムスが言おうとしていたことを次のように——すなわち、あの定式〔的表現〕をただ単に理解することに基づいて、既に、理解のうちでの神の存在が生起するということであるというように——明確に表現した時、[13] アンセルムスを正しく解釈していた。

13　「言ワレタコトヲ私ガ理解スルトイウダケノ理由カラ、ソレガ私ノ理解ノウチニスデニ存在スルト言ワレル……」(**Pro insip. 2, I 125, 14f.**)。それに加えてアンセルムス自身の〔要旨の〕再述、「私ハ、モシソレガ理解サレタナラ、ソレハ理解ノウチニアルト言ッタ」(**C. Gaun. 2, I 132, 14**) を参照せよ。

二　ガウニロは、アンセルムスが言おうとしたことは、——われわれの箇所の本文を越えながら、しかし、たった今、[14]引用した、アンセルムス自身が、この箇所に対して、後で、なした尖鋭化 (Verschärfung) に相応しつつ――、神の存在を否定したり疑ったりする者も、いや、そのような者こそが、神を存在するとして理解ノウチニ「もつ」[15]ということであると解釈した時、同様に正しくアンセルムスを解釈していた。

14 一三八頁以下注10を参照せよ。

15 「……人ガソレニツイテ語ルノヲ聞ク時、コノ本性ヲ否定スル者モ疑ウ者モソノ言ワレタコトヲ理解スルカラ、スデニソレヲ彼ハソノ理解ノウチニ持ッテイル」(Pro insip. 1, I 125, 4ff.)。

三 アンセルムス自身は、後で、彼の命題を次のように解釈した。すなわち、アンセルムスにとっては、彼がこの命題に関してなそうと考えていた使用に対しては、彼がこの確認――いずれにしても、ある人たちの (gewisse Menschen) 理解、〔その中に〕神が存在をもっている（ある人たちの）理解、があるという確認――でもって十分である、と[16]。彼はこの確認を、いくらか混乱させる〔式の〕、明らかに皮肉をこめて言おうとされた問い――必然的に、まことに存在するとして証明されたことが、もしかして誰の理解のうちにも存在しないのであろうか[17]という問い――でもって基礎づける。ここで前提されているところのものは、当然のことながら、ただ、存在証明がくわだてられることであって、存在証明が首尾よく成功するということではない。ある人たちにとって、ただ、その（まことの）存在の証明の対象でだけでもありうるところのもの、それは、その人たちの理解のうちに、既に、（問題となる）存在をもっていなければならない。しかし、そのような人たちは、――比喩 (figura) が示しているように――存在する。ソレユエ、神ハ誰カノ理解ノウチニアル (Ergo: Deus est in ullo intellectu)。そしてまた、このようにうけとめられるとしても、この命題は、アンセルムスがそれでもって言おうとしていることにとって、十分なものである。

16 「……ソレヨリ偉大ナモノガ考エラレ得ナイモノガ、モシ誰カノ理解ノウチニアルナラ、……」(C. Gaun. 2, I 132, 30f.)。

17 「実在ノ真理ノウチニ必然的ニ存在スルト立証サレタモノモ、ドノヨウナ理解ノウチニモナイノダロウカ」(ib. I 132, 14f.)。

四　この問いと直接関連しつつ、（脈絡全体はいくらか唐突である）アンセルムスは次のことを想定する。それはすなわち、対話の相手は、理解ノウチデ神ガ存在スルコト（**esse Dei in intellectu**）を確かにある意味で承認するが、しかし、この存在スルコトを理解スルコトを疑うということである。[18] アンセルムスはさし当たってまず、この理解スルコトの問いに立ち入らない。むしろ、もう一度、理解スルコト（すなわち、聞クトコロノコトを）から理解ノウチデノ存在を推論することの首尾一貫性を示す。[19] アンセルムスは次のことを既知であり、承認されているとして前提する。それはすなわち、（一）考え（**cogitatio**）の出来事の中で、考エルコト（**cogitare**）のおかげで、考えられたこと（**quod cogitatur**）の表出が〔出来事として〕生起する（人は何かあるものを考える）、それであるから、この出来事の中で、この行為のおかげで考えられたものについて、それはこの出来事の中で、この出来事と共に、そこにある（**est in cogitatione**〔考エノウチニアル〕）ということが言われるべきである。[20]（二）理解は考エ〔ルコト〕（**cogitatio**）の〔一つの〕特別な形式である。そして、理解スルコトは考エルコト（**cogitare**）の〔一つの〕特別な形式である。それであるからあの規則が、また、ここ〔理解スルコト〕でも、適用されるべきであるということである。これらの前提から次のことが結論づけられる。それはすなわち、何かが理解されるところ――例えば、ソレヨリ偉大ナモノハ考エラレ得ナイモノによって表示された対象が理解されるところ――、そこでは、理解スルコト（**intelligere**）の力によって、理解（**intellectus**）の出来事の中で、この対象の表現〔表出〕が生起する。それであるから、この対象について、それはこの出来事の中で、出来事と共に、そこにある（**est in intellectu**〔理解ノウチニアル〕）ということが言われるべきである。[20] 人はまさにこのところで、われわれの『プロスロギオン』の箇所そのものの中でなされている留保――タトエソレガ存在スルコトヲ理解シタノデナイニシテモという留保――をはっきりと念頭に置いていなければならないであろう。まだ依然として、次のこと――あの出来事は、自発的な、あるいは不本意の欺瞞の出来事――表現された対象の〔人間の〕精神の外での存在〔**die extramentale Existenz**〕〕についての欺瞞の出来事――でないかどうかについて、決定されていないのである。ただ、次のことが言われ、示されるべきである。それはすなわち、この出来事の中で、いずれにしても、この対象そのものの表現〔表出〕が生起しており、したがって、そのものの〔人間の〕心のうちでの存在(intramentales Dasein)が主張されるべきであるということである。

18　「シカシ、貴君ハタトエソレガ理解ノウチニアッタトシテモ、ソレガ理解サレタトイウ結論ニナラナイト言ウ」(ib., I 132, 16f.)。

19　「ダガ、理解サレタトイウ事実カラ、ソレガ理解ノウチニアルトイウ結論ガ出ルコトヲ貴君ハ学ブベキダ」(ib., I 132, 16f.)。

20　「チョウド考エラレタモノハ思考ニヨッテ考エラレタヨウニ、マタ思考ニヨッテ考エラレタモノハ考エラレタモノトシテ思考ノウチニアルヨウニ、理解サレタモノハ理解ニヨッテ理解サレ、理解ニヨッテ理解サレタモノハ、理解サレタモノトシテ理解ノウチニアル。コレ以上明確ナコトガアロウカ」(ib. I 132, 17ff.)。

五　ガウニロはわれわれの箇所においてなされた結論に対して二つの異論を申し立てた。それら両方の異議の申し立ては、その結論の有効性に対して向けられていない。むしろその有効性を、ガウニロは暗黙のうちに承認しているように見える。しかしそれら両方の異議の申し立ては、前もってアンセルムスがあの結論に対して与えようとしている意義に対して向けられている。最初の異議の申し立てはこう述べる。アンセルムスによって意図された意味において、まことに存在する対象とまことに存在するわけではない対象に対して、同じ権利をもって存在が帰せられている、と。[21] それに対するアンセルムスの答えはごく簡単でありえた。〔アンセルムスは言う〕ガウニロはまた、この主張でもって無駄骨を折っている。証明されるべき命題、神は(理解ノウチニモマタ)実在トシテモ存在スルという命題は、まさにまず第一に、一般的な、解明されていない、多義的な形式、神ハ理解ノウチニ存在スル、の中で保証されるべきであった。その命題が、この形式の中で制限的に(タダ理解ノウチデダケ)解釈されるべきか、それとも包括的に(理解ノウチニモマタ実在トシテモというように)解釈されるべきであるか、したがって、疑ワシイモノは実際にはイツワリノモノかそれともマコトノモノかということ、そのことは、これからはじめて示されなければならなかった。どうしてガウニロは次のこと——この結果が既に前提において明らかでなければならないということ——を要求することができたのか。[22] 当然のことながらまた、理解のうちに次のような事物——ただ、理解のうちでだけそこにあり、その限り（マコトニはまた別な仕方で、すなわち、実在トシテ〔in re〕、まことの対象性の中に、そこに存在しなければならないという主張に照らしてはかったならば）イツワリノモノである事物――の存在もある。[23] そして、当然のことながら、アンセルムスの定式でもって表示されたもののまことの存在の理解は、一般的な理解ではなく、特別な理解である。その定式が「まことの」対象を表示しているかそれとも「いつわり」の対象を表示しているかということ、そのことは決定されなければならない。しかし、どの程度までそのことは、前提――神ハ、「ソレヨリ偉大ナモノハ考エラレナイモノ」[24]トイウコトヲ聞イテ理解スル者ノ理解ノウチニ存在スルという前提――に対する異議の申し立てを意味しているか。人は、事実、この異議の申し立ては、われわれの『プロスロギオン』の箇所で、アンセルムス自身によって提示されている留保を通してあらかじめ片づけられていると言わなければならないであろう。

21　「トナルト、ドノヨウニ虚偽ナ、シカモソレ自身デハドノヨウナ形デモ存在シテイナイモノモ、人ガソレニツイテ語リ、私ガソノ人ノ言ウコトヲ何デモ理解スルナラ、同ジク私ノ理解ノウチニアルト言エルノデハナイカ」。この「理解ノウチニアル〔存在スル〕」は、そのようにガウニロは言おうとするのであるが、「虚偽ナアルイハ疑ワシイモノサエモ思考ノウチニ存在シ得ルヨウナ場合ト同ジ仕方デ、遂行される。〔それは〕……ホカノ不確実ナアルイハ虚偽ナモノモ、誰カガソレラノコトヲ語リ、私ガソノ言葉ヲ理解シタ時、理解ノウチニ同ジク存在シ得ルノト（スナワチ、私ガ聞イタコトヲ理解スル時、スデニソレガ私ノ理解ノウチニアルトイウアノ〔論証ト〕）同ジ仕方デ〔遂行される〕」(Pro. insip. 2, I 125, 15ff.; 126, 11f.)。

22　「疑ワシイ点ヲ論証スルコトヲ望ンデイタ私ニ対シ、何ヲココデ貴君ハ考エテイルノカ私ニハ分カラナイ。私ニハ、マズアノモノガ何ラカノ形デ理解サレマタ理解ノウチニアルコトヲ立証スルダケデ充分デアッタ。ソノ結果、誤謬トシテ、理解ノウチニノミ存在スルノカ、アルイハ真ナルモノトシテ、実在トシテモ存在スルノカガ推察サレルカラデアル」(C. Gaun. 6, I 136, 4ff.)。

23　「モシ誤謬アルイハ疑ワシイコトガ、ソレラガ語ラレルノヲ聞イタ人ガ話シ手ノ言オウトスルコトヲ理解スルトイウ意味デ、理解サレマタ理解ノウチニアルトイウナラ、私ノ言ッタコトガ理解サレ、マタ理解ノウチニアッテイケナイ理由ハナイ」(ib., I 136, 8 ff.)。

24　「タトエ誤謬モ何ラカノ形デ理解サレ、マタコノ定義ハスベテノ理解ニハ当タラズ、アル種ノ理解ニノミ該当スルトシテモ、ソレヨリ偉大ナモノガ考エラレ得ナイモノハ、ソレガ実在トシテ存在スルコトガ確実トナル以前モ理解サレ、マタ理解ノウチニアルト私ガ言ッタコトニツイテ、私ガ非難ヲ受ケ得ル理由ハナカッタノデアル」(ib., I 136, 17ff.)。

六　ガウニロの第二の、もっと賢明な異議の申し立てはこうである。ソレヨリ偉大ナモノハ考エラレ得ナイモノ、で表示された対象が、この名が誰かに向かって語られ、誰かによって聞かれるということに基づいて、聞き手の理解のうちで存在をもち、対象であるということを承認するとして、その対象は、しかし結局ただ、それ〔対象〕がそのようなものとして考えられることができないという仕方でだけ、そのことをなす[25]〔存在をもち、対象である〕。それ〔対象〕はただ、考えることによっていわば志された〔企てられた〕存在だけしか、すなわち、次のような存在——考えることが、（考えることにとって確かに、存在するとして表示された、しかし、存在するとして完全に未知な）対象としてのそれに（無駄に）帰そうと骨折っている存在——だけしかもっていない[26]。これらの命題は、ガウニロによって次のような仕方で基礎づけられる。われわれは、ソレヨリ偉大ナモノガ何モ考エラレ得ナイ何カとして表示された対象を、ちょうど神(Deus)〔ということ〕でもって表示された対象と同様、特定の見方、あるいは、少なくともこの特定の見方に類似な見方、に基づいてわれわれに知られた対象として、知っていない[27]。この対象はわれわれにとって、結局、直接的にも間接的にも知られていないのである——それは、またアンセルムス自身によっても、独一無比なものとして（それ故、また、間接的にも解明しえないものとして）表示されるように[28]。ひとりの人間——人がわれわれに対して、いつわって、存在するとして表示するひとりの人間——を、われわれは、少なくとも存在するとして考えることができるであろう。なぜならば、われわれは少なくとも一般的に、人間が存在することは何であるかということを知っているからである。神の存在をわれわれは、確かに、そのような具合に、考えることはできない。むしろ、まさにただ、聞かれた言葉に基づいて、考えることができるだけである。しかし、人は、単なる言葉に基づいては、——と、ガウニロはいくらか不確かな仕方でつけ加える——、「おおよそ、あるいは決して」何かをまこととして、ただ考えることだけでもでき「ない[29]」。詳しく言えば、存在するとして考えられるべきもの〔ということ〕で、ただ単に、聞かれた言葉の文字と綴りの（当然のことながら「存在している」）響き（Schall）だけでなく、むしろ、言葉を通して表示されたものが理解されるべきであり、[30] 神の存在のことを考えることが（したがって、神の、考えられた存在が）、次のような者――ただ、聞かれた言葉をもっているだけで、決して、ほかのところで得られた、神の存在についての知〔識〕をもっていない者――の考え〔ること〕に対して要求される時、[31]〔単なる言葉に基づいては、「おおよそ、あるいは決して」何かをまことととして、ただ考えることだけでもでき「ない」〕、と。この異議の申し立てに対するアンセルムスの立場を理解するためには、彼〔アンセルムス〕の解答書の中での三つの要素がよく注意されなければならない。

25　「モシ、ドノヨウナ実在ノ真理ニ従ッテモ考エルコトサエ不可能ナモノガ、理解ノウチニ存在スルト言ワナケレバナラナイナラ、コノモノモソノヨウニ私ノ理解ノウチニ存在スルコトヲ私ハ否定シナイ」（**Pro. insip. 5, I 127, 29f.**）。

26　「ソモソモ私ハ、アノヨリ偉大トイウモノガ、ドノヨウナ真ノ実在トシテモ、存在スルトハマダ言ッテイナイ、イヤ、ムシロ、否定アルイハ疑ッテサエイル。マタ、タダ聞イタ言葉ニ従ッテ、全ク未知ノ実在ヲ心デ想像ショウト努力シテイル時ノ、ソノ実在ノ在リ方以外ノ存在ヲ――ソレヲヨシ『存在』ト呼ベルナラ――私ハソレニ認メナイ」（**ib. I 128, 4ff.**）。

27　「私ハアノ神ゴ自身以外ノ何モノデモアリ得ナイトイウ、考エラレルスベテノモノヨリ偉大ナモノニツイテ聞ク時、私ノ知ッテイル種《シュ》カ類《ルイ》ノ範疇ニ属スルモノヲ通シテ、ソノモノヲ考エルコトモアルイハ知性ノウチニ持ツコトモ出来ナイ」（**ib. 4, I 126, 30–127, 2**）。

28　「私ハソノモノ自体ヲ知ラナイシ、マタアナタモソレニ似タモノハ何モ存在シ得ナイト言イ切ッテイルヨウニ、私ハホカノモノカラ、ソレニ類似シタモノモ想像スルコトハ出来ナイ」（**ib. I 127, 3f.**）。ガウニロはここで『プロスロギオン』五―二六章の内容全体のことを考えることができる。

29　「ソレユエ、『神』アルイハ『スベテノモノヨリモ偉大ナ何カ』ト言ワレルノヲ聞ク時、私ハコノ虚偽ナルモノ（あの実在しない人間の存在）ヲ思考アルイハ理解ノウチニ持ッタヨウニハ、ソレラヲ思考アルイハ理解ノウチニ持ツコトハ出来ナイ。人間ニツイテハ、真ノ、私モ知ッテイル実在ニ従ッテ考エルコトガ出来タガ、『神』トカ『スベテノモノヨリ偉大ナ何カ』ニツイテハ、言葉カラシカ全ク考エラレズ、言葉ノミニヨッテデハ、オオヨソアルイハ決シテドノヨウナ真理モ考エラレ得ナイ」(ib. I 127, 11ff.)。

30　「ソモソモ、コノヨウニ考エル時、言葉自身——ソレハタシカニ真ナル実在デハアル——、スナワチ文字アルイハ音節ノ音デハナク、聞イタ言葉ノ意味ガ考エラレテイル」(ib. I 127, 16ff.)。

31　「……ムシロ言葉ノ意義ヲ知ラズ、聴取シタ言葉ニ精神ガ動カサレ、聞イタ言葉ノ意味ヲ想像シヨウト努メルコトニヨッテノミ、ソノ思考ガナサレル人トシテ考エルノデアル。ダカラ、モシ実在ノ真理ニ従ッテ考エラレ得ルモノナラ、ソレコソ不思議デアル。ソレユエ、誰カガ、考エラレ得ルスベテノモノヨリ偉大ナ何カガアルト言ウノヲ聞キマタ理解スル時、明ラカニコノ後者ノ意味ニオイテノミ、ソレハ私ノ知性ノウチニアル」(ib. I 127, 18ff.)。

a　この書物の初めのところで、直ちに、アンセルムスは、既に何回も引用された箇所で、次のこと——ガウニロのようなキリスト者が、あたかも彼が、ソレヨリ偉大ナモノガ何モ考エラレ得ナイ何カという定式〔的表現〕を通して表示されているものについて何も知らないかのように振舞うことがゆるされるということ——を、不可能なことだと述べた。おそらく、愚カ者がではないが——彼は、おそらくまた、彼に神の名が宣べ伝えられた後でも、愚カ者であり続ける——、しかし、少なくとも、愚カ者の代弁者としてのガウニロは、理解ノウチニアル神ノ存在について、アンセルムスと共に知っている者である。彼は、キリスト者として、知解(intellectus)のあの出来事にあずかっており、知解スルコト(intelligere)のあの行為の主体であり、したがって、次のこと——あの出来事そのものの中で、神ノ存在(esse Dei)が実在であるということ——に対して言質がとられ、そのことの証人として呼び出されることができる。[32] 神は、少なくともアル理解〔知解〕ノウチ(in ullo intellectu)[33]では、単に無駄に志され〔企てられ〕た対象ではなく、知られた対象である。

32　「シカシ私ハ答エル。モシ、ソレヨリ偉大ナモノガ考エラレ得ナイモノ、ガ理解サレズ、アルイハ考エラレズ、マタ理解ノウチニモナイナラ、実ニ神ハ……理解ノウチニモ思考ノウチニモ存在シナイコトニナル。シカシ、コレガドレホド誤ッタコトカ、ソノ最モ確固トシタ論拠トシテ、私ハ貴君ノ……良心ニ訴エタイ。ソレユエ、ソレヨリ偉大ナモノガ考エラレ得ナイモノ、ハマコトニ理解サレ、考エラレ、マタ理解ノウチニモ思考ノウチニモ存在スル」(C. Gaun. 1, I 130, 12ff.)。

33　一三九―一四〇頁注を参照せよ。

b　われわれは、既に前に、この異議の申し立てと取り組みつつ語られたことの要点を繰り返す(34)。神の不把握性の理解は、神の〔(人間の)心のうちでの〕存在〔について〕の理解に対し反目させられて漁夫の利がしめられることはできない。何故ならば、神の〔(人間の)心のうちでの〕存在〔について〕の理解は、神認識として、したがって、信仰認識として、むしろ、あのもの〔神の不把握性の理解〕を前提としてもっているからである。神の不把握性の理解は、われわれの理解にとっての、この、神の存在における神の具象性を、ガウニロがうけとっているように見えるよりは、はるかに徹底的に排除する。ドノヨウナ実在ノ真理ニ従ッテノ(35)、神の存在の理解も、したがって、例えば、われわれがひとりの人間の存在についてもつことができる理解に相応しつつの、神の存在の理解も、ここでそもそも問題とならないということ、したがって、〔そのような〕理解の不可能性が、この存在の理解に反対する議論として、舞台にひき出されてはならないということ、そのことをガウニロは――もしも彼がその異議の申し立てにおいて、実際に、神の不把握性について考えていたのであれば――、知らなければならなかったはずである。彼〔ガウニロ〕の専門的知識におけるこの宿命的な空隙と、しかし、もう一つの別なこと――彼〔ガウニロ〕にとっては、ソレヨリ偉大ナモノガ何モ考エラレ得ナイ何カは、多くのそのほかの言葉の中の、ひとつの知覚サレタ言葉 **(percepta vox)** であって、啓示する力のある言葉ではなく、啓示され、信じられた神の名ではないということ――が関連している。神の不把握性に対する彼の無理解は、いまや次のこと――それ〔神の不把握性〕が、特定の、資格づけられた言葉 **(voces)**、まさにそれだからこそ、文字と綴りの単なる響き以上のものである言葉を通して、確認されると共に、それと同じように、また取り除かれるということを見てとらないということ――の中で、暴露される。彼が実際になしているように、彼はキリスト者として、**a** のところで示されたように、これらの言葉 **(voces)** と、そして、具体的ニハ、「ソレヨリ偉大ナモノガ何モ考エラレ得ナイ何カ」という言葉と、かかわることはゆるされないであろう。そのことでもって、彼は必然性――この名を聞き、理解することと共に、存在をアル程度理解スルコト **(aliquatenus intelligere)** が、次の限り、(すなわち、この名を聞き、理解する者が、決してただ単に、言葉〔Vokabel〕〔「神」という言葉のような言葉〕の前におかれているだけでなく、禁止命令、確かに神の存在について何も含んでおらず、何も語らないが、しかし、それが神についての考えに対して、特定の限界をひき、理解ノウチデノ存在を〔言いかえつつ〕記述している禁止命令、そこからして、ほかのところで得られた、ここで問題になっている、神の存在についての信仰命題の内容が、いずれにしても〔問題として〕明らかになってくる禁止命令、人が自分に向かって、同時に、あの同じ、禁止する神の存在のことを〔決して単なる**x**の存在としてではなく〕思い出すことなしに語らせることができない禁止命令、の前におかれている限り)、既に始まっていることを見てとらなければならない必然性——から身をひいており、あるいは、そのことをみてとる可能性を断念しているのである。ちょうど、まさに、神の不把握性についての命題でもって、考えられうる何かが語られ、したがって、(神が、それだからと言って、〔一つの〕考えられうるものとなることなしに)神がある特定の仕方で表示されるように、神の名は、〔そのものの〕名が神であるところの方を、アル程度、認識的な領域において、単に考えの規則(**Denkregel**)の形式においてであるが、表示する、しかし、とにかくそのような方を表示する。[36] すべての言葉そのものの、理解させる力のある力強さの、ガウニロ的な否定における、ためらいがちな「おおよそ、あるいは決して……ない」[37]は、結局、次のこと——反対者は、ここで、自分の事柄《ザッヘ》について、自分自身全く確信してはいないということ——を指し示しているように見える。実際、また、どうして彼は自分の事柄について確信していることができるであろうか。

34　一九八頁以下を参照せよ。

35　一四五頁注25を参照せよ。

36　「『表現ヲ超エタ』ト言ワレルモノガ何デアルカハ表現サレ得ナイトシテモ、『表現ヲ超エタ』ト表現スルコトニ何ノ問題モナイヨウニ、マタ『考エ得ナイト』言ワレルモノニ該当スルモノヲ考エルコトハ不可能デアッテモ、『考エ得ナイ』ハ考エ得ルヨウニ、ソレヨリ偉大ナモノガ考エラレ得ナイ、ト言ウ時、ソレヨリ偉大ナモノガ考エラレ得ナイモノ、ノ実体ソノモノヲ考エアルイハ理解スルコトハ出来ナイトシテモ、耳デ聞イタコトハ疑イモナク考エマタ理解シ得ル」(C. Gaun. 9, I 138, 6ff.)。

37　一四五頁注29を参照せよ。

c　これまでに記述された、異議の申し立て（神の名を聞くことに基づいての、われわれの理解〔すること〕にとっての神の存在は、結局、ただ単に、われわれに徹頭徹尾知られていないものの存在でしかない、という異議の申し立て）に対する防衛の仕方は、ガウニロと共に次のこと――われわれに対して、神の名と共に、そしてここで証明されるべき神の存在と共に、どうしてもまた、神の本質が啓示されているということ――を考慮に入れなかった。このことが、（それが正当であるように）考慮に入れられるならば、その時、異議の申し立ては完全に不可能となる。人はよく注意せよ。アンセルムスによって、この観点のもとでなされた防衛においては、決してこのこと――神の存在についての命題を、神の本質についての命題からして基礎づけること――が問題ではな[38]いのである。ただ次のこと――神の名を聞くところの者、その者は、（彼がそのことを実際になすかどうかはそれ自体、一つの問題であるが、しかし、「そこで何かを考える」(**etwas dabei denken**) ことができる。なぜならば、彼にとって、もしも彼がまことに聞く時には、また、神の本質が啓示されてあること (**Offenbarsein**) ――それがここで問題なのであるが、その、神の本質が啓示されてあること――が欠けることはあり得ないからである。そして、彼がそのことをなすことができる限り、彼は、彼の理解のうちでの神の存在を、次の基礎づけでもって――すなわち、彼にとって神の名は空虚な概念であるという基礎づけでもって――、否定することはできない。ガウニロに反対するアンセルムスの文書の二つの箇所で、二つの違った観点のもとで、アンセルムスは、そのことについて語っている。――アンセルムスは、一つには、ガウニロが既に『プロスロギオン』一三章と一八―二二章で読むことができたことを要約しつつ、次のこと――いかに、ソレヨリ偉大ナモノガ何モ考エラレ得ナイ何カという定式〔的表現〕に基づいて、また、神の分割されない永遠性と遍在についての理解が可能であるかということと、したがって、ただ、永遠的でない者、と遍在しない者だけが、したがって、ただ、有限な者だけが、存在しないとして考えられることができるということ――を示した。神は――事実、存在すると前提して――、存在しないとして考えられることはできない。存在しないとして考えられるものは、よしんばそれが存在するとしてもとにかく、神、ソレヨリ偉大ナモノガ何モ考エラレ得ナイモノではないであろう。したがって、神は、分割されない永遠的な者および遍在する者でなければならない。もう一度、神の本質の不把握性――これらの概念でもって否定されず、むしろ主張されている〔神の本質の〕不把握性――全体を認めるとして、〔その中で〕神がまさにその〔覆いをとって〕あらわすことの中で、永遠的な者および遍在する者として概念的に把握できるものとなる隠れ全体を認めるとして、神の永遠性と遍在がわれわれに対して啓示されることによって、ソレヨリ偉大ナモノガ何モ考エラレ得ナイモノという定式〔的表現〕に基づいて、神の永遠性と遍在の必要性が見てとることのできるものとされることによって、ソレヨリ偉大ナモノガ何モ考エラレ得ナイモノでもって表示されたものの一つの〔たとえ認識的には制限されており、対象そのものにただ、外から触れることができるだけである〕理解〔知解〕が出来事となって起こり、したがって、永遠的および遍在するとして理解された主体がわれわれの理解のうちで存在をもつ[39]。しかし、アンセルムスはこの脈絡において、なお第二のものを思い出させなければならない。ガウニロの命題、「私ハソノモノ自体ヲ知ラナイシ、マタ……私ハホカノモノカラ、ソレニ類似シタモノヲ想像スルコトハ出来ナイ」(Neque enim aut rem ipsam novi aut ex alia possum conicere simili)[40]は、その後半において、この絶対的な使い方(Absolutheit)の中で、妥当することはできない。教会の外に立っている者、啓示と信仰を欠いている者は、確かに事実、あの本質――ソレヨリ偉大ナモノガ何モ考エラレ得ナイモノという名をもっており、教会が、ホカノドノヨウナモノヲモ必要トシナイガ、スベテノモノガ……必要トシテイル至高ノ善[41]として告白するところの本質――について知っていない。教会の外では、事実、いかなる神ヲ推量スルコト(conicere Deum)も存在しない。世界には、人間的な理性そのものにとって、ソレ自体デ似テイルモノ(per se similia)、人間的な理性にとって、必然的に、それらの事物がそれ自身であるところのもののほかに、そのまま直ちに、また、神認識の乗物(Vehikel)であるような事物、は存在しない。それらのもの〔事物〕が人間的な理性にとってそのようなもの〔神認識の乗物〕となるということ、そのことのためには、教会の中での存在を、啓示と信仰を、必要としている。その限り、人間それ自身、そして教会の外での人間を見たのでは、神は人間にとって、事実、直接的にも、間接的にも、知られていない対象である。しかし、そのことは、人間は、その世界のうちにあって、そもそも神を認識することができないということ、人間にとって、この世の〔もろもろの〕事物は、神に類似スルモノ（similia）となることができないということ、を意味していない。われわれは、確かに、既に前に[42]、まさに教会の知解〔認識〕、信仰の知解こそが、比喩〔類似〕ニヨル（per similitudinem）知解〔認識〕であるということを見た。ここ、教会の中で、推量スルコト（conicere）、神の本質に関し、人間の世界における経験を手がかりにして、推測することが外部では事実起こっていないような仕方で、起こっている。ここで、相対的な、有限な善〔いもの〕（Güter）から「上にのぼって行きつつ」（conscendendo）——到達されるべき洞察と言明の不適当さを意識しつつ——、あの至高ノ善が、事実、開示される。啓示は、言うまでもなく、その〔神の〕世界の中での神の啓示、すなわち、次のような世界——そのように造られているので、神の本質は、その中で、鏡ニウツスヨウニ（in speculo）、比喩ヲ通シテ、類比ヲ通シテ（per analogiam）（神がご自身を、世界の中で啓示しようと欲せられ、事実、啓示される限り）、（たとえ、事実、それ〔神の本質〕がいかなる人間に対しても啓示されていないとしても）、啓示されてあることができる世界——の中での啓示である。教会は、その神認識でもって、人間〔性〕（Menschheit）の〔一つの〕可能性[43]——それを人間自身は、堕罪の結果、実際には、決して用いることができないが、しかし、またどうしても、（それが実現されることができる場所を指し示しつつ）可能性として主張されなければならない〔一つの〕可能性——を実現する。愚カ者——神の存在を、自分は「神」という言葉でもって何も考えることができないという理由で否定する愚カ者——に対して、彼は人間として、もしも彼がまさに愚カナ人間でないならば、そのことを至極よくなしうるであろうと答えられなければならないであろう。しかし、カトリック信徒は、ローマ一・二〇をよく考慮し、またこの点でも愚カ者をかばうべきではないであろう。「神」という言葉でもって何かを考えようとするこころみは、したがって、また、理解ノウチデノ神ノ存在は、神が隠れた神であるということでもって、挫折してしまってはならない。神は、それとしてまた、啓示された、また愚カ者の世界でもある現実の世界においてご自身を啓示される神である。神ヲ推量スルコト（conicere Deum）があるのである。そのことがどこで、いつ、出来事となって起こるかということ、そのことは確かに別な問題である[44]。

34 九八頁以下を参照せよ。

35 一四五頁、注25を参照せよ。

39 「ソレユエ、ドノヨウナモノデモ、ドコカニ、アルイハイツカ全体トシテ存在シテイナイモノハ、タトエ存在シテイルトシテモ、存在シナイト考エラレ得ル。シカシ、ソレヨリ偉大ナモノガ考エラレ得ナイモノハ、モシ存在シテイルナラ、存在シナイト考エラレ得ナイ。ソウデナイナラ、モシ存在シテイルトシテモ、ソレハ、ソレヨリ偉大ナモノガ考エラレ得ナイモノ、デハナイ。コレハ矛盾デアル。ソレユエ、ソレガドコカニ、アルイハイツカ全体トシテ存在シテイナイコトハ決シテナク、常ニ、ソシテドコニモ全体トシテ存在シテイル。サテ、コレラノコトガソレニツイテ理解サレルガ、貴君ハソレガアル程度考エラレ、理解サレ、アルイハ思考ノウチニマタ理解ノウチニ存在シ得ルト考エナイノダロウカ。……疑イモナク、ソレヨリ偉大ナモノガ考エラレ得ナイモノハ、少ナクトモコレラノコトガ理解サレテイル分ダケ理解サレ、マタ理解ノウチニ存在シテイル」(C. Gaun. 1, I 131, 31–132, 9)。『本論の著者はこれらに対し何を答えるか』(C. Gaun.) 一章は次の理由で——すなわち、アンセルムスがガウニロの異議の申し立てを、さしあたってまず (I 130, 20ff.)、「(一) ソレヨリ偉大ナモノガ考エラレ得ナイアルモノ、ガ理解サレテモ、ソノコトカラソレガ理解ノウチニアルトモ、(二) 理解ノウチニアルナラ実在トシテアルトモ、結論ヅケラレナイト貴君ハ考エテオラレルガ、……」のように描写し、それから、しかし答えとして (I 131, 1ff.)、(一)『プロスロギオン』三章の形での証明の三つの新しい把握を、(二) たった今、引用された、理解ノウチデノ存在に対する解明を (I 131, 18-132, 9)、提示しているがゆえに——I 130, 20 以後、要領のえないもの (unübersichtlich) である。

40 Pro insip. 4, I 127, 3.

41 Prosl. Prooem, I 93, 8.

42 三二頁以下を参照せよ。

43 それ〔その人間性の可能〕は、もちろん、造られた自然そのものの中にはなく、むしろ神のかたちにかたどって造られてあることの中に、み子——父を永遠からして知り給うみ子——の被造物的な適合〔順応〕(Gemäßheit) の中に、ある。

44 「ドノヨウナ、ヨリ小サイ善モ、善デアルカギリ、ヨリ大キイ善ト類似シテイルノダカラ、ドノヨウナ理性的精神ニモ、ヨリ小サイ善カラヨリ大キイ善ヘト進ミ、ヨリ偉大ナ何カガ考エラレ得ルモノカラ、明ラカニ、ソレヨリ偉大ナモノガ全ク考エラレ得ナイモノ、ニツイテ多クノコトヲ推察出来ル。……ソレユエ、モシ聖ナル権能ヲ受ケ容レナイ愚カ者ガ、ホカノモノカラ、ソレヨリ偉大ナモノガ考エラレ得ナイモノ、ニツイテ推察ガ可能ナコトヲ否定シタナラ、コウシテ容易ニ反駁出来ル。シカシ、コノコトヲ公教信徒ガ否定スルナラ、『神ノ見エナイ本性ハ、スナワチ神ノ永遠ノ力ト神性トハ、天地創造コノカタ、被造物ヲ通シテ知ラレテイテ、明ラカニ認メラレル』コトヲ想起スベキデアル」(C. Gaun. 8, I 137, 14-138, 3)。

Aliud enim est rem esse in intellectu, aliud intelligere rem esse. Nam um pictor praecogitat quae facturus est, habet quidem in intellectu, sed nondum intelligit esse quod mondum fecit. Cum vero iam pinxit, et habet in intellectu et intelligit esse quod iam fecit. (I 101, 9ff.)

「ソモソモ、モノガ理解ノウチニアルコトト、モノガ存在シテイルコトヲ理解スルコトトハ同ジデハナイ。コノヨウニ、画家ガソノ描コウトシテイルコトヲ予メ考エル時、彼ハソレヲ理解ノウチニ持ッテイルコトハイルガ、マダ描イテイナイモノヲ存在スルトハマダ理解シテイナイ。シカシ、描キアゲタ時、彼ハソレヲ理解ノウチニ持チ、マタスデニ描イタモノガ存在スルコトモ理解シテイル」。

われわれが、この記述の中でわれわれの前にもつものは、存在を理解することについての（一般的な）アンセルムス的概念の、きわめて明瞭な展開である。この記述は、先行する命題につけられた留保、そして、理解したことは、たとえそれが存在することを理解したのではないにしても、彼の理解のうちにあるという留保、と結びついている。この逆説は、明らかに説明を必要としている。命題そのものも、留保に付いている後置文も、妥当するとすれば、その時、理解スル〔コト〕という概念も、存在スル〔コト〕という概念も、ここにおいてもあそこにおいても、違った意味で用いられていなければならないであろう。正確にまさにそのことが、今や直ちにはっきりと言葉に出して明らかにされたアンセルムスの考えであった。人は、〔一つの〕事物を、それの存在を理解することなしに、——それが理解のうちに、しかし、まさにただ理解のうちでだけ、存在をもっているにもかかわらず、——存在するとして理解することができる。〔一方において〕理解のうちでのこの、それの存在と、この理解のうちで存在するものを理解することと、〔他方において〕明らかに、この制限を度外視しての、そのものの存在、そのものの真正な、単に志向された (intendiert) だけでない、単に考えられただけでない存在、とこの存在を理解すること、すなわち、理解の限界を越えている、真正の存在を理解する理解とは別なものであるであろう。神が第一の意味で存在をもっていること、またその名が宣べ伝えられ、聞かれ、理解されるところで〔第一の意味で〕存在するとして理解されるということ、そのことをアンセルムスはこれまでに示した。しかし、アレトコレトハ違ウノデアル。彼は、急いで次のこと――そのことでもって、存在の問いがはじめてたてられ、論議すべき〔問題の〕対象がはじめて表示されるということ――を明らかにする。神の存在の証明においては、第二の意味での存在と存在を理解することが問題である。まず第一に、あの第一の意味で、神の存在を確かめることは欠かすことができないことである。そして、後で、そのことが既に起こったということが思い出されるであろう。しかし、まず、問題〔があること〕を、まず疑惑(dulium)を、アンセルムスはそのことでもって確かめたのである。しかし問題が、そのことによって、既に、何らかの仕方で、運動の中に入れられたわけではない。あれらの概念の第二の意味をして力を奮わせつつ、まず、疑惑(dubium)がマコトノモノであったかイツワリノモノであったかが示されなければならない。また、モノガ理解ノウチニアルコト(esse rei in intellectu)の真理性についていうまでもなく、モノガ存在シテイルコトヲ理解スル(intelligere rem esse)――そのことの証明はまだなされていない「モノガ存在シテイルコトヲ理解スル」――が決定する。――この出発点の状況、本来的な証明に足を踏み入れる直接すぐ前の状況を(その一般的な形で)、画家の理念と〔手の〕業の間の関係についてのたとえが例証している。そこで類似点は次のことから(そしてただ、次のことからだけ)――すなわち、〔もろもろの〕事物の、心のうちでの(in-tramental)存在および、心のうちと心の外での(extramental)存在がある、したがって、また、それに相応する二重の、存在についての理解〔すること〕があるということから――成り立っている。そのうち第二のものが、まことの、本来的な存在理解――それに対して、あの第一の存在理解は、ちょうど(おそらくは実りある、おそらくは永遠に成果を生み出すことのない)芸術家的な構想〔着想〕が、おそらくそれから生じる、それの成就、確認、正当化としての芸術作品に関係しているように、関係する本来的な存在理解――である。とにかく、ここで下される決断は、あの前もっての決断のあらかじめ投げかけられた影なしに起こることはないであろう。そして、まさに、存在についての理論（Theorie）が存在の実在の後に従わなければならず、存在についての考えることが対象の存在の後に従わなければならない時にこそ、それ〔存在についての理論〕はまず第一に、あの前もっての決断に、あの曖昧なモノガ理解ノウチニアルコトに、出会い、（この前もっての決断がいつも出来事となって起こっているということから出発すべき）権利と義務をもっている。——人はどのようにアンセルムスの画家のたとえを理解すべきでないかということを、（われわれにとって警告となる仕方で）ガウニロは、二つの点で示している。

一　ガウニロは、次のこと——このたとえによれば、モノガ理解ノウチニアルコトが時間的な以前（Vorher）を意味し、モノガ存在スルコトヲ理解スルコトが時間的な以後（Nachher）を意味しなければならないこと、しかも、どうしても、後者の前提のもとで前者が疑いもなく、あのもの〔後者〕と同時的に起こらなければならないところで、時間的な以後を意味しなければならないこと——を非難した。[45] この異議の申し立ては、全くユーモアのないものなので、アンセルムスは、その答弁において、ただまさにそれに軽く触れただけであったが、[46] そのことは確かに正しいことであった。以前と以後の対立というものに、まさにこのたとえにおいては、決して目をつけられていなかった。モノガ存在シテイルコトヲ理解スル〔コト〕という前提のもとで、モノヲ理解ノウチニ持ッテイルコトがこのこと〔モノガ存在スルコトヲ理解スルコト〕と時間的に一致するということ、そのことをアンセルムスはわれわれの『プロスロギオン』の箇所においてはっきりと言葉に出して語った。「シカシ、描キアゲタ時、彼ハソレヲ理解ノウチニ持チ、マタ……存在スルコトモ理解シテイル」。ガウニロが、モノガ存在スルコトヲ理解スルコトに先行する中立的な、〔ソノ〕モノヲ理解ノウチニ持ッテイルコトの可能性を疑ったということと、そのことは、ただ、彼〔ガウニロ〕が、アンセルムス的な証明の、前もっての決断から決断へと慎重に歩みを進めているあの歩みに対してどんなに僅かしか理解していなかったかを示している。

45　「ダガ、ソウナラソウデ、第一ニ、絵ガ最初画家ノ魂ノウチニアリ、次ニ作品トシテアル場合ノヨウニ、時間的ニ先ンジテ、アル対象ヲ理解ノウチニ持ツコトト、時間的ニオクレテ、ソレガ存在スルコトヲ理解スルコトトニハ、スデニ相違ガナイ」(Pro insip. 2, I 126, 1ff.)。

46　**C. Gaun. 6, I 136, 19ff.**

二　ガウニロは、彼の論駁書の〔一つの〕章全体を、[47]（すべてのことのうち最も謎的なことと人は言いたいであろう）、次のこと——アウグスティヌスは、技工 (faber) が箱を作品として作ろうとすると、この箱 (arca) はまず、創造者的な、立ちまさった仕方で、技工の技術の中に (in arte) 存在しており、また、「作品トシテ作ラレタ箱ハ生キタモノデハナク、技術ノウチニアル箱コソ生キタモノデアル。ソレハ技工ノ魂ガ生キテイルカラデアル」と語った[48]ということ——を報告するために捧げた。ガウニロは、そのことから、アウグスティヌスを粗雑に手直ししつつ、次のように述べる。「ソモソモ、アノ絵ハ製作サレル前ニ画家ノ技術自体ノウチニ含マレテオリ、……ソノヨウナモノハ知恵以外ノ何モノデモナイ……ソレラハ魂自身ノ知識アルイハ知恵以外ノ何モノデモナイ」。しかし、ソレヨリ偉大ナモノガ何モ考エラレ得ナイモノの真理に関しては——、それが真理であり、そのようなものとして知性〔理解〕ノウチにあると前提して——、それ〔その真理〕が〔ソレヲモッテ〕把握スル知性〔理解〕(intellectus quo capitur) と同一であるといった具合ではありえない。——アンセルムスは、またこの語り方に対しても、ただ手短かに、そして少しばかり皮肉をこめて答えた。比喩のこの適用（業に対する理念の優位性、したがって、神の存在に関して人間の創造者として役割）は彼にとって何の意味ももたない、と[49]。ガウニロの書物のこの部分の真剣な関心事と意図が何であったかは、事実、容易には述べられ得ないことであろう。なぜガウニロは、このアンセルムスの前置きに対してこのような注目の仕方をするのだろうか。なぜ彼は、アンセルムスは、上手に、喜んで、また別なたとえも用い得たであろうということに気づかないのであろうか。なぜ彼はまさにこの関心事において、アウグスティヌスの偉大な影を呪文で呼び出すのか。彼は、アンセルムス的なモノヲ理解ノウチニ持ツコト——彼が、たった今、その中立性のゆえに異議をとなえた、アンセルムス的なモノヲ理解ノウチニ持ツコト——の中に、突然、フォイエルバッハ的主張、人間を神の創造者へと高めることをかぎとったのであろうか[50]。それとも、われわれはここで単なる〔一つの〕好機をつかんでの異議の申し立てや困惑の異議の申し立て (Verlegenheitseinwand)、とかかわらなければならないが故に、遠くまで探求することは報いられないことなのであろうか。

それはとにかく、その異議の申し立ては、第一の異議の申し立てと同様、対話を要求するのに適していない。

47　**Pro insip. 3, I 126, 14ff.**

48　**In Joannem, tract I, 16.**

49　「シカシ、ソレヨリ偉大ナモノガ考エラレ得ナイモノガ、画家ノ理解ノウチニアルガマダ制作サレテイナイ絵ノヨウナモノデハナイ、トイウ貴君ノ懸命ナ論証ハ的ヲハズレテイル。ソモソモ、絵ノ構想ヲ練ル例ヲ挙ゲタノハ、ココデ討議シテイルモノガソノヨウナモノデアルコトヲ主張スルタメデハナク、タダ存在スルト理解サレテイナイアルモノガ理解ノウチニ存在シテイル、トイウコトヲ立証出来ルコトヲ望ンダタメデアル」(**C. Gaun. 8, I 137, 6ff.**)。

50　**W・v・d・**シュタインは、**Der Heilige Geist des Mittelalters, 1926, S. 38** において、アンセルムスの画家のたとえを〔「私はここで〔一つの〕補遺的思想〔**Untergedanken**〕を挿入する」〕、次のように解釈した。「画家は、実在なしに、〔一つの〕絵についての考え〔理念〕をもっている。しかし、彼は絵を創作し、そのようにしてまた実在を創造する。……そのようにまた、ただ考えの中だけにある最大のものも考えられることができる。しかし、思想家であって、夢想家でない者は、そのところに留まることはできない。また、最もとっぴな(**gelöstest**)考えの中にもすべての自然に浸透している法則、〔実在を要求し、それが理念的に完成されたものをまた形成してしまうまでは安きを見出さない法則〕が宿っている。神は、われわれに対し、ただ単に神に信頼をおくように〔霊感を与えて〕説き勧め給うだけではない。またただ単に神を考えなければならないという意味で説き勧め給うたのでもない。……神はわれわれにまた、われわれが神を、生きた信仰の中でも、また生きた思想の中でも、創造しなければならないという意味で、〔霊感を与えて〕説き勧め給うた。……また純粋に考える人間も、もしも彼の考えが完全に論理的であれば、神を欲する」。——なぜこの著者は、先行する注の中で引用されたアンセルムスの箇所を通して、この天才的な「補遺的思想」から自分を守ってもらわなかったのであろうか。また、なぜ、次のこと——彼、あのように明らかにアンセルムスをほめたたえるために筆をとろうとした彼が、この解釈において、見紛うべくもなく、とりわけ、ガウニロのアンセルムス理解の嗣子として活動していたということ——に気づくことによって、〔この天才的な「補遺的思想」から自分を守ってもらわなかったのであろうか〕。

Convincitur ergo etiam insipiens esse vel in intellectu aliquid quo nihil maius cogitari potest, quia hoc

cum audit, intelligit, et quidquid intelligitur, in intellectu est. (I 101, 13ff.)

「ダカラ、ソレヨリ偉大ナモノガ何モ考エラレ得ナイ何カ、トイウコトヲ聞ク時、愚カ者ハ理解シ、理解シタモノハ何デモ理解ノウチニアルカラ、ソレガ少ナクトモ理解ノウチニアルコトハ、彼ニシテモ納得シテイルトコロデアル」。

この命題は、上のところで、「シカシ、コノ愚カ者自身ハ……モチロンソノ聞イタコトヲ理解スル」でもって開始された円 (Kreis) を閉じ、あのところで立てられ、その間に基礎づけられた主張を確認する。われわれは後ろを振り返り見る。これまでのところではただ、探究の対象〔客体〕を確定すること (Fixierung) が問題であった。神ハ存在シナイという愚カ者の異議の申し立ては、次のこと——既に神の存在の問題が自明的にそこにあるわけではないということ——を、また信仰をもった考える人に対しても、思い出させる。既にこの第一の、暫定的な意味での、神の存在が証明されなければならず、次のこと——愚カ者は、確かにその心のうちで、神は存在しないと言うことができるが、しかし、結局、また彼の理解のうちにも、まさに彼の理解のうちにこそ、ある（彼によって否定されたものであるとはいえ）神の存在について、何ら事情を変えることができないということ——が示されなければならない。また、不信者にとっても避けることのできないこの教示 (Nachweis) に照らして、また信者に対しても、神の存在を信じる彼の信仰を認識〔知解〕とならしめるために、どこで始めなければならないかが示されなければならない。これまで述べてきたことは、この教示と取り組んでいたのである。——この教示の出発点は、神についての、何かある一般に存在している、あるいは接近することができる人間的な確信ということではなく、むしろ、神の、宣べ伝えられ、信じられた名であった。この名は、人間によって聞かれ、理解されることができる。この時、しかし、この名は、人間に対して、何かあるもの、あるいは誰かある者を表示したのである。すなわち、〔そのものの〕名でこの名があるところの者が、いまや、信じられようと信じられまいと、そのまことの存在の中で肯定されようと否定されようと、いずれにしても人間の理解ノウチニ (in intellectu) あるのである。ここのところに、おそらくはただここのところだけであるかもしれないが、その者は存在をもっている。もしも誰かがそのことを、（理解し難いことであるが）、自分にとっては、否定しようと欲するとしても、しかし彼はどうしても、まさに神のまことの存在の証明も着手される (**angetreten werden**) ことができるという事実に直面して、この前提は、いずれにしてもほかの者にとっては、明らかであるということを否定することはできないであろう。とにかく、いずれにしても、あの名を認識〔理解〕することの出来事は、神の存在の問題を――ただ、そのことだけが、確かに問題なのであるが――舞台に登場させる。そこで異議の申し立て――この意味でなら、また、どんな随意の不条理なものの (**eines beliebigen Absurdums**) 存在の問題も、舞台に登場させられるではないかという異議の申し立て――は、そこでは、本来的な証明によってまず正当なものと認められなければならない（しかし、そうだからとって、前もっての決断としての価値がなくなっしまうわけではない）前もっての決断が問題であるということを見損っている。また次のような異議の申し立て――表向き理解ノウチニ (**in intellectu**) 存在しているものということでもって、人は実は何も考えることができないという異議の申し立て――に対しては、このこと、すなわち、いずれにしてもキリスト者はこのような異議を申し立てることがゆるされないということ、神の名は単なる単語ではなく、〔一つの〕表示、その中で、また表示されたものが思惟しうる仕方で現在する〔一つの〕表示あり、またそのことを度外視しても、そのように表示されたものの本質についての〔もろもろの〕推測への指示が決して欠けることがないということが言われなければならない。まことの存在の理解 (**Daseinserkennen**) は、もちろん、この〔推測的な〕曖昧な理解とは別な理解である。そこではまさに、また、精神の外ででも存在する (**extramental**) 神の存在が問題であるであろう。そして、そのことがまさに、本来的な、決定的な証明そのものの対象であるであろう。このところでうけ合われつつ確言されなければならなかったことは、神の、精神の中で存在する (**intramental**) 存在という前提の可能性であった。この可能性は、また、愚カ者がなす神否定のことを考える考えの中ででも否定されることはできない。

Et certe id quo maius cogitari nequit, non potest esse in solo intellectu. (I 101, 15f.)

「シカシ、モチロンノコト、ソレヨリ偉大ナモノガ考エラレ得ナイモノガ理解ノウチニノミアルコトハアリ得ナイ」。

本来的な証明（まず第一に、一般的な意味での、すなわち、また、神と異なった〔もろもろの〕事物も存在するような制限された意味での、神の存在に対する本来的な証明）が着手される。われわれの命題は、何が今、（あの前もっての決断の結果と鋭く区別されて）証明されるべきかということを語っている。それはすなわち、神がただ、理解のうちでだけ存在することの不可能性ということ、しかし、換言すれば、神がまた、対象性（Gegenständlichkeit）の中でも存在することの必然性、神のまことの存在の必然性である。神は、人間的な理解のうちに存在する（神の名が宣べ伝えられ、聞かれ、理解されるということに基づいて、人間的な理解のうちに存在する）という前提、それがこれまでのところで基礎づけられた。この、理解のうちでの存在〔すること〕は、問題的な（problematisch）、すなわち、その真理〔性〕についてまず吟味されなければならない存在〔すること〕である。存在の真理〔性〕の一般的な（すべての存在するものに対してと同様、神に対して適用されるべき）標準は、まさに、あの「理解のうちでの存在」という制限の否定である。神は、まことに存在するとしたら、ただ単に理解のうちにだけ存在することはありえない。真理は、確かに、まず第一に理解のうちに存在するのではなく、むしろ最後に、理解のうちに存在する。真理はまず第一に、〔もろもろの〕対象の中で真理であり、また、まず第一に、自分自身のうちで真理である。ただ理解のうちでだけ真理であるようなものは、めっきされた木製の鉄であるであろう。また、ただ理解のうちと〔もろもろの〕対象の中でだけ真理であり、それ自身のうちででは真理でないような真理についても、同じことが言われなければならないであろう。しかし、いずれにしても、まず第一に、それがただ単に理解のうちでだけでなく、また〔もろもろの〕対象の中ででも真理であるということが、真理の標準である。証明の対象は、ただ、この命題の否定的な最初の部分である。すなわち、ただ単に理解のうちにだけ存在するのでないものがまことに存在する。すなわち、まことに存在するとして、次のもの――ただ理解のうちにだけ存在するとして理解されることが不可能なもの――が理解される。そのことが神に関して理解される時、神の存在は（とにかく、また神とは異なった〔もろもろの〕事物の存在も証明されることができるような制限された意味で）証明されるのである。

Si enim vel in solo intellectu est, potest cogitari esse

et in re……. (I 101, 16f.)

「ナゼナラ、モシ少ナクトモ理解ノウチニダケデモアルナラ、ソレガ実在トシテ存在スルコトハ考エラレ得ルシ……」。

アンセルムスは、まず第一に、次の可能性——前もっての決断、「神は理解のうちに存在する」が、制限的に理解されて、確定的として受けとられる、したがって、神はただ理解のうちにだけ存在するとしてうけとられる可能性——のことを想定する。もしも事情がそうであるとしたら、それにもかかわらず、また、次の可能性——考えの中で、この括弧を、すなわち、「ただ理解のうちにだけ」〔ということ〕を、解消し、その同じ神に、この、それの仮定された現実にさからって、ただ単に理解のうちだけでなく、また実在として〔対象性の中で〕も存在する存在を帰してゆく可能性——が成り立っているであろう。また、仮定された、神の現実に相対しての矛盾——その中に、そのように考える者がまきこまれるであろう（神の現実に相対しての）矛盾——の意識も、彼〔そのように考える者〕をそのことに対して阻止しなければならない必要はないであろう。神は、確かに、ソレヨリモ偉大ナモノハ何モ考エ得ラレナイモノと称する。この名が、神について考えることがゆるされることおよびゆるされないことに対して、道しるべとなる限り、次のこと——どの程度まで、神に対して、あの〔人間の〕精神の中での存在につけ加えて、考えの中で、また〔人間の〕精神の外での存在を帰してゆくことが阻止されるべきであるか——は、見てとることができない。おそらく、また、タダ理解ノウチニダケ存在する神の理解も、思わず知らず、そして抵抗すべからざる仕方で、そのような言明、——「また、外でも」存在する存在についての、（奔放な肥りすぎ〔**Hypertrophie**〕の中での）神の、ここで仮定された、「ただ、内部でだけ」の現実に対して、抗弁する、そのような言明——へとしきりに迫ってやまない。しかし、また論理的にも、そのような考エルコト (**cogitare**) に反対するいかなる障害もない。それ〔その考エルコト〕は、厳格な意味での真理に対して、いかなる要求もかかげず、むしろ、自分自身をただ単に、神についての知識の、自分自身の意識の中での、反射 (**Reflex**) として理解する。マタ実在トシテモ存在スル (**est et in re**) が、どんなに非本来的に、責任をもたない仕方で言おうとされているとしても、それはいずれにしても、考えられることができる。おそらく、たとえどんなに意識的に、ただ単に〔人間の〕精神の中だけについて言おうとしている有効妥当性の留保によって、めぐりかこまれている表現 (Repräsentation)だとしても、そこでひそかにあの留保が必然的に粉砕されて、神話化する (mythologisierend)「実在トシテ存在スル〔コト〕」が、考えの縁《へり》のところで必然的に共に考えられないであろう表現はないであろう。したがって、いずれにしても、実在トシテ〔存在スルコトハ〕考エラレ得ル。

……quod maius est. (I 101, 17)

「……マタソノホウガヨリ偉大デアル」。

まさに告げ知らされた二重の可能性につけ加えられたこれら三つの言葉は、証明にとって決定的な議論を告げ知らせている。もしも、(一) 神がただ、理解のうちにだけ存在するなら、そして、もしも、(二) 神がただ単に理解のうちにだけでなく、また対象性の中で〔実在として〕も存在することが考えられ得るならば、その時、そのことは、次のこと——最初に「神」として仮定されたものよりもより偉大なものが考えられ得るということ——を意味している。理解のうちと実在として〔対象性の中で〕存在するものの方が、ただ理解のうちにだけ存在するものよりも「より偉大である」ということ、この、ここで前提された一般的な規則は、公理 (Axiom) ではなく、むしろ、われわれに知られたアンセルムス的な真理についての教説と認識論の結論である。もしも〔一つの〕ものが、ただ単に理解のうちにだけでなく、また実在としても存在するなら、その時、それは、アンセルムスにおいては、次の理由で——すなわち、理解の領域は、第三の、最後の秩序を形造っているが、対象性の領域は第二の、(直接、第一の秩序、真理そのものの領域、にかかわる) 事物の秩序を形造っているがゆえに——、ただ単に理解のうちにだけ存在しているものよりも、「より偉大で」なければならない。実際に、ただ理解のうちにだけ存在するもの、そのものは、どうして、また実在として〔対象性の中で〕も存在するものと比べて、比較にならないほど、はるかに「より小さく」ないはずがあろうか。どうして後者は、比較にならないほど、はるかに「より偉大で」ないはずがあろうか。それ〔後者〕は、すべての真理の起源の、量的でなく、質的な優位性を、確かに (それが神と同一でない限り) 自分自身のうちにもっているのではないが、しかし、神によって賦与されて、理解に相対して、自分のものとして (für sich) もっている。それ故、この、アンセルムスにとって、自明的な規則に従って、考えられうる、理解のうちと実在として存在する神は、前に、ただ、理解のうちにだけ存在するとして仮定された神よりも、より偉大であり、しかも原理的により偉大である。しかし、まさにヨリ偉大ナモノは、アンセルムスの諸前提によれば、原理的により偉大なもの、より高い秩序のもの、であるがゆえに、このヨリ偉大ナモノを考えることは、さし当たりまず前提された同一性――このヨリ偉大ナモノが、これまで神として想定されたヨリ小サナモノ (minns)、すなわち、タダ理解ノウチ ニダケ存在するもの、と同一である同一性――を破砕する。神に対して、〔人間の〕精神のうちで〔の存在〕と精神の外での存在を帰するところの者、その者はまさに、〔そのものにとって〕神はあのヨリ小サナモノであるところの者といっしょに、同一の神を考えてはいないのである。まだこのヨリ小サナモノが、神と同一でないということは決定されていない。しかし、次のこと――このヨリ小サナモノに相対して、あのヨリ大キナモノは同時に別ナモノ (ein aliud)、あのヨリ小サナモノとは同一でないもの、ヨリ小サナモノ自身に、もしかして、帰せられることができる〔一つの〕賓辞ではなく、むしろ、ヨリ小サナモノに相対して出会う、新しい、第二の主体であるということ――は見紛うべくもないことである。したがって、人が、何らかの意味で、可能性、ただ、〔人間の〕精神のうちでだけ存在するとうけとられた神に対して、また精神の外での存在をも帰してゆく可能性、を用いるならば、人は、次のこと――その時、人は、〔そのような〕神と並んで、より偉大なもの、したがって、別なものを考えたということ――について明らかでなければならない。そして、また、人がこの可能性を用いず、むしろ、ただ、可能性としてだけ承認することを避けることができないでいる時でも、人は次のこと――人は、表向き、実在の、タダ理解ノウチニダケ存在している神と並んで、考えの中で、そのようなより偉大な、したがって、別なものをおいたということ――を否定することはできないであろう。

Si ergo id quo maius cogitari non potest, est in solo intellectu: id ipsum quo maius cogitari non potest, est quo maius cogitari potest. Sed certe hoc esse non potest. (I 101, 17–102, 2)

「ソコデ、モシ、ソレヨリ偉大ナモノガ考エラレ得ナイモノガ理解ノウチニノミアルト、ソレヨリ偉大ナモノガ考エラレ得ナイモノ自身ガ、ソレヨリ偉大ナモノガ考エラレ得ルモノニナル。シカシ、タシカニ、ソレハコノヨウナモノデハアリ得ナイ」。

われわれは次のこと――人は、タダ理解ノウチニダケある神の存在の、仮定された実在を越えて、神を理解ノウチニモマタ実在トシテモ存在するとして考えることができるということ――を見た。しかし、人はその時、同一の神を考えているのでなく、むしろ、前者とは違った、より偉大な、前者に立ちまさったものを考えたのである。その結果は何であるか。その結果はこのこと――また、あの、タダ理解ノウチニダケ存在するものが神と同一である同一性は不可能となるということ――である。神は、ソレヨリモ偉大ナモノハ考エラレ得ナイモノと称する。しかし、あのものは、既に示されたように、それと区別されたより偉大なものが、考えの中で傍らにおかれることができるようなものである。したがって、あの最初のものは、あの神の名の中で語られた禁止命令――神を、それよりも偉大な何かが考えられ得るような仕方で考えることを禁じる禁止命令――に対する矛盾の中で、神と等置されたことになる。すなわち、それは、ソレヨリ偉大ナモノガ考エラレ得ナイモノと呼ばれ、それでいてしかも、ソレヨリ偉大ナモノガ考エラレ得ルモノである。この矛盾は耐えられない。タシカニ、ソレハコノヨウナモノデハアリ得ナイ。神の名はこのものに帰せられることはできない。(51) 何かある偽りの神および神でないものとの苦痛な混同が、ここにあるに違いない。しかし、まさに、そのものに不正にも帰せらた神の名こそが、それの正体を暴露することを意味している。神として真剣にうけとられるなら、そのものは、すなわち、ただ理解のうちにだけ存在するものは、内的な矛盾として、無 (Nichts) として、正体を暴露する。ただ、理解のうちにだけ存在する「神」は、ただ、それが、真剣な意味で神であると主張しない、すなわち、自分にとって重大すぎる神の名をもっていると主張しない、という前提のもとでだけ、実在であることができるであろう。すてきな心の産物として、〔いわゆる〕「神」として、それはその存在をまた「タダ理解ノウチデノミ」保ち続け生き残るかもしれない。しかし、神の同一であるためには、それは少なくともまた存在――結局また、造られた世界にも帰せられる存在――を、すなわち、理解ノウチニモ実在トシテモ存在スル存在を、もたなければならないであろう。

51　アンセルムスは『本論文ノ著者ハコレラニ対シ何ヲ答エルカ』二章 (I 132, 14–133, 2) において、ここで展開された思想の動きの完全な、個々の点にわたっていくらかさらに詳細な繰り返しを提供した。今与えられた解釈の確認として、あの基礎づけ――われわれの『プロスロギオン』の、「シカシ、タシカニ、ソレハコノヨウナモノデハアリ得ナイ」(certe hoc esse non potest) に対し、あのところで与えられる基礎づけ――、「シカシ、タシカニ誰ハ理解ノウチニアッテモ、ソレヨリ偉大ナモノガ考エ得ルモノハ、ソレヨリ偉大ナモノガ考エラレ得ナイモノデハナイ」(I 132, 29f.) は――注目に値するものである。

Existit ergo procul dubio aliquid quo maius cogitari non valet, et in intellectu et in re. (I 102, 2f.)

「ソレユエ、疑イモナク、ソレヨリ偉大ナモノガ考エラレ得ナイ何カハ、理解ノウチニモマタ実在トシテモ存在スル」。

この結論を理解するために、人はとりわけあまりにも身近なドイツ語の訳、《Es existiert also ohne Zweifel etwas……》〔それゆえ、疑いもなく、……何かは存在する〕(52) をそのまま鵜呑みにしてはならない。この命題の強調点は、そこで、existit〔存在スル〕が前におかれているにもかかわらず、この章の内容全体によれば、この、それ自体曖昧な existit の上におかれることはできず、むしろただ、それの説明、et in intell-ectu et in re〔理解ノウチニモマタ実在トシテモ〕――それを通して existit は初めて、そこで目ざされている結果の意味で明瞭となるのであるが、その「理解ノウチニモマタ実在トシテモ」――におかれることができるだけである。「ソレヨリ偉大ナモノガ考エラレ得ナイ何カ」でもって表示されているものが、ただ単に理解のうちにだけでなく、また実在としても〔対象性の中でも〕(auch in der Gegenständlichkeit) 存在する（そして、その限り、まことの存在をもつ）ということ、そのことは、アンセルムスが先行することを通して証明されたとして見ていることである。――さて、そのことはどの程度まで証明されたのか。それは、次のこと――神の名が宣べ伝えられ、理解され、聞かれるところ、そこでは神は聞く者の理解のうちに存在する、しかし、まさにそれだからこそ、ただ単に聞く者の理解のうちに存在するだけではない、なぜならば、ただ単にそのような仕方でだけ存在する神は、自分自身の啓示され、また信じられた名と耐えられない仕方で矛盾するからであり、その者は神と呼ばれ、同時にまた神でないであろうから、ということ――が示された限りにおいてである。そのようなわけで、ただ単に理解のうちでだけ存在するものとしては、そのものは、神として、また理解のうちにも存在し得ない。[53] 人はよく注意せよ。この否定的なこと以上のことは示されていない。**hoc esse non potest**〔ソレハコノヨウナモノデハアリ得ナイ〕と、証明の最後の言葉は語っていた――ちょうど、また証明の目標が、ただ、否定的に表示されていたように、**Deus non potest esse solo intellectu**[54]〔神ハ理解ノウチニノミアルコトハアリ得ナイ〕。しかし、結論はさらに先にまで到達している。単ニ理解ノウチニダケ存在する神の、証明された不可能性から、神が理解ノウチニモマタ実在トシテモ存在することが結論づけられる。それはどういう権利をもってであろうか。言うまでもなく、そこで、ただ、あの否定的なことだけが証明されたのである。まことの〔純正な〕、また〔人間の〕精神の外でも存在する神の存在（概念の一般的な意味での存在）についての積極的な命題は、証明から由来してこず、どのような仕方でも導き出されず、むしろ、証明を通してただ、その〔積極的な〕命題に対立している、ただ単に〔人間の〕精神の中だけに存在する、神の存在が馬鹿げたこととして証明される限りにおいてだけ、証明されたのである。そのもの、この積極的な命題は、どこから由来するのか。あの仮説的な **potest cogitari esse in re**[55]〔実在トシテ存在スルコトハ考エラレ得ルシ〕でもって、この積極的な命題は、突然、舞台に導入された、そして、ただ、その〔積極的な〕命題に対立している命題の愚かさを証明する証明に基づいて、ただそれだけが有効なものとして舞台に残るのである。そのことが「証明」である時、それはまさに、また、とりわけ、どんな証明もなしに確立している信仰命題の証明である。[56] 啓示から由来してきつつ、積極的な命題はほかの何かから導き出されることはできない。そして、また、その〔積極的な〕命題に対立している命題も、ただ、ほかの、同様に啓示から由来している命題（神は、ソレヨリ偉大ナモノガ何モ考エラレ得ナイモノと呼ばれるという命題）を手がかりにしてだけ、その不合理さが証明され得るのである。しかし、そのことは起こりうる。そして、その限り、神のまことの存在（概念の一般的な意味での存在）は証明されることができ、それはここで実際に、証明されたのである。

52　**J**・ブリンクトリーネは、その、『プロスロギオン』のドイツ語訳において（**Ferdinand Schoninghs Sammlung philosophischer Lesestoffe, Paderborn o.J.** の中で）――どういう意味でも意味深くはない業績をなしとげた。**H**・ブ

シュテ (H. Bouchitte) の次の訳 (Le rationalisme chrétien à la fin du XI. siècle〔十一世紀ノ終リノキリスト教的合理主義〕Paris 1842, S. 247)、「シタガッテ、確カニ、『ソレヨリモ偉大ナモノガ考エラレ得ナイモノ』ガ、私ノ考エノウチニモ、現実ノウチニモ存在シテイル」(Il existe donc certainement un être audessus duquel on ne peut rien imaginer, ni dans la pensée ni dans le fait) は、全く恣意的で、人を迷わすものである。A. Koyré の、それよりもよい、しかし、ここで全く欠かすことのできない引用符の欠如の故に、また曖昧でないわけではない翻訳はこう述べている。「ソレヨリモ偉大ナモノガアルト考エラレ得ナイモノガ、考エノウチニモ、現実ニモ、存在シテイルコトハ、疑ウコトガデキナイ」(par conséquent il n'y a aucun doute, qul quelque chose dont on ne peut rien concevoir de plus grand existe et dans l'intelligence et dans la réalite.)。

53　「ガウニロニ反対シテ」二章に出ている平行記事においては (I 132, 30ff.)、結論は次の、再びテキストの中で与えられた書きかえ (Umschreibung) を確認している形式をもつようになる。「デハ、ソレヨリ偉大ナモノガ考エラレ得ナイモノガ、モシ誰カノ理解ノウチニアルナラ、ソレハ理解ノウチニノミ存在スルノデハナイトイウ結論ニナラナイダロウカ。モシ理解ノウチニノミ存在スルナラ、ソレハソレヨリ偉大ナモノガ考エラレ得ルモノデアル。シカシコレハ矛盾デアル」。

54　一五九頁を参照せよ。

55　一六〇頁以下を参照せよ。

56　このことがアンセルムスの考えであるということは、『プロスロギオン』三章において——そこでは、われわれの命題に平行的な箇所で、〔あの〕決定的な、「ソシテ、コレコソ主、私タチノ神ヨ、アナタデス」(I 103, 3) が現われている『プロスロギオン』三章において——明らかになるであろう。何故、ここではまだ明らかにならないのであろうか。明らかに、『プロスロギオン』二章の証明は、『プロスロギオン』三章でなされるべき本来的な証明への道の上の〔一つの〕段階でしかないからである。

おそらく、『愚カ者ノタメニ』という書物にとって、次の事実——ガウニロが、本質的にはただ、たった今検討された、『プロスロギオン』二章の考えの歩みと取り組むだけであるという事実、ガウニロは明らかに、あれほど多くの後継者たちと共に、『プロスロギオン』二章の思考の歩みの中に、〔本来的な〕アンセルムス的な神証明を見てとったという事実[57]、そして、(〔彼によってほめたたえられた〕自余の『プロスロギオン』の、神についての教説を通して、この事柄の重要さに注意を向けさせせられることなしに〕、アンセルムスにとって決定的な、『プロスロギオン』三章の〔もろもろの〕指示の傍らを、ほとんどその書物全体の七分の一を包含している、それ自体、確かに賢明でないことはない〔もろもろの〕注をもって、通り過ぎることができたという事実――ほどその特徴をよく表わしているものはない。人は、確かにこのこと、彼〔ガウニロ〕がアンセルムスの最初の言葉を決定的な、あるいは唯一の言葉とみなし、アンセルムスの第二の言葉を、この最初の言葉の単なる繰り返しとみなしたということ[58]の中に、そしてまた、彼がこの第二の言葉を取り扱った際の、急速に終りへと急いでゆくやり方の中に、前になされた主張――ガウニロは、アンセルムスにとって最後的に興味のある唯一の問題、すなわち、徹頭徹尾、神に特有な神の存在の問題、に対して何の興味ももたず、むしろ、わがまま勝手な仕方で、また事柄から言ってまことに近視眼的に、ただ、神は、創造された〔諸〕事物が存在するような仕方で存在するということに対する証明だけを要求したという主張――を裏付ける証明を見出さなければならないであろう。われわれは次のこと――アンセルムスが、そのこと〔神は創造された諸事物が存在するような仕方でも存在するということ〕を否定せず、むしろまさにそのことを、アンセルムスは『プロスロギオン』二章において証明しているということ――を見た。このところで、マコトニ存在スルということは、神は、ただ単に考え〔ること〕の中で存在するだけでなく、また、考え〔ること〕に相対しても存在するということを意味している。どうして神にとって、まことの存在のこの特色が、神によって創造されたすべての対象にとってと同様、固有でないはずがあろうか。しかし、神として、それは明らかにまた、全く別な仕方でも、固有なのである。そのことが、『プロスロギオン』二章ではまだ、触れられていない点である。神がまたすべての任意のそのほかの対象が存在するような仕方ででも存在するということでもって、アンセルムスにとっては、（ガウニロと違って）神の存在の問題はまだ答えられていないのである。神は「外に」存在する。神は考え〔ること〕に相対して、独一無比な仕方――創造者が被造物の考えることに相対して存在する際の独一無比な仕方――で存在する。そのことが、神の存在についての信仰命題の特徴的な内容である。そのことが、『プロスロギオン』三章において、証明されなければならないであろうところのことである。ガウニロが、アンセルムスの探究のこの目標の点と背景に対して興味をもたないとしたら、その時、どうして彼はまたただ『プロスロギオン』二章だけでも理解するであろうか。われわれは異議の申し立て――ガウニロが、『プロスロギオン』二章の証明の準備に対して（理解ノウチデノ神ノ存在に対して、また画家のたとえに対して）持ち出さなければならなかった異議の申し立て――を、既に、知ることを学んだ。彼の議論のこれらの要素を度外視して、事柄についての語りとして、本来ただ、結局、彼の書物の第六章に出ている有名な島のたとえの中で、その最も強い表現を見出しているところのものだけが[59]、残る。また、その島のたとえについても詳しく語られた。われわれはただ、その要点を繰り返すことができるだけである。ガウニロは、――そのようにわれわれは聞いたのだが――、ソレヨリ偉大ナモノガ何モ考エラレ得ナイモノという単なる言葉でもって、また、この言葉を聞くことと理解することの上にたてられている証明でもって、満足しようとはしない。したがって、彼は、アンセルムスによってひかれた結論――ただ単に理解ノウチニダケ存在する神と並んで考えられる、理解ノウチニモマタ実在トシテモ存在するものの方が、あのものよりも「偉大で」あるという結論、したがって、〔一方において〕神の前提された名と〔他方において〕タダ理解ノウチニダケアルその存在の間に、耐えられ得ない矛盾が成り立っているという結論――の正しさを否定しない。しかし、彼は、アンセルムスによって記述された、これらの結論の前提が〔所与として〕存在することに対して、それ故にまた、これらの結論を手がかりにして得られた成果に対して、異議を唱える。誰が、あるいは何が、あの言葉を通して表示されているかということ、そのことは、われわれにとって、完全に知られていない。そのことは、われわれに対して、何らかの仕方で（しかし、いずれにしてもただ単に、あの言葉を通してとは違う仕方で）、啓示されなければならない、――それから、この、それの知られ〔るようになっ〕た実在の中で、ただ単に理解ノウチにだけ存在するものに相対して、そのもの〔あの言葉を通して表示されたもの〕自身の存在に対する証人であるために[60]。それに反して、彼、ガウニロ、に対して、アンセルムス的なソレヨリ偉大ナモノガ何モ考エラレ得ナイモノは、ちょうど、大洋のどこかにある、凌駕されることがない仕方で、貴重な富や快楽に満ち、所有者も住民もいない島――存在シナイモノヲ発見スルコトハ難シク、イヤ、不可能ダカラ、「失われた」島と呼ばれており、それの記述を彼は確かに理解することができるが、しかしそれだからといって、その、見てとられた勝れた性質の故にまたこの島は存在しなければならないということを自分に証明させることにならない島――についての記述のように、〔不当に〕要求する(annutet)[61]のである。われわれは既に、ここでは実にすべてが誤解であることを見た。アンセルムスの前提は、もちろん、〔一つの〕言葉である。しかし、ガウニロが考えているように、単なる言葉ではなく、むしろ、それは神の言葉――ガウニロが考えているように、孤立した仕方で与えられ、理解されるべき言葉ではなく、むしろ、その啓示(それにまた、神の存在の啓示が含まれているその啓示)との関連性における神の言葉――である。それは神の名――それから、神の存在は、もちろん、(ガウニロが非難しつつなすりつけているように)導き出されることができないが、しかし、それから、神が存在しないことの不可能性が(その〔ガウニロによって無視された〕啓示された独一無比の、創造者としての存在の前提のもとで)見てとられることができる神の名、神の信じられた存在を考えつつ理解〔知解〕することができる可能性を与える神の名――を語る。この成果は次の理由で――すなわち、ガウニロ自身は、明らかに、何かある経験からしての神の証明を、(アンセルムス的な信仰ノ知解とは何らかかわりがなく、またアンセルムスの神概念からは排除されている神の証明を)探究しているという理由で――ガウニロを満足させない[62]。そのようなわけで、あのようにガウニロは『プロスロギオン』二章に対して語ったのであり、あのように彼はまたここでも、まさにここでこそ、アンセルムスのところを素通りして語ったのである。

57 アンセルムスノ目ニハ証明ハナサレテイル(Aux yeux d'Anselme, la preuve est faite)と、人は、――ほとんど自分の目を疑うのであるが――、また Dictionaire de Théol. cath. Bd. I, Sp. 1351 に述べられている、『プロスロギオン』二章についての批評の結論のところで読む。

58 「……シカシ、ソノ上、彼ニ対シテアノヨリ偉大ナモノハ存在シナイト考エルコトサエ不可能ナモノデアルト断言シ、サラニ、ソウデナカッタナラバ、ソレハスベテヨリモ偉大デハナイコトニナルコトカラ、ソノコトハ証明サレルトシタナラ、……」(Pro insip. 7, I 129, 1ff.)。

59 一〇二頁および一二二頁以下を参照せよ。

60 「マズ第一ニ、コノヨリ偉大ナモノガドコカニ実在トシテ存在スルコトガ、私ニ確実ニ立証サレナケレバナラナイ。ソウシタラ、ソレガスベテノモノヨリモ偉大デアルトイウ事実カラ、ソレ自体ノウチニ存在スルコトニ疑イハナクナルデアロウ」(Pro insip. 5, I 128, 11ff.)。

61　「私ハ言イタイガ、人ガコノヨウナ言葉デ、アル島ガマコトニ存在スルコトヲコレ以上疑ウベキデナイ、ト私ヲ説得シヨウトシタナラ、私ハ彼ガ冗談ヲ言ッテイルモノト信ジタラヨイノカ、ソレトモ、私カ彼カノドチラカヲ愚カ者トミナシタラヨイノカ分カラナイ。スナワチ、私ガ彼ノ言葉ヲ受ケ入レタ場合、愚カ者ナノカ、ソレトモ、……ソノ島ノ存在ヲ何ラカノ確実性ヲモッテ立証シタト考エル彼ガ愚カ者ナノカ」(Pro insip. 6, I 128, 26ff.)。

62　「アナタハ……スベテヲ最高に認知スルトイウ意味デ、動物ガソノ肉体的感覚デ認知スルノトハ違ッタ意味デ、マコトニ最高ニアナタハ感受的デス」(Prosl. 6, I 105, 5f.)。

二　神の特別な存在

『プロスロギオン』三章

Quod non possit cogitari non esse. (I 102, 5)

「神ガ存在シナイトハ考エラレ得ナイコト」。

この表題は、マコトニ存在スル (vere sit) の第二の、より特別な意味を言い表わしている。神は、(ただ神にしか帰せられない) 仕方で存在しているので、神はまた、もしかして起こりうる可能性としても、存在しないとして考えられることはできない。

Quod utique sic vere est, ut nec cogitari possit non esse. (I 102, 6)

「シカモ、ソレハ存在シナイト考エラレ得ナイホド実ニマコトニ存在スル」。

神のまことの存在〔すること〕の第二の、より狭い規定（ソレホドマデニマコトニ存在スル〔sic vere est〕）が、今や念頭におかれなければならない。徹頭徹尾この明確さの中で、「ソレヨリモ偉大ナモノハ考エラレ得ナイ」でもって表示された神の存在は語られるべきである。それはただ単に、――『プロスロギオン』二章が示していたように――この明確さの中でだけ、というのではない。しかし、ただ神についてだけ、この明確さの中で語られるべきなのである。この、第二の定義はこう述べている、神はただ単に存在するだけではない、むしろ、神を存在しないとして考える可能性すらないのである、と。人はここで次のように異議の申し立てをすることが（そして、しばしば起こった、『プロスロギオン』三章を看過すること、あるいは軽視することは、暗黙のうちに、この異議の申し立ての中にその根拠をもっていると言ってよいであろう）できるであろう。この、いま証明されるべき第二の命題は、『プロスロギオン』二章において証明された第一の命題と――第一の命題が証明されたとしてうけとられる限り――同一である、と。もしも神の存在があのところで証明されたのであれば、そのことはどうしても、神は存在しないと考えられることはできないということを意味していなければならない。〔一方において〕ただ単に考えることの中でだけ存在している神と、〔他方において〕考えることの中、および対象性の中で、（したがって、まことに）存在している神の対置は、次のこと――もしもあの、ただ考えることの中でだけ存在している「神」が神であるならば、神は神でないであろうということ――を示した。人は、あの「神」を考える時、実在の神を考えていない。したがって、人は実在の神を存在しないとして考えることができないのである。どの程度まで〔どのような事情のもとで〕、『プロスロギオン』三章の命題は、『プロスロギオン』二章のこの結論の単なる繰り返し、あるいは強調でないのであろうか。

答え――あのところ〔『プロスロギオン』二章〕では、存在についての概念は、はっきりと一般的な概念であった。すなわち、考えることと対象性の中での存在であった。それに応じて、次のこと――人は神を、考え〔ること〕と対象性の中でのその存在を否定しつつ、考えることはできないということ――が証明された。しかしまさに、〔一つの〕ものの存在のこの否定の不可能性こそが、なお、単に事実的な不可能性として、〔もしかして〕このものの存在の積極的な思想を通して基礎づけられた不可能性として、理解されることができる。他方、その不可能性は、仮説的には(hypothetisch)、――事実は、不可能性であるにもかかわらず――、結局、〔一つの〕可能性でありうるであろう。われわれが、理解ノウチニモマタ実在トシテモ存在するとして知っているもの、そのものをわれわれは、事実、同時に、存在しないとして考えることができない。しかし、われわれは、そのものを〔あの事実的な「できない」がわれわれを妨げないと仮定して〕、それ自体、存在しないとして考えることができるであろう(könnten)ということを、否定することができない。さて、『プロスロギオン』二章において、神は、事実、存在しないとして考えられることができないということが示された。もちろん、それは、神の存在についての積極的な知識に基づいてではない。われわれが、ほかの〔もろもろの〕事物の存在についてもつことができる知〔識〕のような、神の存在についての知〔識〕は、神の存在においては問題とならない。そして、われわれが啓示からして確かにもっているところの、神の存在についての知識は、ここで、確かに、証明の根拠としてまさに排除されるべきであった。しかし、確かに、神の啓示された名――理解ノウチニモマタ実在トシテモ存在するのではないものに帰せられることができず、したがって、それの担い手としてただ、啓示を通して知らされ、理解ノウチニモマタ実在トシテモ存在する神だけが問題となる神の啓示された名――に基づいて示された。この名を聞き、それを理解する者、その者は、事実、どのような、単に考えの中でだけ存在するものに対してでもなく、ただその同じ啓示の中でご自分の存在を告げ知らせる神に対してだけ、この名を与えることができる。その限り、事実、『プロスロギオン』二章において、次のこと――人は実在の神を存在しないとして考えることができないということ――が示されたのである。しかし、次のような事情で――すなわち、この、神の存在の事実的な否定を阻止する根拠は、また、神が存在しないことをあのように仮説的に考えることができるということをも防止するのに適しているといった事情で――あるかどうかということは、まだ、証明されていないのであって、むしろ、そのことが問われるのである。この根拠は、われわれがほかの〔もろもろの〕事物の存在について、それらの事物についてのわれわれの知〔識〕に基づいてもっている積極的な知識と同じ性質のもので――すなわち、もちろん、われわれに対して、事実的に、これらの物が存在しないことについての考えを不可能にする力をもっているが、しかし、われわれに対して、この、それらの事物が存在しないということが考えられうるであろうという考えを阻止する力をもっていない知識と同じ性質のもので——ありえないであろうか。『プロスロギオン』二章において前提された、存在についての概念は、一般的な、すべての存在する事物にも適用されうる（存在についての）概念である。われわれにとって、存在するとして知られている事物を、われわれは、存在するとしてと同時に、また存在しないとして、考えることはできない。しかし、われわれは確かに、同時に、その〔われわれにとって存在するとして知られている〕事物の存在についての考えをもつとしても、その事物が、もしかして、——すなわち、それがわれわれにとって、存在するとして知られていない時には——、存在しないであろうということを考えることができる。問いは、今、次のように問う。われわれは、神に関して、まさに上になされた証明にもかかわらず、われわれが、神の存在を理解しつつ、同時に、少なくとも仮説的には、神が存在しないことを考慮に入れなければならないのか、それとも、神は、その存在の理解と関連して、われわれが神についてもつ理解が、ただ単に事実、神が存在しないという考えを不可能にするだけでなく、（同様に事実的に）神が存在しないという可能性の〔ことを考える〕考えをも不可能にするということの中で、例外をなしているかどうか、と。われわれの、事実的な、できない（Nicht-Können）が、徹頭徹尾また、このこと——われわれにとって神が存在しないことがまた、ただ考えの中だけでも考えうるということ——を妨止しなければならないのであろうか。この問いに対して、われわれの章は答える。われわれの章は、神の存在の概念を、一般的な存在概念の平面からひき上げる。[1] 存在概念の制限——その中で、存在概念が『プロスロギオン』二章において神に適用された制限——、理解ノウチニモマタ実在トシテモ存在スル〔コト〕は、今や消えうせる。われわれの章は、ここで起こっている例外を確立する。すなわち、啓示された神の名は、われわれが、理解ノウチニモマタ実在トシテモ存在スルほかの〔もろもろの〕事物の存在に関して、もつことができる最も積極的な知識よりももっと多くの力をもっている。〔啓示された〕神の名は、それを聞き、理解する者のところで、ただ単に、神が存在しないことの事実的な不可能性だけでなく、また、神が存在しないという考えが考えられうること(Denkbarkeit) の不可能性をみてとる洞察を強いる。聞かれ、理解された神の名は、「神は存在する」という洞察を越えて、より精密な定義——神は、すべてのそのほかのもろもろのもの、（それらが存在しないことを、われわれはまた、われわれにとってその考えの遂行が事実的に不可能である時でも、〔もしかして〕可能な考えとして拒否することができないもろもろのもの）のように存在しないというより精密な定義——を強いる。むしろ、神は、——ただ神だけが存在するような具合に——、また、神が存在しないという可能性の考えだけでも不可能であるような具合に——、存在する。そのことが、『プロスロギオン』三章の主題である。そして、それは、『プロスロギオン』二章の結論の単なる繰り返しではなく、むしろ、それこそが、『プロスロギオン』二章の結論の決定的な精密規定(Präzisierung) である。

1　それについては次のものを参照せよ。B. Adlhoch, Der Gottesbeweis des heiligen Anselm (Philos. Jahrb. der Görresgesellschaft Bd. 8, Heft 1, 1895, S. 380 f.); K. Heim, Das Gewißheitsproblem, 1911, S. 78 f.; R. Seeberg, Dogmengeschichte, Bd. 3, 1913, S. 150 f.; A. Koyré: L'idée de Dieu etc. 1923, S. 193 f.

われわれは、ここで直ちにガウニロの「愚カ者ノタメニ」七章で述べられている、『プロスロギオン』三章への注[2]と、アンセルムスによって「ガウニロニ反対シテ」四章において、それに対して与えられた答えを挿入することにする。ガウニロの異議の申し立ては、すべてのそのほかの異議の申し立ての場合と比べて、さらにもっとよく、彼自身の立場が明らかになってくる限りにおいて、大事である。また、アンセルムスの答えは、まさに、上でなされた、『プロスロギオン』三章についての解釈こそが、まことの解釈であるということの最善の証拠文書であると言ってよいであろう。

2　不当なこと(das Unwesentliche) は、次のような異議の申し立て——事柄ノ真理ニ従ッテ (rei veritate)、神の存在が、まず第一に、単なる言葉を通してでなく、それと別のところで知られている、あるいは知らされなければならない（あの言葉の中で言い表わされた神の完全性から、神の存在についてある結論がひかれることがゆるされる前に）(I 129, 1-10) という異議の申し立て——の繰り返しから成り立っている。スベテノモノヨリモ偉大ナモノ(maius omnibus) とソレヨリ偉大ナモノガ何モ考エラレ得ナイ何カ (quo maius cogitari nequit) を混同したガウニロの混同は（前掲書、S. 79ff. を見よ）、ここのところで――彼は、表向きアンセルムス的だと言われるスベテノモノヨリ偉大ナモノ(maius omnibus)を、ここでまさに、存在スルスベテノモノヨリモ偉大デ、善イアル本性〔という言い方〕で、あるいはまた、至高ノ本性〔という言い方〕で言い換えているが、その、このところで――、特に荒廃させる仕方で働いている。

ガウニロは、すべてのほかのことを度外視して、決定的に、この章の問いの立て方に対して異議を唱える。〔ガウニロの異議の申し立ては以下のようである〕。「神は存在しないと考えられ(cogitari)得ない」の代りに、もしもアンセルムスが、「神は存在しないとして、あるいはもしかして存在しないとして、理解される(intelligi)ことはできない」と言っていたら、もっとよかったであろう。このことでもって、神の存在の否定、あるいは神の存在を疑うことは、イツワリノコト(falsum)として――そのことが、またガウニロに従っても、適当なことであるように――特徴づけられたであろう。なぜならば、イツワリノコトハ理解サレルコトガデキナイからである。理解は、常に真理の理解である。しかし、〔モロモロノ〕イツワリノコトが、そのようにしてまた、このイツワリノコトが、考えられることができるということ――愚か者が明らかにそのことをなしているように――、そのことを、アンセルムスは否定しようと欲するべきではないであろう、と。そのところからして――正確に、ガウニロの詳論がそれなりの仕方で興味深くなるまさにそのところからして――ガウニロの論述は次のように簡潔に描かれることができる。「わたしはわたし自身を存在しているとして知っている、もちろん、それと同時に、もしかして存在しないとして知っている。それに対して、私は神を存在しているとして理解し、また、もしかして存在しないとして理解することはできない。私は、私自身を、私が私自身を存在するとして認識〔理解〕する時、同時に存在しないとして考えることができるであろうか。私はそのことを知らない。もしも私にそのことができるならば、その時には確かにまた、〔それの〕存在を、私が、同じ確実さをもって知っているすべてのそのほかのものについても、そのことができる。もしも私にそのことができないならば、その時には、私がそれ〔神〕の存在を考えの中で除き去ることができないということは、決して神の特有性ではない」[3]。われわれはここで、（結論の章での一般的な説明を度外視して、ガウニロの書物の中で一度だけ、しかし、そこではひどく明確に）、次のこと——またガウニロも、神の存在を、いや、まさに神の存在を理解スルコトさえ、肯定しているということ——を知る。もちろん、直ちにまた、彼はそのことでもって、アンセルムスとは全く別な何かを理解しているということをも知るのであるが。ガウニロの理解スルコト(intelligere)は、知ルコト(scire)——何らかの根拠からして、最も確実ニ知ルコト(certissime scire)である知ルコト——と同じ意味である[4]。彼〔ガウニロ〕は、そのことでもって、神ガ存在スルコトヲ理解スルコト(intelligere Deum esse)が問題である時、アンセルムスが[5]、既にすべての神学の前に確立している、信仰の確実さとして記述しているのと同じことを表示しようと欲しているということはありうることである。しかし、おそらく、彼〔ガウニロ〕は、むしろ、最モ確実ナ論証(certissimum argumentum)——彼がアンセルムスのところで、繰り返し、欠けているのに気づいて淋しく思う論証——を知っており、また神についてのある、経験による知〔識〕のことを、おそらく、後でトマス・アクィナスによって多くの者たちに対して信じるものとされたような仕方で、考えているのであろう。確かに彼〔ガウニロ〕は、彼の理解スルコト(intelligere)は、すべての純正な(rein)考えることと違っているとして理解されることを欲しており、また、逆に、純正な考え〔ること〕は——もちろん、それにとって損害となることであるが——彼が理解スルコト(intelligere)と呼んでいることに依存しないものとして理解されることを欲する。ガウニロは、少なからず「理解する」、あるいは「知っている」。例えば、彼は、しかも最も確実ニサエ、彼自身がそこに存在しているということを知っている。彼は、もちろん、また、この、彼の存在が限界づけられたものであることを、したがって、彼が存在しないこと(Nicht-Dasein)の可能性を、知っている。彼は、それに対して、——また、単に「考えつつ」彼はそのことについて決定しようと欲しない——彼が自分自身を、あの、彼の、自分の存在についての知〔ること〕にもかかわらず、存在しないと考えることができるかどうかについては知らない。神に関しても、彼にとって、事情は正確にそれと同様である。彼は神を存在するとして理解する。いや、存在しないということは不可能であるとして理解する。しかし、彼の〔もろもろの〕主張に対しては、そのことを語る（おそらく、伝統に基づいて、おそらく経験に基づいて、おそらくまた、両方のものに基づいて、そのことを語る）〔一つの〕命題でもって、――愚カ者ノ反対命題をイツワリとして資格づけつつ暴露するのに――、十分であるであろう。それに対して、彼は、この領域における（また、おそらく、そもそも）、特別な考える働き(Denkbarkeit)については何も期待しない。考エルコト(cogitare)は、まさに正常な仕方では、理解スルコト(intelligere)の単なる写し〔再現〕(Reproduktion)であり、理解スルコトは知ルコト(scire)を意味している。それに対して、〔一つの〕（正常でない）考え〔ること〕――知られたことの写し〔再現〕と同一でない考え〔ること〕――は、ガウニロにとって、あらゆる事情のもとで、望みなきものである。その考え〔ること〕が（アンセルムスと共に）神の存在を主張しようとする時でも、その考え〔ること〕が（愚カ者と共に）神の存在を否定しようとする時でも、あらゆる事情のもとで、望みなきものである。わたしは存在するか。何かあるものは存在するか。神は存在するか。どの考え〔ること〕が、ここで、有無を言わせず強制的に決定することができるであろうか。私の知が、これらすべての点において、どんなに確実なものであろうと、わたしの純正な考えそのものは、ここで、決定に対して不十分であると同様、また、自由でもある。人は、神を存在しないと考えることができる。[6] したがって、われわれは次のような考え〔ること〕――知の写し〔再現〕と同一である考え〔ること〕――のところに留まることにしよう。[7] この箇所の結論は、特に注目に値するものである。〔それでもって〕ガウニロがここで終わっている二者撰一(Entweder-Oder)は何を意味しているのか。明らかに彼は、彼自身の存在のことを考えることの必然性を問う問いを、次の理由で――すなわち、彼は、神が存在しないという考えの不可能性についてのアンセルムスの教えの背後に、必然的な考えについての一般的な教えが、（最後的に、自分自身の存在の必然性についての教えの中に基礎づけられて）立っていると受けとったがゆえに――論議の中に入れたのである。すなわち、彼〔ガウニロ〕は、あのもの〔アンセルムス〕が、後にデカルトが立っていた場所に立っているのを見たのである。さて、彼〔ガウニロ〕は、アンセルムスにとって、ただ、次のような二者撰一だけがあると考える。その一つは、「自分自身の存在について考える考えは必然的である」という彼の命題はいつわりだとする。そうすると、その命題と共に、すべてのそれに相応する命題——その中には、また、「神の存在について考える考えは必然的である」という命題があるのであるが、すべてのそれに相応する命題——も駄目になってしまう。それとも、そうでなくて、あの〔自分自身の存在についての〕命題は正しいとする。その時には、神の存在についての命題は、少なくとも〔一つの〕平行事象をもっており、神の存在の、アンセルムスによって主張された特有性はおしまいになってしまう。人は次のこと——ガウニロは、彼の論議のこれら最後の言葉の中で、彼の書物全体の中で最も才知に富んだことを、それと同時に、最も僅かしかアンセルムスに触れつき当たってこないことを、語ったということ——を確認してよいであろう。

3　「シカシ、アノ至高ノ実在ハ存在シナイトハ考エラレ得ナイト言ウ時、ムシロ、存在シナイトハ理解サレ得ナイ、アルイハ、存在シナイコトガ可能ダトサエ理解サレ得ナイ、ト言ウホウガオソラク順当デアル。ナゼナラ、ソノ言葉ノ厳密ナ意味カラスルト、虚偽ナモノハ理解サレ得ナイトシテモ、愚カ者ガ神ハ存在シナイト考エタノト同ジヨウニ、ソレハ考エラレ得ルモノデアル。ソシテ、私ハ私ガ存在スルコトヲ最モ確実ニ知ッテイルガ、マタ私ガ存在シナイコトガ可能デアルコトモ知ッテイル。一方、私ハアノ存在スル至高ノモノ、スナワチ、神ガ存在スルコトモ、存在シナイコトガ不可能ナコトモ、疑イノ余地ナク理解シテイル。ダガ、自分ガ存在シテイルコトヲ最モ確実ニ知ッテイル時、私ガ存在シナイト考エルコトハ可能カドウカ、私ハソレヲ知ラナイ。シカシ、モシ可能ナラ、私ガソノ存在シテイルコトヲ同ジ確実性ヲモッテ知ッテイル、他ノドノヨウナモノモ存在シナイト考エルコトハナゼ不可能ナノカ。ダガ、モシ不可能ナラ、ソレハスデニ神特有ノモノデハナイコトニナル」(**Pro insip. 7, I 129, 10ff.**)。

4　さらにまた、**Pro insip. 2 (I 125, 20ff.)** の箇所を参照せよ。「……ソレヲ理解スルコト、スナワチソノモノガ実在トシテ存在スルコトヲ知識ニヨッテ把握スルコトニヨルホカ、私ニハコノ存在ヲ考エルコトハ不可能ダカラデアル」。

5　二七頁以下を参照せよ。

6　「神ハ存在シナイト主張スル者ニトッテ、イカナル不一致モ生ジナイ」というようにトマス・アクィナスは (**S. c. gent, I 11**) 後で言うことをおそれないであろう。

7　**Bouchitte (Le rationalisme chrétien, S. 306)** は、彼がガウニロを、確かに別な箇所を念頭において、次の注でもってほめた時、正しかった。「哲学ノ研究ニ習熟シテイル者ハ、間違イナク次ノコト——コノ箇所トソレニ続ク文章ノ中ニ、現代ノ体験的デ、感覚的ナ哲学ガ否定シナイ何カガアルトイウコト――ヲ認メルデアロウ」。

それに対してアンセルムスは次のように答えた。そこでは、神に特有な存在の証明が問題であるがゆえに、命題は、「神は存在しないことが考えられ得ない」というように言わなければならない。神は存在しないとして理解されることができないということ――なぜならば、イッワリノコトは理解の対象であることができないから――、そのことは、もちろん、正しい。しかし、もしかりに、アンセルムスがこの命題を主張していたとすれば、彼〔アンセルムス〕に対してガウニロは、（そして正当にも）その結論の命題の意味で、この命題は、ただ単に神に対してだけでなく、すべての存在するものに対して適用されなければならないと答えなかったであろうか。(8)それに対して、「神は存在しないことが考えられ得ない」という命題は、ただこの主辞、「神」、をもつことができるだけである。なぜならば、神のほかのすべての存在するものは、存在しないとして考えられることができるからである。(9)そのことの証明は、神の本質からして生じてくる。(10)存在しないこととして、すべての限界づけられ、分かち得るものが（しかし、また、ただそのようなすべてのものだけが）考えられ得る。それらのものの場所的および時間的な〔もろもろの〕限界の彼岸(Jenseits)を念頭において、それらのものの、自分自身との部分的な非同一性(Nicht-Identität)を念頭において、明らかに、（いかに確実にそれらのものの存在がわれわれにとって知られているとしても）、それらのものが存在しないという可能性の考えが考えられなければならない。(11)しかし、神がそうであるところの、限界づけられないものおよび分かち得ないものは（そして、ただ、そのようなものだけが）、存在しないことが考えられ得ない（それが、ほかのところから得られた根拠からして、存在するとして考えられなければならない限り！）。それがいかなる限界ももたず、その全体性の中で自分自身と同一である限り、またそれの存在〔ということ〕も（それがそのようなものをもつと前提して）否定されることができない。(12)したがって、神の存在が証明されるべきであるとしたら、その時には、全く、このこと――神は存在しないことが考えられ得ないこと――が証明されなければならない。しかし、アンセルムスは、この命題を、自分自身の存在に関する、それと類似の命題と関連づけること、ましてや

（ガウニロがそう受けとったように見えるように）そのような〔類似の〕命題と〔一つの〕依存関係におくことを、考えていない。人間自身の存在に関する〔神の存在に関する命題と〕類似の命題は（アンセルムスはデカルトではない）存在しない。何とガウニロは、自分の存在について知りつつ、自分のことを存在しないとして考えることができるかどうか知らないと言うことができることか。もちろん、彼は、自分の存在について知っていることを通り過ごして、作りごとを考えることができることが確かである限り、そのこと〔自分のことを存在しないとして考えること〕ができる。人間の本質は、神の本質と違って、この作りごとに対して、何の障害もさしはさまないであろう。[13] われわれは、まさに（神のほかの）すべてのもの〔一つ一つ〕を存在しないとして考えることができる。換言すれば、われわれは、そのような一つ一つのものの存在について知っており、したがって、それらのもの一つ一つが存在しないという考えを、実際には、遂行することができないとしても、それらのもののことを存在しないとして考えることが、すなわち、それに相応する仮説あるいは作りごとを形造ることができる。[14] したがって、ガウニロの懐疑的な命題――自分は、自分自身を存在しないとして考えることができるかどうか知らないという懐疑的な命題――に答えつつ、このこと、彼は事実（彼の存在についての彼の知〔ること〕によって防止されて）そのことができないが、しかし、仮説的に、作りごと〔仮定のこと〕としては、大変よくできるということ、が語られなければならない。そして、その同じことは、神のほかのすべてのものに関するわれわれの考え〔ること〕について妥当する。[15] したがって、『プロスロギオン』三章の命題の背後に、必然的な考えについての一般的な教えが立っているのではない。また、神以外のほかの〔もろもろの〕ものも、事実、存在しないとして考えられることができないということ、そのことは、それ自体一つの問題である。アンセルムスが、『プロスロギオン』三章において代表していることは、次のような命題――それの主辞がただ神でのみありうる命題――である。すなわち、神はまた、あの第二の意味ででも、神はまた仮説的にも、存在しないとして考えられることはできない、[16] と。ガウニロによってあのように悲劇的に受けとられた事実――愚ヵ者は、それにもかかわらず、神が存在しないと考えているということを主張しているという事実――と、アンセルムスは、『プロスロギオン』

四章において取り組むであろう。(17) ここのところでは次のこと――アンセルムスは『プロスロギオン』三章において、(ガウニロがその自信にみちた実証主義の中で、そもそも、まだ見なかったところの) 問題と取り組んだということ――が、示されなければならなかった。まさにここのところで、――ガウニロが彼の〔語ったことのうちで〕最も賢明なことを語ったここのところで――、彼はただ、アンセルムスを、(アンセルムスが作業を始めているところで、ガウニロは作業することをやめているがゆえに)、全面的に無視しつつ通りすごして語っていることを、文書でもって言い表わすことができるだけである。

8　「モシ私ガアノ実在ハ存在シナイト理解サレ得ナイト言ッタナラバ、……オソラク、存在スルモノハスベテ存在シナイトハ理解サレ得ナイ、ト貴君ハ反対スルデアロウ。……ソレユエ、存在シナイト理解サレ得ナイコトハ、神固有ノコトデハナイ」(C. Gaun. 4, I 133, 24ff.)。

9　「シカシ、ヨク検討シテミルト、思考ニツイテハ、コノ反論ハ成リ立チ得ナイ。ナゼナラ、存在スルモノハドノヨウナモノモ存在シテイナイトハ理解サレ得ナイガ、至高ニ存在シテイルモノ以外ハ、スベテ存在シナイト考エラレ得ルカラデアル」(ib. I 133, 29–134, 2)。

10　人はもう一度 (上にあげた、一二二頁〔以下〕、注14を参照せよ)、ここでは、神ご自身の存在――ここでは、むしろ、未決なものとして前提されている神ご自身の存在――を問う問いが問題なのではなく、むしろ、「存在」(Existenz) ということが神について語られた時、何を言おうとしており、何を言うことができるかという問いが問題である。この問いが、神の本質(Wesen) からして答えられなければならないのである。

11　「タシカニ、始メアルイハ終リガアリ、アルイハ、部分カラ構成サレテイルモノ……ハ、スベテソシテソレラダケ存在シナイト考エラレ得ル」(ib. I 134, 2f.)。

12　「シカシ、始メナク、終リナク、部分カラ構成サレズ、マタドノヨウナ思考ニヨッテモ、常ニマタドコデモ全体トシテシカ見イダサレナイモノダケハ、存在シナイコトガ考エラレ得ナイノデアル」(ib. I 134, 4ff.)。

13　「ソコデ、貴君モ自分ガ存在スルコトヲ最モ確実ニ知リナガラ、自分ガ存在シナイト考エ得ルコトヲ知ルベキデアル。ソノコトヲ貴君ハ知ラナイト言ッタガ、ソレガ私ニハ不思議デアル。私タチハ、ソノ存在スルコトヲ知ッテイル多クノモノヲ存在シナイト考エ、マタ存在シナイコトヲ知ッテイル多クノモノヲ存在スルト考エル――私タチノ考エルトオリダト判断ヲ下スノデハナク、想像スルノデアル」(ib. I 134, 7ff.)。

14　「事実、何カガ存在スルコトヲ知ッテイナガラ、存在シナイト考エルコトハ出来ルガ、ソレハ、私タチガソレヲ存在シナイト考エ得ルト同時ニ、ソレガ存在スルコトヲ知ッテイルカラデアル。一方、存在スルコトヲ知ッテイナガラ、存在シテイナイト考エルコトガ出来ナイトシタラ、ソレハ、ソレガ同時ニ存在シマタ存在シナイト考エルコトハ不可能ダカラデアル」(ib. I 134, 10ff.)。

15　「ソコデ、モシ人ガコノ言葉ノコレラ二ツノ意義ヲコノヨウニ分類シタナラ、何モノモ存在スルト知ラレテイルカギリ、存在シナイトハ考エラレ得ナイト同時ニ、ソレヨリ偉大ナモノガ考エラレ得ナイモノ、以外ノ存在スルモノハ何デモ、タトエ存在スルト知ラレテイテモ、存在シナイト考エラレ得ルコトヲ理解スルデアロウ」(ib. I 134, 13ff.)。

16　「コノヨウニシテ、存在シナイト考エラレ得ナイコトハ神ノ特性デアル一方、多クノモノモ存在シテイルカギリ、存在シテイナイトハ考エラレ得ナイノデアル」(ib. I 134, 16ff.)。

17　「シカシ、ドノヨウナ意味デ神ガ存在シナイト考エラレルト言ワレルカニツイテハ、拙論デ充分語ッタ」(ib. I 134, 18f.)。

*

Nam potest cogitari esse aliquid, quod non possit cogitari non esse; quod mains est, quam quod non esse cogitari potest. (I 102, 6ff.)

「ソモソモ、存在シナイト考エラレ得ナイ何カガ存在スルコトハ考エラレ得ル。ソレハ存在シナイト考エラレ得ルモノヨリモ偉大デアル」。

今、この後に続くものは、『プロスロギオン』二章の証明の精密化(Präzisierung)——この章の第一の、主題的な命題の意味でなされた精密化——である。神に対し、一般的な意味での存在が、理解ノウチニモマタ実在トシテモ存在スルコトが、帰せられるということ、そのことは、今や証明され、認容されたとして、前提される。それに対して、まさに神にのみ帰せられる特別な、まことの存在の仕方(神の、……ホド実ニマコトニ存在スルコト)——主題となる命題によれば、神が、(あの証明からは、まだ、現われ出てこないことであるが)存在しないとして考えられ得ないような仕方で、存在することから成り立っている(まさに神にのみ帰せられる)特別な、まことの存在の仕方——は、問題となってくるとして前提される。まさに、そこで第二の証明が問題ではなく（もちろん、また、第一の証明の繰り返しが問題ではなく）、むしろ、ひとつの証明の精密化、確かに決定的な精密化が問題であるがゆえに、この精密化はここで特別な準備なしに、直ちに、そのひとつの証明の、第一の、より一般的な表現様式に連繋《れんけい》され、証明は、実質においては、あのところにおけるのと同一である。ただ、今度は、全線にわたって、神が存在しないことの不可能性から、神が存在しないと考えることの不可能性へと、第二の省察 **(Reflexion)** が貫徹〔遂行〕されなければならない。

　アンセルムスは、〔一方では〕存在し、決して存在しないとして考えられ得ないものと、〔他方〕同じように存在するが、しかし、存在しないとして考えられ得るもののことを、互いに並べて考えることができる可能性から出発する。したがって、これら両方のものに対して、『プロスロギオン』二章の意味で、理解ノウチニモマタ実在トシテモ存在スルコトが帰せられる。しかし、これら両方のものは、次のこと——この存在〔スルコト〕の仮説的な否定が、第一のものに関しては不可能であり、第二のものに関しては可能であるということ——を通して区別される。したがって、出発点となる命題は、これら両方のものと、それらが並んで存在することが考えられうる、ということである。

　ところで、誰かが、これら両方のものを、互いに並べて考えると前提して、次のこと——彼は、再び、先ず第一に「より偉大なもの」を、それから「より小さいもの」を、考えたということ、彼はより高い秩序のものとより低い秩序のものを考えたということ——を認めなければならない。アンセルムスがここで前提している段階の秩序 **(Stufenordnung)** の原理は、『プロスロギオン』二章におけるのと同一であると言ってよいであろう。ただ、今度は、同一の系列の内部でのより高い段階が問題であるというだけである。もはや、一方において、ただ単に考えのうちにだけ存在するものと、他方において、考えのうちと対象性の中で存在するものの対立が問題ではなく、むしろ、一方において、確かに考えのうちと対象性の中で存在するが、しかし結局、存在しないと考えられ得るものと、他方において、考えのうちと対象性の中で存在し、また、存在しないと考えられることができないものの対立が問題である。一般的なマコトニ存在スルコト **(vere esse)** から、今や、次のようなマコトニ存在スルコト——それの真理〔性〕がただ単に主観的にだけでなく、また、ただ単に主観的および客観的にだけでなく、この対立の彼岸において、a se、それ自身のうちに、基礎づけられているマコトニ存在スルコト——が、含蓄のある仕方で前面に浮かび出てくるのである。〔一つの〕もの——この後者の意味で、マコトニ存在スルコトが帰せられるもの、したがって、その存在が理解と対象の弁証法に対して独立しているもの、そのようなもの——は明らかに、ただ単にあの一般的な意味でのマコトニ存在スルコトが帰せられるだけのもの、（たとえそれがどんなにまことの仕方で存在するとしても、あの弁証法に陥っているもの、したがって、その存在が〔それを通して、そのものが事実的には、ただ、肯定されることができる〕その同じ考え〔ること〕によって、仮説的にはまた否定されることができるもの）、と比べてヨリ偉大〔ナモノ〕であり、より高度な存在の段階に属している。あの第一の存在は、ただ単にまことに存在するだけでなく、それは、存在そのものの真理として、すべての存在と非存在〔存在しないこと〕の標準として、——他のもろもろのものの存在あるいは非存在を考えるすべての思考に際して、常に既に前提されているところの（すべての存在と非存在の）標準として——、したがって、存在しないとして考えられることができない標準として——、存在している。「より小さなもの」に相対しての、この「より偉大なもの」のことを、相並んで存在するあれら両方のもののことを考えた者は、考えたのである。

Quare si id quo maius nequit cogitari, potest cogitari non esse: id ipsum quo maius cogitari nequit non est id quo maius cogitari nequit; quod convenire non potest. (I 102, 8ff.)

「ソコデ、モシソレヨリ偉大ナモノガ考エラレ得ナイモノガ存在シナイト考エラレ得ルナラバ、ソレヨリ偉大ナモノガ考エラレ得ナイモノ自身ガ、ソレヨリ偉大ナモノガ考エラレ得ナイモノデハナクナル。コレハ矛盾デアル」。

人は、ためしに、神を、あの第二の、確かに存在するが、しかし、存在しないとして考えられ得るものと同一であると仮定してみよ。何故神は、この制限——それが、そのほかわれわれに知られているすべてのものにとって固有であるようなこの制限——の中で存在してはならないであろうか。多くのそのほかの世界の存在（Weltwesen）の頂点にある、その最も高貴な（世界の）存在として〔存在してはならないであろうか〕。異教徒たちの神々は、そのことをしているように見える。しかし、まさにこのこと――これらの「神々」は正当な仕方で自分たちの名をもっているであろうかということ――が、問われるのである。それについての決定は、神の名の啓示を通して下される。啓示された神は、ソレヨリ偉大ナモノハ考エラレ得ナイモノと呼ばれる。そして、そこで新たに、あの耐えられない矛盾――あの、確かに存在するが、しかし、存在しないとして考えられ得る神は、確かに、ソレヨリ偉大ナモノハ考エラレ得ナイモノと称しながら、実際はそうでないという予盾――が、生じる。ヨリ偉大ナモノが考えられ得るということは、たった今、示された。コレハ矛盾デアル。もう一度、ここで明らかに、偽りの神(**Pseudo-Gott**)が仮面がはがれ、神の名が次のようなもの――神として真剣にうけとられることができないもの――に対して拒まれなければならない。この「神」が理解ノウチニモマタ実在トシテモ存在スルとしても、それは神としては存在しない。神は、ただそのような仕方でだけ存在することはありえない。神と同一であるためには、その者は、そのように存在するものとのその同一性を越えて、あの考えられ得るヨリ偉大ナモノと同一でなければならないであろう。このヨリ偉大ナモノと異なっているならば、このものと比較された場合、あの者は、それが存在しようと存在しまいと、また、それが何であろうと、神でないものとして仮面をはがれる。

Sic ergo vere est aliquid quo maius cogitari non potest, ut nec cogitari possit non esse. (I 103, 1f.)

「ソレユエ、ソレヨリ偉大ナモノガ考エラレ得ナイ何カハ、ソレガ存在シナイコトガ考エラレ得ナイホドニマコトニ存在スル」。

もう一度、結論がひかれる。ソレヨリ偉大ナモノガ考エラレ得ナイ何カ〔という言い方〕で表示されたものは、それがまた、存在しないとして考えられ得ないような仕方で存在する、と。どの程度までこの結論は拘束力があるものなのであろうか。明らかにまず第一に、再び、ただ次の限り――すなわち、存在しないとして考えられうる「神」は、啓示された神の名と、そのような〔存在しないと考えられうる〕神のあり方の間の矛盾を通して、神でないものとして、資格を剝奪される限り――においてである。しかし、ここでもまた、結論は、事実、この証明された否定的なものを越えている。その結論は、啓示された神のそのような存在の不可能性から、その〔神の〕特有な、〔どのような考え〔ること〕を通しても問いに付せられ得ない）存在を結論づける。ここでもまた次のこと――この最後の、決定的な、積極的な命題が、（それに対立している、考えのうちで問いに付されることができる神の存在についての命題が、馬鹿げたものとして証明された後）、それが先行する考えの歩みから続いて従ってくるであろうことなしに、現われてくるということ――が言われなければならない。その〔最後の、決定的な、積極的な〕命題は、はじめには、ほかの考えの可能性と並んでの〔一つの〕考えの可能性として舞台に登場させられた（**potest cogitari esse aliquid**……〔（存在シナイト考エラレ得ナイ）何カガ存在スルコトハ考エラレ得ル〕）。さて、もしもその命題が舞台にとどまるならば、今や、**sic ergo vere est**……〔……ホド実ニマコトニ存在スル〕ということが証明されるべきだとしたら、その時には、そのことはただ、次の時に――すなわち、まさに、それ自体、それとして確立している信仰命題が、それに対立する命題が、（同じように啓示され、信じられたとして前提された）神の名についての命題を手段にして、不合理デアルコトが論証されるという仕方で、証明された時に――だけ、意味深い出来事でありうる。それ、この信仰命題（ただ単にまことであるだけでなく、また、仮説的にも考えのうちで除き去ることができない神の存在についてのこの信仰命題）は、まず第一に、ほかの考えの可能性と並んでの〔一つの〕考えの可能性としておおわれ、変装されて、舞台に登場させられた。そして、それ、この信仰命題は、あの対立する命題が〔舞台から〕撃退された後、積極的なものとして舞台にとどまる。この命題が〔所与として〕存在することに対する（ドノヨウニシテカトイウ最後的な理由〔ratio quomodo sit〕[18]に対する）責任を、神学者は担わなければならないことはない。知解スルコト(intelligere)は、啓示された諸命題の認識的なラチオ性〔合理性〕を、したがって、認識的な必然性を、――啓示された諸命題として、それらの〔啓示された諸〕命題に、まず第一に、すべての理解スルコトに、すべての「証明」に、先行しつつ、それ故、決して証明を通して基礎づけられることなしに、存在的なラチオ性〔合理性〕と必然性が固有であるということに基づいて――、見てとることを意味している。ただそのことだけが、神学そのものの中で、起こり得る。しかし、そのことは起こりうるのであり、そして、そのことが、ここで事実、起こったことである。

18　三一頁以下を参照せよ。

われわれは、『プロスロギオン』三章においてその高所へと従ってゆく前に、ただ、完全を期するために、もう一度、ガウニロに対するアンセルムスの弁明書に立ち向かわなければならない。アンセルムスは、そのところで、一つの箇所において、既に言及されたように、『プロスロギオン』二章の単純な証明を、そのまま繰り返した。[19] それに対して、彼は、一連の箇所全体において――それはどこに、また何に対して、彼が興味をもったかということのさらにひき続いての証明である――、反対者に対して、『プロスロギオン』三章の、精密化された証明の新しい異なった形〔異文〕を提供した。われわれは、次のこと――(一)『プロスロギオン』三章の決定的な考えは、あのところで与えられた形に拘束されておらず、むしろ、変化し得るものであるということ、(二)これらの箇所においては事実、『プロスロギオン』三章の、精密化された証明の異なった形〔異文〕の表現が問題であること――を示すために、それらの異なった形の要点を手短かに繰り返すことにする。

19　C. Gaun. 2, I 132, 22ff.

一　「ガウニロニ反対シテ」(C. Gaun.)[20] 九章。われわれは、この最後の箇所でもって始めることにする。なぜならば、われわれは、ここでなお、この考えが『プロスロギオン』三章そのものにおいてもっている形と最も近いところにいるからである。もう一度、考えられた「より偉大なもの」が考えられた「より小さなもの」と比較される。ここでもまた、神の名から、神は「より小さなもの」と同一であり得ないということが導き出される。ここでもまた、最後に、(前もって与えられた信仰命題に基づいて)次のこと――神は、「より小さなもの」であり得ないがゆえに、「より偉大なもの」であるということ――が結論づけられる。『プロスロギオン』三章の根本形式との区別は、次のこと――ヨリ偉大ナルモノはここでは、存在シナイコトガ不可能ナモノとして定義され、その結果また、結論は、「彼(スナワチ、ソレヨリモ偉大ナモノガ考エラレ得ナイモノ、ヲ考エテイル者)ノ考エテイルモノガ存在スルコトハ必然的デアル」、と述べているということ――から成り立っている。この区別においては、明らかに、〔一つの〕短縮が問題である。ラチオ性〔合理性〕に代わって、直ちに必然性が指名される。その際、どうしても次のこと――証明は、神を存在しないとして考えることが不可能であることの証示から成り立っているということ――は明らかである。

20　「マタ存在シナイコトガ不可能ナモノヲ、同ジヨウニ考エ、理解シ得ルコトハ明ラカデアル。シカシ、コノヨウナモノヲ考エル者ハ、存在シナイコトガ可能ナモノヲ考エル者ヨリモ、ヨリ偉大ナモノヲ考エテイル。ソレユエ、ソレヨリ偉大ナモノガ考エラレ得ナイモノ、ヲ考エル時、存在シナイコトガ可能ナモノヲ考エテイルナラ、ソレヨリ偉大ナモノガ考エラレ得ナイモノ、ヲ考エテイルノデハナイ。シカシ、同一物ヲ同時ニ考エマタ考エナイコトハ不可能デアル。ソコデ、ソレヨリ偉大ナモノガ考エラレ得ナイモノ、ヲ考エル者ハ、存在シナイコトガ可能ナモノヲ考エテハオラズ、存在シナイコトガ不可能ナモノヲ考エテイル。ソレユエ、存在シナイコトガ可能ナモノハ、ドノヨウナモノモ、彼ノ考エテイルモノデハナイカラ、彼ノ考エテイルモノガ存在スルコトハ必然的ナコトデアル」(I 138, 19ff.)。

二　「ガウニロニ反対シテ」(C. Gaun.)――(21)。ここでアンセルムスは、ガウニロの島のたとえ(Inselgleichnis)に対して答えている。ソレヨリ偉大ナモノガ考エラレ得ナイ何カということでもって表示されたものは、次の理由で――すなわち、それが(そもそもそうだとしたら)いずれにしても、真理そのものの理性性の力によって(したがって、また〔真理そのものの〕根拠をもって)存在するが故に――、存在しないとして考えられることはできない。もしもそれ〔ソレヨリ偉大ナモノガ考エラレ得ナイ何カでもって表示されたもの〕がそのような仕方で存在しないとしたら、それはそもそも存在しないであろう。島のたとえは、その際、次のこと――ただ神の存在だけが、(したがって、あの島の存在についてはそのことは言えないのだが)、アンセルムスが証明したような仕方で証明されることができるということ――が看過されているがゆえに、馬鹿げたことである。さて、今、このように議論される。神の存在を否定するところの者、その者は、自分に対して、彼は本当に、ソレヨリ偉大ナモノガ考エラレ得ナイ何カと呼ばれるもののことを考えているかと問わせなければならない、と。もしも彼がこのもののことを考えていないなら、その時、明らかに彼はまたそのものの存在を否定しているのではない。彼がこのもののことを考えているならば、彼は、〔そのものの〕存在が否定し得ないもののことを考えている。なぜならば、もしもそのものの存在が否定しうるものであるならば、その者は有限なものとして考えられ得るものでなければならないであろう。しかし、そのものは有限なものとして考えられ得ない。ソレヨリ偉大ナモノガ考エラレ得ナイ何カと呼ばれるもののことを考えるところの者、その者は、いずれの場合でも、有限なもののことを考えておらず、むしろ、あの、真理ノ根拠《ラチオ》ニヨッテ (ratione veritatis)〔存在する〕、したがって、有限なもろもろのものの仕方でではなく、存在するもののことを考えている。したがって、そのもののことを考える者は、〔そのものの〕存在が否定され得ないもののことを考える。したがって、ソレヨリ偉大ナモノガ考エラレ得ナイ何カと呼ばれるものの存在は否定されることができない、と。――われわれは、またここでも、直ちに、『プロスロギオン』三章の証明の核心を認識する。すなわち、神は、その名によって語られた禁止命令を通して、すべてのもの――存在しないとして考えられうるすべてのもの――とは根本的に異なっている、と。次のこと――人は、たとえ人がそのものの存在を否定するとしても、まさにそのものを、したがって、この、それの区別〔された姿〕の中でのそのものを、無限なものとして考え、したがって、そのものを存在するとして考えなければならないということ――、そのことを、証明は、もちろん、生じさせ、手に入れることはできない。証明は、ただ、このことを証明することができ、証明しようと欲するだけである。人がまことにそのもののことを考える時には、人はそのもののことを、必然的に存在するとして考える――そのものが存在しないとして考えられることができないような仕方で存在するとして考える――、と。――神の無限性を思い出させる想起と共に、神の本質についての〔もろもろの〕啓示命題のうちの一つが触れられる。しかし、神は無限であるということが、神は存在するということを証明するのではない。そうではなくて、神は無限であるということ、そのことは、神は（もしも神が存在する時には）、無限でないものとは違った仕方で存在するということ、換言すれば、その存在が否定され得るような仕方で存在するのではないということを、証明する。神は存在するということ、この積極的な結論は、神の本質についての、ここで手もとにひきよせられた命題から続いてこず、むしろ、その結論は、ソレヨリ偉大ナモノガ考エラレ得ナイ何カと呼ばれるものが考えられるところで、またそれ故、また、そのものの存在が信仰命題であるところで、そのまま残るのである。

21　「シカシ、ソレヨリ偉大ナモノガ考エラレ得ナイモノハ、コノヨウニ確実ナ真実性ヲモッテ存在シテイルノダカラ、存在シナイコトガ考エラレ得ナイコトハスデニ明ラカデアル。ソウデナイナラバ、ソレハ全然存在シナイデアロウ。最後ニ、モシソレガ存在シナイト自分ハ考エルト言ウ者ガイタノナラ、コノコトヲ考エル時、彼ハ、ソレヨリ偉大ナモノガ考エラレ得ナイモノヲ考エテイルカ、考エテイナイカノドチラカデアル。モシ考エテイナイナラ、考エテイナイモノノコトヲ存在シナイトハ考エテイナイ。シカシ、モシ考エテイルナラ、存在シナイトハ考エラレ得ナイ何カヲ考エテイル。ソモソモ、ソレガ存在シナイト考エラレ得ルナラ、ソレハ始メト終リヲ持ツモノト考エラレ得ルダロウ。シカシ、ソウデハアリ得ナイ。ソレユエ、ソレヲ考エル者ハ存在シナイト考エラレ得ナイ何カヲ考エテイル。事実、コレヲ考エテイル者ハ、ソレガ存在シナイトハ考エテイナイ。ソウデナイナラバ、考エラレ得ナイモノヲ考エテイルコトニナル。ソレユエ、ソレヨリ偉大ナモノガ考エラレ得ナイモノガ存在シナイトハ考エラレ得ナイ」(I 133, 10ff.)。

三　「ガウニロニ反対シテ」一章において、（そこでアンセルムスは証明を相前後して次々に、三つの違った形で、なしているが、そのところで）われわれに、まず第一に、たった今**二**のところで描写された形をひっくり返した形が、出会う[22]。ソレヨリ偉大ナモノガ考エラレ得ナイ何カと呼ばれるものは、存在するとして考えられることができる、と。しかし、人は、その時、誰のことを考えたのか。〔ひとりの〕無限な仕方で存在するもののことである。〔そのものの〕存在が否定しうるであろう〔一つの〕ものは、有限なものとして考えられなければならないであろう。さて、もしも、ソレヨリ偉大ナモノガ考エラレ得ナイ何カと呼ばれるものが、有限なものとして考えられ得ないとしたら、その時、そのものは必然的に存在しなければならない。すなわち、その時、そのものは必然的に存在するとして考えられなければならない。——適用された「短縮」(Abkürzung) について、**一**のところで語られたのと同じことが語られなければならない。神の無限性を〔手もとに〕引きよせること (Heranziehung) について、**二**のところで語られたのと同じことが、語られなければならない。それに加えてさらに、われわれは再び、根本形式を——すなわち、神の存在〔すること〕を、すべてのそのほかのものの存在〔すること〕から分離することを——理解する。それから推論されることはこうである。この存在することは、すべてのそのほかのものが存在することと違って、否定されることができない。結論、（積極的な信仰命題はそのまま残る）神は必然的[22]に存在する、と。

22　「モシモソレガ存在スルト考エ〔得〕ラレルトシタラ、ソレハ必然的ニ存在スル。ソモソモ、『ソレヨリ偉大ナモノガ考エラレ得ナイモノ』ハ、始メノナイモノトシテシカ存在スルトハ考エラレ得ナイ。シカシ、存在スルト考エラレ得テモ存在シナイモノハスベテ、存在スルナラ始メヲ持ッテ存在スルト考エラレ得ルモノデアル。ソレユエ、『ソレヨリ偉大ナモノガ考エラレ得ナイモノ』ハ、存在スルコトガ考エラレ得テモ存在シテイナイノデハナイ。ソコデ、存在スルコトガ考エラレ得ルナラ、必然的ニ存在スル」（I 131, 1ff.）。

四　「ガウニロニ反対シテ」一章の第二の箇所で[23]、アンセルムスは、次の前提——少なくとも、ソレヨリ偉大ナモノガ考エラレ得ナイモノという名の中で語られた考えそのものは、（その名の担い手の存在を肯定しつつであれ、否定しつつであれ）考えられ得るものであるという前提——から出発する。さて、誰かが、その〔名の担い手の〕存在を否定する、あるいは疑うと仮定して、しかし彼はどうしても次のこと——そのように呼ばれるものが、その名に相応しつつ存在するならば、その時、そのものは存在しなければならず、しかも、われわれの理解にとっても（理解ノウチニモ）、存在的・客観的にも**(ontisch-objektiv)**（現実ノウチニモ）、存在しなければならないということを否定したり、疑うことはできないであろう。そのものの名は次のこと——そのものを、ただ単に事実、存在する、あるいは存在するとして理解されたもろもろのものの間に入れ〔て数え〕ること——を禁じる。ただ単に考えられ得るだけであり、しかし、現実には存在しないものは、いかなる場合にも存在しなければならないことはない。たとえそれが存在する時にも、それは明らかに存在することも、あるいは存在しないことでもできるであろう。存在するとして、あるいはまた、存在しないとして、理解されることができるであろう。それは、せいぜいのところ、事実、存在し、また、存在するとして理解されるものであるであろう。したがって、「……ならば、その時、……である〔という〕命題」**(Wenn-dann-Satz)**は、ただ単に考えられ得るだけであり、しかし現実には存在しないものに対し適用されることはできず、むしろまさにただ、考えられ得、また、現実に存在するもの——そのものについて、それから同時に、神について事実、語られることが語られているところのもの、すなわち、それは存在しないことはありえず、また存在しないとして考えられることができないと語られているところのもの――に対してだけ、適用されうる。――それはまことに〔内容豊かに〕複雑な、しかし、この事柄において、アンセルムスの考え〔ること〕と意志にとって、きわめて特徴的な形成物である。そのようなわけで、まず第一に、神の一般的な存在(『プロスロギオン』二章の意味で)を問う問いがはっきりと言葉に出して、未決なままにしておかれる。ただ、神の名だけが、考エラレ得ル **(cogitari potest)** という前提をもって、舞台に現われている。それから、この神の名は、どうしても次のような承認――そのように呼ばれるところのものは、それが(『プロスロギオン』二章の意味で)存在する時には、必然的に(『プロスロギオン』三章の意味で)存在するという承認――を強いる。それから、このものは、次の確認――単に考えられただけのものは、それが(『プロスロギオン』二章の意味で)存在する時でも、必然的に存在するわけではないであろうという確認――を通して、〔仮定から〕解かれる。そして、それから、(人は、導き渡す中間の命題に対して感謝したであろう)、したがって、神は(ただ単に考えられただけの存在ではなく、むしろ、『プロスロギオン』二章の意味で存在する、しかも)必然的に存在するものである、と結論づけられる。したがって、そこでの(実際に起こった)経過は、まず第一に、『プロスロギオン』三章の問いが仮説的に答えられ、それから、この仮説的な答えを手がかりにして、『プロスロギオン』二章の問いが、それに基づいて、『プロスロギオン』三章の問いが、〔それぞれ〕無条件的に **(kategorisch)** 答えられるということである。

23　「サラニ言イタイコトガアル。実際ニ、モシ考エ得サエシタラ、ソレハ必然的ニ存在スル。ナゼナラ、ソレヨリ偉大ナモノガ考エラレ得ナイアルモノ、ガ存在スルコトヲ否定シ、アルイハ疑ウ者デモ、モシソレガ存在スルトシタナラ、現実ノウチニモ理解ノウチニモソレノ存在シナイコトハ不可能デアロウコトハ、否定モ疑イモシナイカラデアル。モシソウデ　ナケレバ、ソレハ、ソレヨリ偉大ナモノガ考エラレ得ナイモノ、デハナイデアロウ。シカシ、存在スルコトガ考エラレ得テモ存在シナイモノハ、モシ存在スルトシテモ、スベテ現実ノウチカ理解ノウチニ存在シナイコトガ可能デアロウ。ソコデ、モシ考エラレ得サエシタナラ、『ソレヨリ偉大ナモノガ考エ得ラレナイモノ』ハ、存在シナイコトハ不可能デアル」**(I 131, 6ff.)**。

五　さて、アンセルムスは、「ガウニロニ反対シテ」一章の三番目の箇所において、(24) さらにもう一歩前進する。『プロスロギオン』二章の問いは、ただ単に未決なものとしてだけでなく、ただ次の可能性——あの名の考え〔思想〕の内容を考える可能性——のほかは、否定されたとして前提される。今や再び、類似の内容をもつ、「もし……であるなら、その時、……である」〔式の〕二つの命題 (Wenn-Dann Sätze) が、しかし、前に語られた形におけるのとは逆の順序で、現われる。もしただ単に考え得るだけであって、現実には存在しないものがあるなら、その時、それはそのようなものとして（明らかに存在しているが、しかし、どうしても必然的に存在しているわけではないものとして）、神と同一ではないであろう。したがって、もしも神がそのような、ただ単に考え得られるだけであって、現実には存在しないものとしてそこにあるならば、神は自分自身と同一ではないであろう。したがって、あの前提は馬鹿げたものである。したがって、人は、あの名の考え〔思想〕の内容を考えつつ、ただ、その〔名の〕担い手の存在を前提することができるだけである。——したがって、神の名は、神の存在が、たとえ否定された〔存在〕としても、（そして、それと共に、それから、付随的にまた、神の存在の否定を不可能にするのであるが）、単に事実的な存在としてでなく、むしろただ必然的な存在として考えられることができるだけであるということを強いる。

24　「シカシ、タトエ考エラレ得ルトシテモ、存在シナイト仮定シテミヨウ。考エラレ得ルガ存在シテイナイモノハイズレモ、タトエ存在スルトシテモ、ソレヨリ偉大ナモノガ考エラレ得ナイモノ、デハナイデアロウ。ソコデ、モシソレガ、ソレヨリ偉大ナモノガ考エラレ得ナイモノ、デアッタトシテモ、ソレヨリ偉大ナモノガ考エラレ得ナイモノ、デハナイデアロウ。コレハ全ク不条理ナコトデアル。ソレユエ、モシ少ナクトモ考エラレ得ルナラ、ソレヨリ偉大ナモノガ考エラレ得ナイアルモノ、ガ存在シナイトイウコトハ誤リデアル」**(I 131, 12ff.)**。

六　同一の材料を用いて、「ガウニロニ反対シテ」五章で(25)作業がなされる。ここでもまた、前提は、一方において神の非存在〔存在しないこと〕、他方において、神の名が考えられ得るものであること **(Denkbarkeit)** である。前者から、神の非存在の可能性が、後者から、神の非存在が考えられ得るものであることが、続いてくるであろう。

しかし、存在しないとして考えられ得るものは、たとえそれが存在するとしても、ソレヨリモ偉大ナモノガ考エラレ得ナイモノという名の正当な担い手ではない。そして、もしもそれが存在し(ist)ないならば、たとえそれが存在するとしても(wäre)、この名の正当な担い手ではないであろう。(それの傍らに、それと並んで、より偉大なるものが、存在しないとして考えられ得ないものが、存在する、あるいは存在するであろう。)この不可能性——そのものを、神の名の正当な担い手として理解することができないこの不可能性——は、存在しないとして考えられ得るひとつひとつのものをすべて、神とは異なったものとして特色づける。したがって、神は、存在しないとして考えられるものであるためには、自分自身と異なったものでなければならないことになるであろう。したがって、神は、存在しないとして考えられ得るものではありえない。神が存在しないこと〔非存在〕が考えられないことと共に、それからまた、神が存在しないことの可能性が、そしてそれと共に、付随的に、神が存在しないことの、前提された実在が、消失する。

25　「存在シナイモノハ存在シナイコトガ可能デアリ、マタ存在シナイコトガ可能ナモノハ存在シナイト考エラレ得ルカラデアル。シカシ、存在シナイト考エラレ得ルモノハスベテ、モシソレガ存在シテイルナラ、ソレヨリ偉大ナモノガ考エラレ得ナイモノ、デハナイ。モシソレガカリニ存在シテイナイナラ、存在シテイタト仮定シテモ、ソレハ、ソレヨリ偉大ナモノガ考エラレ得ナイモノ、デハナカッタデアロウ。シカシ、モシ、ソレヨリ偉大ナモノガ考エラレ得ナイモノ、ガ存在スルナラ、ソレヨリ偉大ナモノガ考エラレ得ナイモノデハナイトハ言エナイ。アルイハ、モシ存在シテイタナラ、ソレヨリ偉大ナモノガ考エラレ得ナイモノ、デハナカッタデアロウトハ言エナイ。ソレユエ、明ラカニソレハ存在シナイトイウコトハナク、マタ存在シナイコトハ可能デハナク、アルイハ存在シナイト考エラレ得ナイ。ソウデナイトナルト、存在シテイルトシテモ、ソレハ言ワレタトオリノモノデハナク、マタ、存在シテイタナラ、言ワレタトオリノモノデハナカッタコトニナルカラデアル」(I 135, 31–135, 7)。

これら六つの変形(Varianten)すべてにおいて、(『プロスロギオン』三章と一致して)、証明の対象は、神が、神と異なる〔もろもろの〕ものと共通にもつ存在ではなく、あの特有な、いや、独一無比な、いや、最後的に唯一の、まことの存在——あの一般的な存在を越えて、ただ神にのみ属している唯一の、まことの存在、真理ノ根拠《ラチオ》ニヨッテ存在する起源的な存在であるがゆえに、徹頭徹尾必然的な存在――である。その際、付随的に、四―六の形で、あの一般的な、神の存在への〔帰納的〕推論が、したがって、『プロスロギオン』二章の証明の強化が、結果として生じる。しかし、それはただ、付随的にだけである。アンセルムスがまた、四―六の形においても、主として、決定的に、「存在シナイト考エラレルコトハデキナイ」に興味をもったということには、何の疑いもありえまい。証明は、（再び、『プロスロギオン』三章と一致しつつ）、これら六つの形すべてにおいて、次の証示**(Aufweis)**――人は、ソレヨリモ偉大ナモノガ考エラレ得ナイモノと称するものを、ほかの〔もろもろの〕ものが存在するとして考え得られるような具合に存在するとして、考えることができないという証示、したがって、また、その非存在が考えられるような仕方で存在するとして考えることができないという証示――から、成り立っている。そのものの名とそのものの本質は、そのことを排除する。このことが証示されることによって、積極的な命題――神は、それが存在しないことが考えられ得ないほどにまことに存在するという積極的な命題――への場が開かれ、自由とされる。この命題そのものは証明されていない。この命題は、むしろ、『プロスロギオン』二章の一般的な命題、「神は存在する」と同様、信仰命題として自分自身の上に立っている。その命題が証明を通して、その都度、正確に到達されるということ、その反対命題が、証明を通して、すなわち、神の啓示された名と本質の解釈を通して、その都度、正確に排除されるということ、そのことが、証明とその〔もろもろの〕変形の業績であり、そのことが、アンセルムスのプログラムに対応する、神の存在の知解スルコトである。

*

Et hoc es tu, Domine Deus noster. Sic ergo vere es, Domine Deus meus, ut nec cogitari possis non esse; et merito. Si enim aliqua mens posset cogitare aliquid melius te, ascenderet creatura super Creatorum et iudicaret de Creatore, quod valde est absurdum.(I 103, 3ff.)

「ソシテ、コレコソ、主、私タチノ神ヨ、アナタデス。主、私ノ神ヨ、アナタハコノヨウニマコトニ存在シ、存在シナイコトハ考エラレ得マセン。ソシテ、ソレハ当然ノコトデス。ナゼナラ、アル精神ガアナタヨリヨイ何カヲ考エ得ルナラ、被造物ガ創造者ヨリモ優位ニ立チ、創造者ヲ審クコトニナリ、コレハ甚ダ愚カシイコトダカラデス」。

われわれは、自分たちの前に一つのテキスト――それを理解するか理解しないかに照らして、おそらく、アンセルムスのすべての読者にとって、全体を理解するかしないかが決定される一つのテキスト――をもっている。本章は、すぐ前の文章でもって閉じられることもできたであろう。なぜならば、証明そのものは、あの文章でもって完成されているからである。しかし、本章はそこで閉じられていない。そして、そのことによく注意しない者、アンセルムスが今つけ加えるところのものを、少なくとも証明そのものと同じように真剣にうけとらない者、その者は、また証明そのものをも誤解せざるを得ないのである。アンセルムスは、ここでまず第一に、再び神への呼掛けへと移って行く。したがって、神学的な探究の言葉から祈りの言葉へと移って行く。あるいは、むしろ、彼は新しく(26)次のこと――神学的探究全体は、祈りの中でくわだてられ、実行されるものとして理解されることを欲しているということ――を明らかにする。祈りの中で、そしてそのことは、いずれにしても、その神学的探究の対象の、それ〔対象〕の現臨の、(彼の探求の進行と成功にとっての)それ〔対象〕の標準性の、考え得られる最も積極的な前提のもとで、ということを意味している。しかし、この、祈りの中で呼びかけられ、そのようにして探究される「対象」は、主、私タチノ神＝主、私ノ神、神――教会の主であり、そのような方として探究する神学者の神である神――であり、この二重の関係の中で、主、〔そのものに対して〕ただ、祈りの中で呼びかける服従だけが可能である主、である。神学は祈りの中で呼びかける服従である。アンセルムスは彼のワレ知解センガタメタメニ信ジル (credo ut intelligam) を、この態度――その中で彼が探究し、そこからして彼は明らかにまた、彼の探究の進行と成功 (Ertrag) が理解されることを欲している態度――を明らかにすることでもって解釈するよりも、もっと明瞭に解釈することができたであろうか。彼の探究は、また形式的にも、すべての疑い、しかしまたすべての「哲学的な疑い」の欠如(Mangel)を通して、すべての心配の、しかしまた弁証論的心配の、注目をひく顕著な欠如を通して、それと関連して、同様に顕著な知的な冷静さを通して、ぬきん出ている。神学が、それが彼にとって現にあるところのものであるなら、すなわち、その対象、「主」、によって下される決断の肯定、「主」の自己伝達〔自己啓示〕を知識として受け取り、承認することであるなら、事情はそれと別様でありうるであろうか。確かに、ここで明らかにされるアンセルムスの態度は、われわれにとって、彼が受け取った啓示に基づいて考えているということの証明ではない。しかし、この態度は確かにわれわれにとって、次のこと――彼がそのように考えようと意図しており、そのように考える者として理解されることを欲しているということ――の証明である。彼の議論を先天主義的哲学説(aprioristisches Philosophem)として解釈する者は、いずれにしても、アンセルムス自身をすべての形で自分に反対する者としてもつ。人は、彼をそのように解釈するためには、アンセルムス自身が語ったことを暗黙のうちに変え、不当に短縮させなければならない。ちょうど特に、アンセルムスの批評家たちが――マルムティエのガウニロから始まって――、われわれの箇所について、またそれに続くすべてについて、賢こすぎる仕方で何の注意も払わなかったように。アンセルムスと共に、アンセルムス自身の意味で、人は彼の証明をただ、彼の探究の前提をいっしょになってたてる時にだけ、解釈することができる。それはすなわち、彼の探究の対象は、探究者に対して、「それ」(Es)としてではなく、また「彼」(Er)としてでさえなく、むしろ、汝(Du)として、しかも主である汝として、直接、相対して立つということである。「そして、これこそ、あなたです」。「これこそ」は、ソレヨリ偉大ナモノガ考エラレ得ナイ何カを指している。確かに次のことは、『プロスロギオン』二章の初めのところでなされた前提であった。それはすなわち、「アナタが、ソレヨリ偉大ナモノが考エラレ得ナイ何カデアルコトヲ、私タチハ信ジテイマス」ということである。この前提は、今、探究の終りのところで、もう一度思い出させられる。それは何かあるものについてではなく、むしろ、私たちが信じている主なる神について、――なぜならば、その方はご自身を啓示されたのであるから、その方はわれわれに対して、主なる神として直接、相対して立っているのであるから――、その方について、彼は存在するということ、その方が存在するように、「まことに」(in Wahrheit)、換言すれば、まさに「それが存在しないことが考えられ得ないほどにまことに」存在するということ、が証明されたのである。その方、教会的な考える〔思惟する〕者に相対して直接現臨し、彼によって祈りの中で呼びかけられる者、その方は、それの存在がただ単にそれ自体確実だとして考えられ得るだけでなく、その方に相対してはまた考えも自由ではなく、また、――その方が、「それより偉大なるものが考えられ得ないもの」であることが確かである限り、――それが存在しないという考えを不可能にする方、である。しかし、この、その一般的な、また特別な形態での証明にとって決定的な等置は妥当するのであろうか。神は、まことにこの名をもち給うのであろうか。神のことを考える者は、実際、この名の中で語られている禁止命令のことを考えなければならないのであろうか。アンセルムスは、今や後から、――神学的にそのことが適当であるように――、また、全体のこの基礎づけを基礎づける。また、『プロスロギオン』二章の初めにある、あの私タチハ信ジテイルに、私タチハ知解スルが対応しているのである。人は、神はまさにソレヨリ偉大ナモノガ考エラレ得ナイモノと呼ばれるということを、どこからして知るのか。人はそのことを、神はご自身をあのように啓示されたがゆえに、人は神を、神がご自身を啓示されたように信じるがゆえに、知る。しかし、この知〔ること〕は次のように説明される。人はそれを、人が啓示と信仰に基づいて、人は、神の前に立ちつつ、何かある一つのものとして何かある一つの他のものの前に立つのでなく、被造物としてその創造者の前に立つということを知るがゆえに、知る、と。そのようなもの〔創造者の前に立つ被造物〕として、この向かい合いからして、人は、有無を言わせずこの神の名を聞き、また、人は、有無を言わせず、その〔神の〕名の中で語られている禁止命令を聞く。どの限りであるか〔どのような事情のもとでであるか〕。被造物が全くその創造者の下に立ち、また下に立ちつづけ、したがって、また、彼の考え〔ること〕の中でも何ものも創造者の上におくことができない限り、そうである。彼は、その存在と共にまた、（存在、存在の〔もろもろの〕価値、存在の〔もろもろの〕秩序についての）彼の考えをも、徹頭徹尾、創造者からしてもつ。彼の考えは、それが創造者ご自身の中でまことである限りまことでありうるのであって、それ以外の仕方でまことであることはできない。創造者よりも「よりよいもの」のことを考えることは、被造物にとっては、次のこと――そこに被造物は本質からして立つことができない場所によじのぼること（ascendere）、（被造物が本質からしてもつことができない）真理と価値の標準を手がかりにして、判断すること(indicare)――を意味するであろう。したがって、創造者より偉大なものを考えることは、馬鹿げたこと、――物体的〔肉体的〕な馬鹿げたことではないが、しかし、大いなる論理的・道徳的な、それ故また、禁じられた、馬鹿げたこと――を意味するであろう。創造者それ自身は、被造物そのものにとって、徹頭徹尾、ソレヨリ偉大ナモノガ考エラレ得ナイ何カである。被造物がこの神の名と、その〔神の名の〕中で語られた禁止命令を、聞かないなら、その時、そのことはただ、被告物は創造者をそのような方として、また自分自身を被造物として、まだ理解していなかったということを意味することができるだけである。信仰の中で被造物は創造者と自分自身を、この関係の中で理解したのであり、それ故、神の名を、それ故また、それより偉大なものを考えることを禁じる禁止命令を、聞いたのである。(27) そのようなわけで、ソレヨリ偉大ナモノハ考エラレ得ナイ何カと呼ばれる方は、存在しないことがあり得ないということを証明したアンセルムスは、潔白な良心をもって、神は存在しないことはあり得ないことを自分は証明したと言うことができる。

26　『プロスロギオン』二章の初めにある〔いくつかの〕命題を参照せよ。

27　われわれはここで、なお、トマス・アクィナスが『プロロスギオン』三章の証明に対してあげた二つの異議の申し立てを〔そのまま〕書き添えることにする。最初の異議の申し立て(Sent. Lib. I Dist. III Qu. I, Art. 1 ad 4, Daniels, S. 65)は、アンセルムスの解釈として現われてくる。「アンセルムスノ論法ハ、コノヨウニ理解サレナケレバナラナイ。スナワチ、ワレワレガ神ヲ知ッタ後デモ、ソレガ神デアル〔神ハ存在スル〕トハ知ラレ得ナイシ、ソレハ神デハナイ〔神ハ存在シナイ〕ト考エラレルコトモデキル。シカシナガラ、コノコトカラ直チニ誰カガ、ソレヲ否定シタリ、神ハ存在シナイト考エルコトガデキナイトイウコトニハナラナイ。コノ種ノイカナルモノモ、ソレヨリ偉大ナモノハ考エラレ得ナイモノ、デハナイト考エルコトガデキルカラデアル。シタガッテ、彼ノ論法ハ、ソレヨリ偉大ナモノハ考エラレ得ナイ何カアルモノ、ガ存在スルコトヲ想定スル仮定カラ出発シテイルノデアル」。この解釈〔説明〕は、可能な限り最大限に非アンセルムス的であり、ただ〔批判的〕非難(Kritik)としてだけ評価されるべきである。この〔批判的〕非難そのものに対しては次のことが言われるべきである。神は存在しないと考えられ得ないという洞察は、アンセルムスにおいては決して、先行する神ヲ理解

スルコト (intelligere Deum) から続いてくるのでなく、むしろ、「神は、ソレヨリモ偉大ナルモノハ考エラレ得ナイモノである」という信仰命題から——ちょうどこの信仰命題を見てとる洞察が、それの側として、「神は創造者である」という信仰命題から続いてくるように——続いてくる、と。ソレヨリ偉大ナモノガ考エラレ得ナイ何カ〔ということ〕は、アンセルムスにおいては、決して仮定〔推測〕(supPositio) ではなく、むしろ啓示——それなしには、いかなる神学も存在しない啓示——であり、この場合には、まさに、神の名と、その名によって語られている禁止命令の啓示である。この禁止命令を、人は確かに無視し、ふみにじることが「できる」。したがって、人は、コノ種ノイカナルモノモ、ソレヨリ偉大ナモノハ考エラレ得ナイモノ、デハナイト考エルコトガ「できる」。アンセルムスが、人はそのことを考えることができないと言う時、彼はそのことを、神のみ前で、したがって、禁止命令を無視し、ふみにじることができない者として、語っている。この「できない」は、トマスの〔批判的〕非難の中では残念ながら何ら考慮に入れられないままに留まったのである。第二の、いまやおおっぴらにそのようなものとして定式的に表現された異議の申し立て (S.C. gent. I 11) はこう述べている。「モシモ〔神ガ〕存在シナイト考エラレ得ルノナラ、神ヨリ偉大ナ何カガ考エラレルノハ至当デハナイ。ナゼナラ、〔神ガ〕存在シナイト考エラレ得ル理由ハ、神ノ存在〔本質〕ノ不完全サヤ、不確実サニヨルノデハナク——、ナゼナラ、神ノ存在ハソレ自体デ極メテ明白デアルカラ——、ムシロ、自分自身デハ神(eum)ヲ観省スルコトガデキズ、神ノ働キカケデ始メテソレガ可能ニナルワレワレノ弱イ知性ニヨルカラデアル」。人は、ここで開かれてくる二つの世界の対立に気づくようになるために、トマスのこれらの言葉と『プロスロギオン』三章の結論の言葉とを比較してみよ。アンセルムスが啓示と信仰について語っているところで、トマスは、自分自身で神ヲ観省スルコトの可能性を否定する。それ故に、アンセルムスにとって、神的棄却の背景のもとで愚カサ (stultitia) と愚鈍 (insipientia) が働いているところ、アンセルムスが、神が、被造物が創造者の上に立つことによって侮辱されるのを見るところ (C. D. h. I 15, II 72, 29ff. を比較せよ)、そこでトマスにとっては、被造物的な不完全さ——それが存在していることについて、トマスは、一方においてゴ自身ニヨル (secundum se) 神の犯すべからざる顕示への想起でもって、他方において、神ノ働キカケニヨッテ神ヲ観想スルコトへの指し示しでもって、自分を慰める術《すべ》を知っている被造物的な不完全さ——が問題である。

Et quidem quidquid est aliud praeter te solum, potest cogitari non esse. Solus igitur verissime omnium et ideo maxime omnium habes esse: quia quidquid aliud est, non sic vere, et idcirco minus habet esse. (I 103, 6ff.)

「ソシテ、確カニアナタノミハ別トシテ、ホカノ何モノモ存在シナイト考エラレ得マス。ソコデ、アナタノミガスベテノモノノウチデ最モ真実ニ、ソレユエ、スベテノモノノウチデ最大ニ存在ヲ持ッテオラレマス[28]。ケダシ、ホカノモノハ何デモソノヨウニマコトニ存在セズ、ソレユエ、ヨリ少ナク存在ヲ持ッテカラデス」。

アンセルムスは、神は存在しないことはあり得ないということを証明した。しかし、そのことは、彼は、ただ神についてしか証明され得ないところのことを証明したということを意味している。まさにそれだからこそ、『プロスロギオン』の精密なものとなった証明こそが初めて、アンセルムスが語ろうと欲した決定的なことであったのであって、『プロスロギオン』二章の一般的な証明が、決定的なことではなかったのである。彼〔アンセルムス〕は、もちろん、『プロスロギオン』二章において、また、神はそもそも存在すること、すなわち、ただ単に考えられた実在をもつだけでなく、また対象的な(gegenständlich)実在をもつということを証明した。しかし、もしも人が、この証明が、彼が言おうとしたことの実体を形造っていたと受け取ることができるとしたら、何と彼を誤解していたことであろう。もしも神がただ、そもそも、すべてのそのほかのものが存在するような仕方で、存在するだけだとしたら、その時、神は、確かに、神でないだけでなく、むしろ、アンセルムスのはっきりと言葉に出しての説明によれば[29]、神は――ご自身を創造されず、したがって、神は、〔もろもろの〕被造物に賦与された存在そのものをもたないのであるから――、そもそも存在しないことになるであろう。神の存在がすべてのそのほかのものの存在と共通にもっているところのもの、それは、もちろん、ただ、対象的な実在そのものである。さて、しかし、神のほかのすべてのものの対象的な実在は、次のようなもの――また存在しないとして考えられることができるもの、いや、ある特定の意味では、存在しないとして考えられなければならないもの――である。詳しく言うならば、神のほかのすべてのものの存在が神の存在を通して条件づけられており、神の存在からして与えられた存在である限り、〔存在しないとして考えられることができるもの、いや、ある特定の意味では、存在しないとして考えられなければならないものである〕。神が存在するがゆえに、そもそも存在がある。神の存在と共に、神とは異なったものの存在は、立ちもすれば、倒れもする。ただ愚か者たちとその神学的および哲学的な弁護者たちだけが、すなわち、ガウニロの一派の者たちだけが、そもそも存在の尺度が神の存在の尺度であると考えることができ、したがって、そもそも『プロスロギオン』二章の弁証法の中に身をひそませ続けることができる、あるいは、少なくとも、『プロスロギオン』三章を『プロスロギオン』二章によって条件づけられているとみなすことができる。むしろ、事実は、すべてのことがまさにそれと逆であるところで、――すなわち、神の存在が、そもそも存在の尺度であるところで、また、二つのアンセルムスの章のうちの一つの章が別の章を通して最後的・決定的に条件づけられているとしたら、『プロスロギオン』二章の方が『プロスロギオン』三章を通して条件づけられているのであって、決してそれと逆でないところで――、〔そのようにみなすことができる〕。神の存在は次のこと――神は存在しないと考えられることができないということ――が証明されることによって、証明される。そのように、神より偉大なものを考えてはならないという禁止命令でもって、それと共に、神が存在しないと考える考えに対して、かんぬきをさしはさみつつ――、ただ神だけが人間に相対して出会い給う。そのように、神は、そして、ただ神だけが、対象的な実在である。神がこの解消することができない、考えのうちで除き去ることができない仕方で、（その啓示された名の担い手としてそこに存在するように）存在するがゆえに、対象的な実在が、またそのようなもの〔対象的な実在〕を考える可能性が、存在するのであり、それ故に、それからまた、神を（『プロスロギオン』二章の意味で）そもそも存在するとして考える可能性が存在する。その際、結局、神のほかに存在するすべてのものは、ただ、いわば神の存在の括弧の中で存在するだけであり、したがって、またただ、神の存在の（神の、否定することができない存在の）ことを考える考えの括弧の中でだけ、存在するとして考えられることができる。したがって、この括弧を度外視して、常にまた、存在しないとして考えられることができる。ただ神だけが存在しないでいることができず、したがって、

『プロスロギオン』三章の証明の対象であることができる。それ故、彼、唯一の神が――人は、アンセルムスがこれらすべてを二人称単数で語っていることにいくら注意するとしても注意し過ぎることができず、また事情に即していくら真剣にうけとるとしても真剣にうけとりすぎることはできない――全き真理において（最モ真実ニ）、それ故、完全に（最大ニ）存在を持っている。

28　Koyré: Tout ce qui n'est pas toi.〔アナタ自身デナイモノハスベテ〕。

29　「ソレ〔ソレヨリ偉大ナモノガ考エラレ得ナイモノ〕ハ、コノヨウニ確実ナ真実性ヲモッテ存在シテイル……、ソウデナイナラバ、ソレハ全然存在シナイデアロウ」(C. Gaun. 3, I 133, 11f.)。

〔神ハ〕マコトニ存在スルと『プロスロギオン』二章で言われていた。そして、そのことは、あのところで全く一般的に、神は少なくとも、すべてのそのほかのものと同様、対象的な実在をもっているということを意味していた。「シカモ、ソレハ存在シナイト考エラレ得ナイホド実ニマコトニ存在スル」と、それから、『プロスロギオン』三章でこの命題は精密に表現された。しかし、まさにこの精密に表現しているホド実ニ(sic)は、神の存在の真理をまた、すべてのそのほかのものの存在の真理と異なった真理として表示している、「アナタハ、……最モ真実ニ……存在ヲ持ッテオラレマス」と。この最上級は（そしてわれわれは直ちに、また最大ニという最上級もつけ加えることができる）、真理と本来性――その中に神ご自身と異なるすべての存在が、まことに、本来的に存在するために身をおいていなければならない真理と本来性――を言い表わす口ごもる表現であり、括弧、その中に、『プロスロギオン』二章においてはまた、なお、神ご自身の存在も身をおいている括弧、『プロスロギオン』三章によれば、まさに解消されえない、考えの中で除き去ることができない、創造者としての神の存在と同一である括弧である。存在するものが存在する。また神も〔一つの〕存在するものである。しかし、ただ、創造者なる神だけが、解消すべからざる仕方で、考えのうちで除き去ることができない仕方で、存在するもの――その括弧の中で、それから、またほかのもろもろのもののまことの、本来的な存在が存在するもの――である。最モ真実ニ、また最大ニ、すなわち、すべての存在の標準である真理と本来性の中で、ただ神だけが存在をもつ。神、すなわち、存在しないことが考えられ得ないもの、と異なった〔もろもろの〕ものに対して、存在〔スルコト〕が、マコトニ存在スルコトさえもが、拒否されていない時、他方、……ホド実ニ存在スルコト（sic esse）、すなわち、……ホド実ニマコトニ存在スルコト（sic vere esse）、すなわち、それらのものの存在の真理と本来性とは、神から来、神のもとに立っている。それらのものはただ（単に程度の差というのでなく、原則的な）不完全さの中でだけ、神が（単に程度の差というのでなく、原則的な）完全さの中でもつところのこと、すなわち、存在、対象的な実在をもっている。あなたのように、すなわち、わたしに対して、対象に相対してのあの優位ニ立チ（ascendere）、審クコト（indicare）が不可能とされ、それであるからただ、服従か不服従だけが問題となるような仕方で、私に対し、何者も、そのほかの何ものも、出会わない。したがって、まことに——神の名についての、先行する考察の結果が確認される——神の存在は、神は存在しないと考えられ得ないということが証明されることによって証明されたのである。

　Cur itaque《dixit insipiens in corde suo: non est Deus》, cum tam in promptu sit rationali menti te maxime omnium esse? Cur, nisi quia stultus et insipiens? (I 103, 9ff.)

「ソレデハ、アナタガスベテノモノノウチデ最大ニ存在スルコトハ、理性的精神ニトッテコレホド判然トシテイルノニ、ナゼ『愚カ者ハ心ノウチデ神ハ存在シナイ』ト言ッタノデスカ。愚鈍デ愚カ者ダトイウコトノホカニ理由ハアルノデスカ」。

　アンセルムスは、彼の探究の出発点に戻る。神の存在に関して、そこでの事柄の限界の内部で、知解する者として〔そこに〕立っている信仰者と並んで、なお常に、丸太（Holzblock）のように何も触れられず心を動かされずに、神ハ存在シナイと言うところの愚カ者が立っている。ソノヨウナアル本性ハ存在スル（Est aliqua talis natura）[30]という命題の事柄的・内的必然性は提示された。しかし、その命題を、問いとしてではなく積極的な言明としてうけとらなければならない事実的な必然性は、そのことによっては与えられていない。この提示が、厳格にそれ自身の中で閉じられた円（Kreis）であったにもかかわらず、いや、まさにそうであるがゆえにこそ、その命題に対して、（アンセルムスはそのことをガウニロによって言ってもらう必要はない）次の主張、「神はいかなる実在の対象でもない」という主張が、それに含まれている何らかある首尾一貫性をもって、おそらく同じようにそれ自身において閉じられた円として、相対して立っている。不信仰の命題のこの事実的な（自然的・物体的）可能性に相対しての取り組みは（そのような可能性は、アンセルムスにとって、ちょうどガウニロのような者にとってと同様、まことに焦眉の急を告げる興味深い問題である）、『プロスロギオン』四章において、特別な、結語となる考察の問題となるであろう。ここでは——信仰の得られた知解と直接、対照させられつつ——この可能性と、ただ現実としてだけ、アンセルムスは取り組むのである。彼はその者を忘れなかった。彼は、その者、この、ほかの者——なお依然として、神ハ存在シナイと語ろうと欲し、明らかに語ることができ、おそらく語らなければならないこの、ほかの者——を看過しようとはしない。彼はその者をただ次の理由で——すなわち、その者は彼自身に対してあまりに近く立っており、その者の抗弁を通して彼自身に対して問い、〔それに対して〕今答えが与えられている問い、が立てられていたがゆえに——、忘れないし、また看過しないのである。「ソレニモカカワラズ、ワレワレが探究スルコトハ一ツノコトデアル」(Unum idemque est quod quaerimus)。彼〔アンセルムス〕はこの、ほかの者の反対命題を、——それを克服し、そのようにして信仰を知解へと高めるために——、ひどくよく知っており、ひどく鋭く明示しなければならなかったのではないであろうか。彼、明らかにそのことができた彼は、またどこかで、何らかの仕方で、愚カ者、この反対命題をひどくよく考え、明示することができる愚カ者、なのではないであろうか。あるいは、少なくとも、彼とあの者との間の連帯責任は、彼があの者を、ちょうど彼が自分自身を理解するように、よく理解できるような具合に、決して断ちきられていないのではないか。確かに、その者はそこにいる。「ただ神だけがまことに存在する」という命題をもった者の直接すぐそばに、「神は存在しない」という命題をもった者がいる。そして、その者と共に問い——なぜ彼はそのように語るのか、彼はどこからくるか、彼は誰であるか、……という問い——がそこにある。『プロスロギオン』四章の「愚カ者ハドノヨウニシテ……言ッタカ」[31]という問いは、別な問いである。それ〔『プロスロギオン』四章の問い〕は、いわば、否定的な命題の本質を問う問いであるであろう。今、このところで、アンセルムスが取り組んでいるもの（なぜ〔cur〕）は、ただ、その〔否定的な〕命題の現実在（Wirklichkeit）そのものである。ひとりの人間を、神ハ存在シナイという命題へと動かすことができる可能な一つの根拠は、提示された証明によれば、問題とならなくなる。彼は、神の存在そのものについての信仰命題を、すなわち、信仰のそのほかの〔もろもろの〕命題との関連性におけるその〔神の存在についての〕信仰命題の内容の必然性を、理解することができないということを、もはや言うことはできないであろう。そのような理解の方向をとって起こることができたことは――よりよい業績は、アンセルムスによれば、周知のように留保されるべきなのだが！――さしあたっては起こったのである。人は、実際に、「健全な人間理性」によって次のこと――ただ単に、神が存在するということだけでなく、ただ神だけがすべてのもののうちで、完全に存在するということ、最モ真実ニ（verissime）、最大ニ（maxime）存在を持っていること――を自分に向かって語らせることができる。アンセルムスが、次のこと――神学的な教えの可能性を念頭において、そして特に、彼〔アンセルムス〕自身の、まさに結論にまでもたらされた神学問題を念頭において、（それは、しかし、明らかに、また、自分でも認めているように、「健全な人間理性」の道具以外の道具の助けをかりて、なしとげられたのである）、神の存在の否定を、理性的ナ精神にとってそのまま排除された、不可能な可能性として表示すること――をあのように自明的にあえてなしているということは、確かに驚くべきことである。そして、彼が、この根拠が脱落した後、直ちにただなお、別な根拠を――神の存在を否定することができる者の神的な棄却という別な根拠を――考慮に入れているように見えるということは、さらにもっと驚くべきことである。しかし、あのところで、おそらく目がくらまされた神学的な高慢さについて、このところで、おそらく、（誠実に尋ね求める隣人、あるいはそのたぐいの者に対する）愛のない苛酷さについて語るであろう者、その者はただ、もう一度、アンセルムス的な考え〔ること〕の決定的な条件を看過しているだけであろう。われわれは次のこと――この考え〔ること〕は（そしてそれがそのことをなすということは、それについて語られるべきすべてのそのほかのことよりももっと重要である）、祈願のうちにあくまで踏み留まりつつ、実行されるということ[32]――を見た。理性的ナ精神が強いられていること――彼〔アンセルムス〕がここで、確かに起こったとして表示している強いられていること——は、彼にとっては、対象、主、ワレワレノ神、（その方のみ顔の前で、彼が神学している主、ワレワレノ神）を通して強いられていること、彼〔アンセルムス〕自身の身に及び、彼が、それ故また、実際に彼と共に神学する者のところでも、起こったとして前提することがゆるされ、前提しなければならない強いられていることである。片づけられ、済んでしまった神学問題というものは、アンセルムスによれば、——人は祈った後、繰り返し祈らなければならないことが確かである限り——、存在しない。しかし、また、もしも神学的な考え〔ること〕が、その実行の行為において、自分の事柄《ザッヘ》について、あますところなく確信していないならば、したがって、その平面の上で、あえて無条件的な主張をもって登場しようとしないならば、そのことは、祈りの聞きとどけを信じることなしに、祈ることを（したがって、祈らないことを）意味することになるであろう。ところでまた、アンセルムスが、神ハ存在シナイという命題の唯一の可能な根拠として表示している根拠に関しても、事情はそれと似ている。愚鈍デ愚カ者ダトイウ理由は、事実、先行することによれば、また脈絡全体において、次のような月並なこと——人は、神ハ存在シナイという命題をたてつつ、鈍い者（彼が論理的に考えることができないがゆえに、証明についてゆけない鈍い者）であるという月並なこと——を意味することはできない。そのように言うことは、隣人に対する全く不当な侮辱であるであろう。そのような侮辱はアンセルムスが主張したいこととは全く縁遠いことである。われわれは、『プロスロギオン』四章から、アンセルムスが、神ハ存在シナイという命題の意味を、終始、次の前提——その命題を自分のものとして遂行する者は、知的に真剣にうけとられるべきであるという前提——のもとで説明したということを聞くであろう。また、道徳的な欠陥も、愚鈍デ愚カ者ダということでもって、直接語られてはいない。それが知的な、また道徳的な転倒した姿を意味しているということ、そのことは、もちろん、疑う余地のないことである。いつも出てくるきまった言い方、愚カ者につけ加えられた愚鈍ナ（stultus）は、明らかにこの命題をこの方向で強めている。しかし、まさに、いわゆる身体的な転倒した姿が問題ではなく、むしろ、技術的な（technisch）転倒した姿が問題である。ここで再び、個々の機能の転倒した姿が問題ではなく、むしろ素質全体の転倒した姿が問題である。愚カ者は、知的に、また道徳的に、全く堅実な、——抜け目のない仕方で、活動的な、勤勉な人間でありうる。ただ、彼はまさに、堅実な仕方であろうとそうでなかろうと、愚ヵ者、換言すれば、次のような者——身体的には不可能でないもの、しかし、禁じられているものを、結局、なしてしまう者、自分の身を、どうしても（内的な不可能性は、彼にとっては外的な不可能性ではないのである）、人が堅実な人間としても堅実でない人間としても、ただ倒れることしかできないところにおく者——なのである。(33) アンセルムスは次のこと——彼自身が、そのことを実際になしてしまう愚ヵ者でない時、内的な不可能性が彼にとって同時に、外的な不可能性である時、そのこと——を彼自身のよさ(Güte) に帰さず、むしろ神の恵みに帰した。(34) まさにそれだからこそ、確かに、他者に対する恐るべき非難、お前は、愚鈍デ愚ヵ者だという非難は、いかなる直接的な非難も意味してはいない。愚ヵ者とのアンセルムスの連帯責任性を取り除いたものは、ただ、神の恵みでしかない。彼〔愚ヵ者〕は、神の恵みによって救われたのでない者として考え、語る。それが、彼の転倒した姿の根拠、すなわち、神ハ存在シナイという命題の可能性、である。この非難はまさに苛酷さを意味してはいない。まさに、この非難を口にのぼせつつ、アンセルムスは可能な限り近く、また可能な限リ望みにみちて、その行為においてあれほど理解し難い隣人の傍らに自分の身をおくのである。まさにこの非難でもって、彼は、神の存在についての信仰命題を「証明しよう」とするこころみの終りにおいて、それと対立する命題の可能性を説明しなければならない。この対立する命題が、不信仰の、邪悪な意志の、あがなわれない人間の、命題である。

30　**Prosl. 2, I 101, 6.**

31　**I 103, 13.**

32　ベネディクト〔派〕的な神ノ業 (opus Dei) の枠の中で、人は、おそらく、全く具体的であるためには、つけ加えなければならない。

33　「ダカラ、悪魔ハソノ時望ムベキデナカッタコトヲ望ムコトニヨッテ正義ヲ放棄シ、コウシテ罪ヲ犯シタノデアル」(De casu diab. 4, I 241, 4f.)。「天使ハ望ムベキデナイモノヲ望ンダカラ正義ヲ放棄シタ。ソシテ、コノヨウナ方法デ、スナワチ、望ムベキデナイモノヲ望ムコトニヨッテ正義ヲ放棄シタノデアル。ナゼ天使ハ望ムベキデナイモノヲ望ンダノデスカ。望ムコトガ出来タカラダトイウコト以外ニ意志ニ先行シタ原因ハ何モナイ。イヤ、ソウデハナイ。デハ、可能ダッタカラ望ンダノデスカ。善キ天使モ同ジク望ムコトハ出来タガ望マナカッタ。……デハ、ナゼ望ンダノデスカ。タダ望ンダカラトイウ理由シカナイ。コノ意志ヲ……〔ヒキ起コス〕原因ハホカニハ全クナカッタ。コノヨウナ表現ガ許サレルナラ、ソノ意志自身ガ自分ノ能動因デアリマタ結果デモアッタ」(ib. 27, I 275, 21ff.)。「悪しき者の事実的な生成〔形成〕は、アンセルムスにとっては、『根拠のない』(grundlos)、すなわち、すべての内的あるいは外的な必然性を欠いている事実である」(F. R. Hasse, Anselm von Canterbury, Bd. 2, 1852, S. 427)。

34　「デハ、コノ正直ヲ持ッテイナイ場合、何ラカノ方法デ自分デソレヲ取得出来ルカドウカ検討シヨウ。ソレヲ自分デ取得スルコトガ出来ルニハ、ソレヲ望ムカ、望マナイカ、ドチラカニヨルシカナイ。ダガ、正直ヲ持タズニ、ソレヲ望ムコトハ出来ナイカラ、誰モ望ンデソレヲ自分デ取得スルコトハ出来ナイ。シカシ、意志ノ正直ヲ持タナイ者ガ、望マズニ、自分デソレヲ取得出来ルトハ誰ニモ納得ガイカナイ。ソレユエ、被造物ハドノヨウナ方法デモソレヲ自分デ取得スルコトハ出来ナイ。シカシ、被造物ニトッテ、ソレヲ他ノ被造物カラ得ルコトモ不可能デアル。ソモソモ、被造物ニ被造物ヲ救ウコトハ不可能ダカラ、救イニ必要ナ道ヲ被造物ニ与エルコトハ被造物ニハ不可能デアル。ソウイウワケデ、神ノ恩寵ニヨラズニハ、……正直ハドノヨウナ被造物モ持ツコトハ出来ナイ。……自由選択ハ何ノ働キモセズニ、恩寵ノミデ人ヲ救ウコトモ出来ルシ、……意志ニ正直ヲ与エルコトニヨリ、……〔常ニ本性的自由選択ヲ援助スル〕。……マタ意志ハ与エラレタ正直ヲ自由選択ヲ通シテ堅持スル。『神ハ望ム者ニ哀レミヲ垂レ、望ム者ノ心ヲカタクナニスル』ノデアルカラ、神ハスベテノ人ニ恩寵ヲ与エルノデハナイガ、マタ神ニ『先ニ与エテ、アトデソノ報イヲ受ケタ者ガアルカ』ト言ワレルヨウニ、神ハドノヨウナ者ニモ、アル先行的功徳ノタメニ恩寵ヲ与エルコトハナイ。シカシ、意志ガ……付与サレタ正義ノ増加、アルイハ善イ意志ノタメノ力、アルイハ何ラカノ報償ヲ獲チ得タナラ、コレラハスベテ最初ノ恩寵ノ報果デ、『恩寵ノタメノ恩寵』デアリ、スベテハ恩寵ニ帰セラレルベキデアル。望ムトイウコトハ『望ム者ノモノデハナク』、走ルトイウコトハ『走ル者ノモノデハナク』、『神ノ憐レミニヨルカラデアル』。神以外ノスベテノ者ニツイテコウ書カレテイル、『アナタノ持ッテイルモノデ、与エラレナカッタモノガアルカ』(De concordia Qu. III 3, II 266, 8-267, 4)。「私ハ知ッテイマス。欺瞞ニヨルゴトクシテ、アナタノ善ヲアナタカラ奪イ取ッタリ、横領シタリデキナイコトヲ、マタ、同様ニ、イカナル功績ニヨッテモ私ガスベテヲ——ソレニヨッテ私ガアナタニ立チ帰リ、アナタヲ満足サセルスベテヲ——保チ得ナイコトヲ。ナゼナラ、永遠ノ死トイウ罰以外ノ何ガ私ノ功績ニ帰セラレ得ルトイウノデショウ。私ハ知ッテイマス。アナタノ聖ナル恵ミノウチニアルモノガ、数多クノ恥ズベキ行為ニ従ッテ私ヲ滅ボスコトヲ、否、私ヲ造リ変エ、マタ私ヲ、アナタノ満チアフレルハカリ難イアワレミニ従ッテ、アナタニ受ケ入レラレルモノニシテ下サルコトヲ。アナタダケガ造リ給ウタ被造物ヲ、造リ変エルノハタダアナタダケデス」(Medit. 7, 4, MPL. 158, 744)。「私ハ、アナタニ向カウ以外ニ、アナタカラ逃レルコトガデキナイコトヲ知ッテイマスカラ、アナタノモトニノガレマス。アナタノホカニ、誰ガアナタノ手カラ私ヲ自由ニスルコトガデキルデショウカ。アワレミヲ与エテ下サルトイウ希望ガナクテハ、決シテ祈リ求メラレルコトノナイアナタゴ自身ニ切ニ願イ求メマス。ドウカカエリミテ下サイ。アナタゴ自身ノウチニコソ、アナタノ満チアフレル甘美サト広大ナアワレミニ従ッテアワレミ給ウソノ手段ト理由ヲ、アナタハ見出シ給ウデショウ。オ願イイタシマス。私ヲ見ツメナイデ下サイ。ナゼナラ、私ノ中ニハ、怒リヲ引キ起コスノガ当然ナモノ、マタ永遠ノ死ニフサワシイモノシカ、アナタハ見出シ給ワナイデショウカラ」(ib. MPL 158, 744f.)。

三　神の存在の否定の可能性

『プロスロギオン』四章

Quomodo insipiens dixit in corde, quod cogitari non potest. (I 103, 13)

「愚カ者ハドノヨウニシテ考エラレ得ナイコトヲ心ノウチデ言ッタカ」。

神を否定する者の問題は、アンセルムスにとって次のこと――彼がそのような者を「愚か者」として、すなわち、ただ神の怒りを通してだけその者の〔かくかくの姿での〕存在 (Sosein) の中で可能な者として、表示したということ――でもって、初めてたてられたのである。その者は、心のうちで、先行する証明によれば、そもそも、考えられ得ないことを言う。その者は、ただ、愚カ者としてだけ、そのことができるのである。そのことでもって、彼の命題は馬鹿げたものであり、馬鹿げたものでなければならず、真剣な神学的な議論から排除されているということが決定される。しかし、また、この、『プロスロギオン』三章の結論のところで到達された命題、「愚か者は心のうちで神は存在しない、と言った」という命題も、信仰命題――そのようなものとして、理解を必要としている信仰命題――である。「神が存在する」という命題の意味がまことに理解されるべきであるとしたら、その時には、また、反対命題の無意味さもそれとして理解されなければならない。どのようにして愚か者は、愚か者であることにまでくるのかということでなく――そのことは神の、そしてまた愚か者の秘義である――、むしろ、どのように愚か者は愚か者として振舞うのか、神を否定することの愚かさは何から成り立っているのか、したがって、どの程度まで彼の命題は、実際、真剣な神学的な議論から排除された馬鹿げたことであるのかということ、そのことが、アンセルムスが今、最後の探究の対象としているところのことである。

Verum quomodo dixit in corde quod cogitare non potuit; aut quomodo congitare non potuit quod dixit in corde, cum idem sit dicere in corde et cogitare? (I 103, 14ff.)

「デハ、心ノウチデ言ウコトト考エルコトハ同ジダトイウノニ、ドノヨウニシテ愚カ者ハ考エ得ナカッタコトヲ心ノウチデ言ッタノカ。アルイハ、ドウシテ心ノウチデ言ッタコトヲ考エ得ナカッタノカ」。

人は、愚か者の愚かさを問う問いを二重の仕方で立てることができる。一つには、出発点は彼の愚かさそのものである。彼〔愚か者〕は、心のうちで、彼が考え得ないことを言う。すなわち、彼は、神は存在しないと言う。そして、そのことを彼は、『プロスロギオン』三章の証明によれば、考えることができないのである。実際にできないのであろうか。しかし、彼はそのことを、それにもかかわらず心のうちで言うのである。したがって、彼は、彼ができないことをなすことができる。なぜならば、「心のうちで言うこと」と「考えること」は、明らかに同じだからである。〔そこで〕問いは、どうして彼はそのことをするのか。どうして彼は、自分自身とのこの矛盾をあえてなすのか。もう一つの場合は、出発点は、彼の愚かさの事実である。彼は、その心のうちで言うことを考えることができない。換言すれば、彼は神は存在しない、と言う。しかし、そのことを彼は――示されたように――考えることができない。しかも、彼はどうしてもそのことをするのである。彼は、そのことを実際にできないのであろうか。「心のうちで言うこと」と「考えること」が同じであるところで。したがって、彼は本当にそのことができないのであろうか。彼の愚かさは愚かさでないのであろうか。したがって、（一）どの程度まで〔どういう事情のもとで〕彼は、どうしても考えることができないことを言うことができるのであろうか。（二）どの程度まで〔どのような事情のもとで〕彼は、彼が言うことができることを考えることができないのであろうか。そのことが、神否定の事実が愚かさの事実として示され、それと共に、神の証明が仕上げられるべき時に、立てられ、答えられなければならない、愚か者の愚かさを問う問いである。

Quod si vere, immo quia vere et cogitavit quia dixit in corde, et non dixit in corde quia cogitare non potuit: non uno tantum modo dicitur aliquid in corde vel cogitatur. (I 103, 16ff.)

「モシ彼ガ（心ノウチデ言ッタタメニ）マコトニ考エ、マタ（考エルコトガ出来ナカッタタメニ）心ノウチデ言ワナカッタトイウノナラ、――イヤ、ムシロ、ソウデアルガユエニ――心ノウチデ何カヲ言イアルイハ考エルコトニハ一ッ以上ノ方法ガアル」。

したがって、「心のうちで言うこと」と「考えること」は同じ一つのことだという前提にもかかわらず、次のような場合が考えられうる、いや、そのような場合は、愚か者の場合には現実のことである。それはすなわち、一方において、ひとりの者が事実、何かを考えた（彼はそのことができたのである、なぜならば、彼はそのことを心のうちで言ったのであり、したがって彼はそのことを〔心のうちで〕言うことができたのであり、したがって彼はそのことをまた考えることができたのであり、そのように彼はまた実際に考えた）が、――他方において、その同じことを彼は心のうちで言わなかった（彼はそのことができなかった、なぜならば、彼はそのことを考えることができなかったからであり、したがって彼はそのことをまた〔心のうちで〕言うことができなかったのであり、それ故、彼はそのことをまた実際に〔心のうちで〕言わなかったから）、ということである。したがって、彼は何かをなした、そしてまた、その同じことをなさなかった。彼は何かをなすことができた、そしてまた、その同じことをなすことができなかった。この不思議なことは、また、愚かさの不思議としても（それは、確かにそういうものである）ただ次の時にだけ――すなわち、彼の「心のうちで言うこと」、ないし彼の「考えること」がそれぞれ異なっている（彼が同じことを言う、ないしは考える限り、しかも同時にそれを言わない、ないしは考えない、したがって、考えまた言うことができ、同時にそのことができない限り、それぞれ異なっている）時にだけ――可能である。彼はそれを、しない、またできないのとは違う仕方で（同ジデナイ方法デ〔non eodem modo〕――違ッタ仕方デ〔aliter〕と後で言われるであろう）それをなし、またできる。神の存在を肯定することと否定することは――そのことは謎の根本的な解決である――全く、同じ平面上で起こらない。愚か者は、彼の言うことでもって、彼が神が存在しないことを主張することができる平面に〔身をおいて〕いる限り、彼は考えることができないことを言うことができる。そして、彼は、別な平面に身をおきつつ、神が存在しないことを主張することができないであろう限り、彼は、結局、言うことができることを考えることができない。このこと――愚か者が彼の考えることでもって平面（そこでは確かに、神が存在しないということを主張することが可能であり、しかし、そこに〔身をおいて〕いることは既にそれ自体まさに愚かさである平面）の上に〔身をおいて〕いること――が、根本において愚か者の愚かさである。

Aliter enim cogitatur res cum vox eam significans cogitatur, aliter cum id ipsum quod res est intelligitur. (I 103, 18f.)

「ソモソモ、一ツノモノヲ考エルト言ッテモ、ソノモノヲ意味スル言葉ヲ考エル時ト、ソノモノデアルモノ自体ヲ理解スル時トデハ違ウ」。

〔一つの〕対象（の存在）を考えることの二つの可能な方法（modi）の特徴表示は、われわれに既に知られたアンセルムス的な区別を思い出させる。「ソモソモ、モノガ理解ノウチニアルコトト、モノガ存在シテイルコトヲ理解スルコトトハ同ジデハナイ」ということをわれわれは『プロスロギオン』二章で[1]、準備的な証明――少なくとも、神の、〔人間の〕心のうちでの存在があるということを証明する準備的な証明[2]――と関連して、聞いた。人は、〔一つの〕ものを、次の時に――すなわち、それを言い表わしている言葉のことを考える時に、すなわち、人が、この言葉のしるしとしての言語を通してわれわれの考え〔ること〕に対して与えられた指示に聞き従ぅ時に、したがって、該当するもののあらかじめ与えられた考えを後につづいて考える(nachdenkt)時に――、考えることができる。人は、その時、該当するものを存在するとして考えることができる、いや、人は、その時、確かに、該当するものを存在するとして考えるであろう。そのものの存在をただ否定するためにだけでも、人はそのものをまず第一に存在するとして考えていなければならなかったであろう。ましてや、そのものを主張するためには、なおさらそうである。そして、まさに、われわれにキリストヲ宣ベ伝エル者タチノ言葉を通して知られる神の存在が問題である時にこそ、まず第一に、神ヲ意味スル言葉〔のこと〕を考えることが問題であるであろう。したがって、そのこと自体の中には何の愚かさもない。アンセルムスは、『プロスロギオン』二章で、彼の証明の、最初の一般的な形を次の洞察――また愚か者も、少なくとも神の、〔人間の〕心のうちにある存在をみとめなければならず、したがって、その限り決して愚か者でなければならないことはない(「モチロンソノ聞イタコトヲ理解スル。ソシテ、理解シタコトハ、……ニシテモ、彼ノ理解ノウチニアル」)、ちょうど芸術家が、その作品を、彼がそれを創造する前に、心のうちで既に存在するとして自分の前に見ることができ、見なければならないように)[3]という洞察――の上に築いた。しかし、もちろん、実在の、ただ単に考えだけというのとは違った対象的な存在と、そしてまた、実在の存在の理解と、したがって、真理と、〔いま述べた〕この考えることはまた、それ自体何のかかわりもない。なぜならば、考えることあるいは語ることの真理は、それ〔考えることと語ること〕のしるしと区別された存在するものとの、それのしるしの言語(Zeichensprache)のかかわり方と共に立ちもすれば倒れもするからである。ソノモノヲ意味スル言葉(vox significans rem)を考えることは、ただ、意味サレタモノ(res significata)[4]を考えることの不可欠な〔補充的〕要素としてだけ、まことでありうるであろう。それ自体、現実に存在するもののことを考えることから切り離され、その〔現実に存在する〕ものに対してほかのものとして対置されているなら、ソノモノヲ意味スル言葉はまさにいつわりとして表示されなければならないであろう。それは、また、そのようにしても、それ自体可能で、意味深い出来事であるであろう。しかし、その時、現実に存在するものが欠けているという事情のゆえに、その出来事に固有な意味、つまり無意味さを念頭において、それはいつわりだと、つまり「正しくない」と言われなければならないであろう。(5) 〔一つの〕命題の真理〔性〕そのものは、まさに次のこと――その命題がいかなる〔それだけ切り離された〕独立性ももたないということ、換言すれば、それが、命題として、それだからといってそれだけ僅かしか真理を語らないということなしに、過ぎ去りやすいもの（vergänglich）であり、変化しうるものでありうるということ――と共に立ちもすれば倒れもする。(6) 人はこのことを、抽象され〔きり離され〕た仕方でなされた、「意味サレタ言葉ヲ考エルコト」（cogitare vocem significantem）について言うことができないがゆえに、この平面の上で考えることはいつわりの考えることであり、それ故、それは愚かさである。

1　I 101, 9f.

2　人は、ここで、この命題とその証明の意味について、ガウニロに対する彼の弁護を含めて、一三八頁以下で語られたすべてのことを、念頭においていなければならないであろう。

3　I 101, 7ff. u. 14f.

4　「真理ニ参与スルコトニヨッテシカ、何モノモ真デハナイカラデス。スナワチ、真ナルモノノ真理ハ真ナルモノ自身ノウチニアルノデスガ、表明サレタ物事ハ、……命題ガ真理デアルソノ原因ダ、ト言ウベキデス」（De verit. 2, I 177, 16ff.）。したがって、命題《オラチオ》そのものが真理ではなく、むしろ、「在ルモノヲ在ルト命題ガ表示スル時、命題ニ真理ハアリ、真デアルトイウコトダケデス。むしろそのような表示が正シク……アル限リ、……ソレニトッテ真理ト正直ハ別ノモノデハナイ」（ib. I 178, 6f. 16. 25）。「在ルモノヲ在ル、ナイモノヲナイ、ト考エルヨウニ、何カガアル、アルイハ、ナイト考エル力ガ私タチニ与エラレテイマス」（ib. 3, I 180, 12ff.）。

5　悪しきものについてのアンセルムスの教えによれば（De caus diab. 19―I 264――そしてまたアチコチニ、De conc. virg. 4–5, II 143–147, De concordia Qu. I 7, II 257–260）、悪しきモノ（res）、あるいは行為（actio）、あるいは本質（essentia）、あるいは実体（substantia）は存在せず、むしろただ、真理（iustitia）すなわち正直《セイチョク》（rectitudo）の悪しき次如(Abwesenheit)があるだけである。そのところからして、認識論にとって、次のこと――ナイトコロノモノヲ在ルト表示スルコトは、確かに、（考エルコトガデキル）自然的な力の直理なしでではないが、しかしそれは間違っている、なぜならば、その際どうしても、この（在ルモノヲ在ルト考エル）力の意味が満たされないからであるということ——が続いてくる (De verif. 2–3, I 177–180)。

6　「ダカラ、表示ハ、ソレガ失ワレテモ残ルヨウナ正直以外ノドノヨウナ正直ニヨッテモ正シイノデナハイ。……表示ノ正シサノ基準デアル正直ハ、表示カラソノ存在ヲ得テイルノデハナク、マタ表示ガドウ変ワロウトモ、ソレニヨッテ変ワルモノデナイ」(De verit. 13, I 198, 8f. および18ff.)。——この定義は、最後的には神ご自身が、神だけが、真理であり給うということ、すなわち、ただひとり独自性をもち給う神だけが真理であり給うということから、結果として生じてくる。「独自ノ意志ヲ持ツトイウコト……ハ、神ノミノ特権デス」(Ep. de incarn. 10, II 27, 11. なお De casu diab. 4, I 242, 5f. を参照せよ)。思考《コジタチオ》あるいは表示に相対してモノ (res) がもつ原則的な優位性の中に、すべての造られた実在に相対しての神の優位性が反映されている。

Illo itaque modo potest cogitari Deus non esse, isto vero minime. (I 103, 20)

「前者ノ方法ニヨルト神ハ存在シナイト考エラレ得ルガ、後者ノ方法デハ全ク不可能デアル」。

『プロスロギオン』二—三章の作業全体は、神は存在しないとして考えられ得ないということの証明に向けられていた。この不可能性の証明が、神の存在についてのアンセルムス的な証明である。彼〔アンセルムス〕に対して、愚カ者は、生きた反対証明 (Gegenbeweis) として相対して立っているように見える。愚カ者は神を存在しないとして考えることができる。(7) アンセルムスはこの事実を否定しない。彼〔アンセルムス〕はこの事実の原因を、また、愚カ者の欠けている知的な能力に、あるいは悪意のある首尾一貫性の欠如に帰さない。むしろ、ただ、その者がまさに愚カ者であり、そのようなものとして次のような平面——その上で、人は、〈内的な首尾一貫性に対し害を与えることなしに〉ただいつわりの仕方でだけ考えることができる平面——の上で考えているということに帰している。人がいつわりの仕方で、換言すれば、先行することによれば、抽象的に〔切り離された仕方で〕ソノモノヲ意味スル言葉 (vox significans rem) に身を向けつつ、ソノモノデアルモノ自体 (id ipsum quod res est) を理解することなしに、考えようと欲し、また愚カ者としてはそのように考えざるを得ない時、人は実際に、人が『プロスロギオン』二—三章で与えられた証明によれば、できないことをなすことができる。愚かさの不思議さの中で、神を存在しないとして考えることは可能である。

しかし、また、それはただ、この不思議さの中でだけである。そのような不思議さをアンセルムスは、確かに考慮に入れなかった。「神は存在しないと考えられ得ない」というアンセルムスの命題とそれの証明は、「ソノモノデアルモノ自体ヲ理解スル」という前提に基づいていた。彼の考えることは、承認されているように、知解ヲ求メル信仰の考えることである。どうしてそのような信仰がただ単に「神」という単語だけを考えるはずがあろうか。どうしてそのような信仰にとって、(それに対して語られた)神についての言葉が単なる単語であるはずがあろうか。そのような信仰は、神ご自身――その存在を、そのような信仰が知解しようと欲する神ご自身――の知解から出発している。この前提のもとで、神は存在しないと考えられることはできない。

7　アンセルムスに対して異議の申し立てをするという点で、ガウニロは決して〔貧困で〕窮してはいなかった。「モシソウ考エラレナイナラ、ソノヨウナアル本性ガ存在スルコトヲ否定シアルイハ疑ウ者ニ対シテ、ソモソモコノ議論ハスベテナゼナサレタノカ」(Pro insip. 2, I 126, 6f.)。

Nullus quippe intelligens id quod Deus est, potest cogitare quia Deus non est, licet haec verba dicat in corde, aut sine ulla aut cum aliqua extranea significatione. (I 103, 20–104, 2)

「ソコデ、神ゴ自身ヲ〔神ガ何デアルカヲ〕理解シテイル者ナラ、タトエ神ハ存在シナイトイウ言葉ヲ何ノ意味モナク、アルイハ無関係ナ意味ヲツケテ心ノウチデ言エタトシテモ、神ハ存在シナイトハ考エ得ナイ」。

このことが、知解ヲ求メル信仰の前提――それから、人は愚カ者に味方して歩み出してしまうことができず、むしろその中に人は、まさに愚カ者のためにこそ、不動の仕方であくまで踏み留まらなければならない(彼〔愚カ者〕に対して、彼が愚カ者であることをやめるために何かが役立つことができるとしたら、その時には、それはまさにこの踏み留まるということであるであろう)前提、それのもとでは、神は存在しないと考えることは不可能である〔ところの〕前提――である。それはすなわち、神ご自身を理解すること(Gott selbst erkennen)である。そのことは、神が何デアルカヲ理解シテイルコトを意味している。そのことは――アンセルムス的な考えの発端(Ansatz)全体およびそれに直接続いていること、「神ハ、ソレヨリ偉大ナモノガ何モ考エラレ得ナイ何カ、デアル」(Deus enim est id quo maius cogitari non potest) からして、――「神の本質を理解すること」を、（それであるから、神の認識された本質からして、神の存在が続いて従ってくるであろうということを）意味していない[8]。確かに、神ガ何デアルカヲ理解シテイルコトの中に、また、神の本質の、すなわち、神の遍在と永遠性、神の無限な神聖性とあわれみの理解が含まれている。しかし、それ〔神の本質の理解〕がこの理解であるということが、それがまた、神の存在の理解でなければならないということを強いるのではない。また、すべての考え出すことができる物体的および道徳的な性質の最大限〔の分量〕(Maximum) も、なお、ただ単に考えられただけのものの〔もろもろの〕賓辞の総内容でありうるであろう。神ガ何デアルカ (id quod Deus est) が神ご自身と同意義であるということ、そのことが、あの、神の実在の類比的な (analogisch)、「思弁的な」(spekulativ) 理解〔すること〕を、神の本質のまことの理解とする。またそのことが、神についての、欠けている（欠けざるを得ない）経験的知識に対する標準価格的な、いや、超過価格的な等価値〔代償〕をつくり出し、そのことが、神の存在の理解を――あのように必然的に、あのように排他独占的に、すべての理解に相対して、しかしまたすべての否定と疑いに対して、ただ、神の存在の理解として可能であり、実在となる理解を――強いる。神ご自身がこの理解を強いる。神ご自身を理解する者、その者は、「神は存在しない」と考えることができない。神ご自身を理解するいかなる者も、そのように考えることができなかった。神ご自身が――彼〔神〕が理解されるところで――、まさにこの考えを常に、数学的な正確さをもって排除した。また、神ご自身が、この考えを――神が理解されるところでは――、繰り返し〔数学的な正確さをもって〕排除するであろう。排除する、――換言すれば、不可能な、空しい、片づけられた(erledigt) 考えにする――であろう。われわれがその考えをいつも (je und je)、繰り返し、考えるということ、われわれが、いつも、繰り返し、愚か者と共に、われわれの心のうちで、「神は存在しない」と言うということ、そのことは、――アンセルムスはそのことをはっきり予見している――排除されていない。まさにわれわれが、神ご自身の〔ことを理解するところの〕、強いる理解を忘れないでいる時にこそ、われわれはすべての契機――また、この強制のもとに立っている者が、愚カ者との間にもっている、うち砕かれた、しかし無とされたのでない連帯責任性についてさらに、思い出すべきすべての契機――をもっている。おそらく、いや、確かにまさに、神ご自身を理解する者こそが――人はここでもう一度、アンセルムスの、修辞的なものとして理解されてはならない祈りを考えてみよ――、普通の愚か者よりも、はるかに激情的に、はるかに絶望しつつ、はるかに完璧な仕方で、心のうちで、「神は存在しない」と言うであろう。しかし、彼がなす否定は、彼がその否定を考え、口に出し、また語る時、それとして取り除かれ、抹殺されるであろう。「神は存在しない」という言葉は、彼の心と口の中で、いかなる意味ももたないであろう。あるいは「縁遠い、異質な」意味――彼が存在するとして理解する神ご自身と、彼の、神についての理解と、したがってまた、彼自身と、全く何のかかわりもない「縁遠い、異質な」意味――しかもたないであろう。彼は、彼が否定するところのものを知らないであろう。彼は偶像を否定するであろう。あるいは、彼は彼自身の、神から見放された姿を告白するであろう――そのことに対して、まさに神ご自身を理解する者こそが、繰り返しすべての契機をもっているであろうが、その、神から見放された姿を告白するであろう。しかし、彼は神ご自身を、どのような事情のもとにおいても否定しないであろう。彼は、「神（神ガ現ニアルトコロノモノ、神ご自身）が存在しない」という考えをもはや実際に考えてゆくことはできないであろう。彼が神ご自身を理解するであろう限り、確かに〔そのような考えを実際に考えてゆくことはできないであろう〕。神ガ何デアルカヲ理解スルコトのこの平面の上で、アンセルムスは彼の証明を遂行した。その証明を、これと別な平面の上でなしてゆこうと欲することは意味がないであろう。まさにそれだからこそ、愚カ者の生きた、身をもっての反対証明も、アンセルムスに対して、事柄的にいかなる印象も与えることはできないのである。

8 世間に広まっているゲルベロン版のテキストによれば、われわれの箇所は次のように述べている。「火ト水ガ何デアルカヲ理解シテイル者ナラ、タトエ言葉トシテハソノコトガデキルトシテモ、実際ノコトトシテ、火ガ水デアルト考エ得ナイ。ソノヨウニ、神ガ何デアルカヲ理解シテイル者ハ誰モ、神ハ存在シナイト考エルコトガデキナイ」(nullus quppe intelligens id quod sunt ignis et aqua potest cogitare ignem esse aquam secundum rem, licet hoc possit secundum voces. Ita igitur nemo intelligens id quod Deus est, potest cogitare, quia Deus non est……

〔MPL 158, 229〕)。したがって、火と水の性質を知っている者は、確かに、対応している単語を、「火は水である」という馬鹿げた考えを考えるべく、互いに結びつけることはできる。しかし、彼はその際、何も実在的なものを考えることができない。何故ならば、われわれにとって水として知られているものであることは、われわれに知られている火の性質と、確かに矛盾するからである。そのように、神の本質を知っている者は、ただ、神の非存在という言葉を考えることはできるが、神の非存在の実在を考えることはできない。なぜならば、非存在は、われわれにとって知られている神の本質と矛盾するからである、と。――人は、人がアンセルムスをして繰り返し言わせようと欲したことを、全く言わないでいることができるとしたら、その方がもっとよいであろう！　しかし、火と水のたとえ〔絵〕全体は、P・ダニエルスのテキスト研究によれば、後からの挿入である。常にこのたとえ〔絵〕を用いて作業した W. von den Steinen は (a.a.O.S. 40)、それに固執しなければならないはずはなかったのである。アンセルムスは、まさに、あの昔の写字生が、そして彼の後、あれほど多くのほかの者たちも、終始、アンセルムスをして語らせようと欲したことを、まさに語ってはいなかった。神と非存在は、アンセルムスにとっては、もちろん、第二のことが、第一のものについて厳密に定義しつつ語られる (prädiziert werden) ことができない限り、火と水が関係しているように関係している。しかし、神の非存在〔存在しないこと〕の不可能性は、彼〔アンセルムス〕にとっては、彼がそれを火と水を等置することの不可能性と共に一気に名ざすにしては、あまりにも独一無比な不可能性である。〔火と水の場合の〕等置することの不可能性は、両者の本質についてのわれわれの知〔識〕から結果として生じてくる。火あるいは水の非存在の不可能性は、そのことから自ずと結果として生じてこないであろう。その不可能性は、ただ、両者の本質についてのわれわれの知〔識〕が、経験にかなった知識であり、それらの存在を事実、前提している知〔識〕である限り、そのことから〔結果として〕生じてくる。しかし、その不可能性は、ただ、事実的な、われわれの経験に依拠しつつかかわっている不可能としてだけ結果として生じてくる。ところで、一方において、神の本質についてのわれわれの知〔識〕は、そのような経験にかなう、したがって、神の存在を事実前提している知〔識〕ではない。そして、他方において、神の非存在の不可能性は、そのような、ただ単に事実的な、われわれの経験に〔依拠しつつ〕かかわっている不可能性ではない。そのようにして、人はかかわっている不可能性ではない。そのようにして、人は――この写字生がなしたように、確かに全く誠実に、大変な熱心さをもって——、自分をアンセルムスの弟子と感じ、そのように振舞いつつ、しかも根本においてまさしく正真正銘のガウニロであることができるのである。

愚カ者が証明することができることはただこのこと、しかし、また、ただ、このことだけである。それはすなわち、彼が〔そのものの〕存在を否定しているところのものを知らないということである。そして、彼の否定ではなく、むしろ、この彼の知らないということが、彼の愚かさの愚かさたるゆえんである。

Deus enime est id quo maius cogitari non potest. Quod qui bene intelligit, utique intelligit id ipsum sic esse, ut nec cogitatione queat non esse. Qui ergo intelligit sic esse Deum, nequit eum non esse cogitare. (104, 2ff.)

「ナゼナラ、神ハ、ソレヨリ偉大ナモノガ考エラレ得ナイモノダカラデアル。コノコトヲヨク理解シテイル者ハ、ソレガ存在シナイコトハ思考ノウチニオイテサエ不可能デアルホドニ存在シテイル、トイウコトヲ明ラカニ理解シテイル。ソレユエ、神ガコノヨウニ存在シテイルコトヲ理解シテイル者ハ、神ガ存在シナイト考エルコトハ出来ナイノデアル」。

知るということ——神ご自身を知り、理解するということ——は何を意味しているか。アンセルムスは彼の論証(argumentum)——神は、創造者として、ご自身を啓示しつつ、ソレヨリ偉大ナモノハ考エ得ラレナイモノと称する方である、したがって、直ちにその名と共に、われわれに対し、その方よりも偉大なものを考えることを禁じる方として、われわれに対して出会うところの方であるということ——へと立ち帰る。そのことを正しく理解することが、神が何デアルカを、神ご自身を、理解することを意味している。この、その方〔神〕の主の名の中に、その方ご自身はいまし、この主の名の中でその方は理解される、——その方の存在の否定は不可能となり、それと共に、その方の存在の証明が力強いものとなるような仕方で、理解される。したがって、ヨク理解シテイル(bene intelligere)ということは、前に出てきた、ソノモノデアルモノ自体ヲ理解スルコト(intelligere id ipsum quod res est)と、直ちに、同意義ではない。そうではなくて、われわれの箇所の意味でのヨク理解シテイル〔コト〕は、あのリアルな理解すること——その、対象との関係を通して、まこととして証明される理解すること——の成就、実現、道である。それ〔ヨク理解スルコト〕は、具体的には次のこと――神の名の中で語られている禁止命令が聞かれ、承認され、遵守されるということ、したがって、人間がその考えのうちで、神を神たらしめるということ――から成り立っている。それはまさに彼の考えのうちで、まさに彼の考えの自由の制限として、である。すべての敬虔さと道徳は、――もしも、この、最も内部での、最も親密な、自由の領域において、絶対的な制限の樹立にまでこないとしたら、――空しく、神と何らかかわりがなく、常に、なお依然として、無神的であり、あるいは再び無神的となるであろう。ヨク理解シテイルということは、まことの牛としてその飼主を知り、まことのろばとしてその主人のまぐさおけを知る、まことにはっきりと〔一度ですべてにわたって力を奮う仕方で〕知るということを意味している。ヨク理解シテイルということは、最後に、次のこと――人は神を越えて考え出してしまうことができず、神の、また、自分自身の、傍観者として考えることができず、神について(über)すべての考えることは、神への〔呼びかけとしての〕(an)考えることでもって始まらなければならないということ――に気づくことを意味している。そのことは、愚か者が、しかし、愚か者と共に、また、その代弁者であるガウニロが、まだ気づかなかったところのことである。そのことに気づいたところの者、その者は、まさにそれと共に、神の存在の理解〔知解〕の強制のもとに立っている。しかも、直ちに、まず第一に、〔まさに〕神の存在の――すべての存在するもののうち、ただ神にのみ特有である存在の、すなわち、ただ考えのうちだけでも、取り除かれることができないアノヨウニ存在スルコトの――〔理解の強制のもとに立っている〕。もう一度、そして曖昧さなしに、アンセルムスは、次のこと――『プロスロギオン』三章の精密化された証明、このアノヨウニ存在スルコトの証明、神を存在しないとして考えることが不可能であることの証明、こそが、彼が神の存在の理解と証明ということで理解していることであるということ――を明らかにする。神の名をヨク理解スルコトでもって、存在しないとして考えられうる「神」は、神として片づけられ、信仰の、啓示の、教会の神――、また、そのものが存在しないという考えだけでも不可能にするという仕方で存在する神――、に対する場所が自由に開かれる。したがって、〔愚か者が神を理解しないような仕方で〕神ご自身を理解することは、この神の存在の理解の強制のもとに立つことを意味している。したがって、神ご自身を理解する者、神ガ何デアルカヲ理解スル者は、神を存在しないとして考えることはできない。

Gratias tibi, bone Domine, gratias tibi, quia quod prius credidi te donante, iam sic intelligo te illuminante, ut si te esse nolim credere, non possim non intelligere. (I 104, 5ff.)

「善キ主ヨ、アナタニ感謝シマス。以前アナタノ恩寵ニヨリ信ジテイタコトヲ、今アナタノ光ニヨッテ理解シ、ソノタメニ、タトエ私ガアナタノ存在スルコトヲ信ジルコトヲ望マナクテモ、存在スルコトヲ理解シナイコトガ私ニハ不可能デアルコトヲ、アナタニ感謝シマス」。

アンセルムスがなそうと欲し、しなければならなかった証明は遂行された。彼自身、はっきりと言葉に出して、もう一度、彼が証明ということで理解していることを思い出させている。そこでは、教会の信仰から自分を切り離しており、教会の信仰を、それ自身からでなく、それと別なところから基礎づける学問が問題ではなかった。そこでは、あくまで神学が問題であった。既に前もって、また証明なしにも、それ自身の中で確立している信仰の、信仰を通しての証明が問題であった。そして、両方のもの、証明された信仰と証明する信仰を、アンセルムスははっきりと言葉に出して、人間によって遂行されうる前提としてではなく、むしろ、神によって遂行された前提として、前者を神的な〔恩寵ニヨリ〕与エルコト(donare)として、後者は神的な〔光ニヨッテ〕照ラスコト(illuminare)として、理解している。彼は教会の Credo をも、彼自身の credere をも、「想定し」(supponiert)[9] ない。むしろ、彼は祈った、そして、教会の Credo と彼自身の credere が想定されていた。神はご自身を彼に理解〔知解〕するよう与え給うた。そして彼は神を理解〔知解〕することができた。この基礎――いかなる哲学的な前提とも比較されることができず、また神学的・体系的にも把握されえない基礎――に基づいて、彼は神の存在を理解し、証明した。まさにそれだからこそ、彼の最後の言葉はただ、感謝を語ることができるだけである。彼を主人として讃美する、遂行された業についての満足ではなく、むしろ、〔それの〕主人で彼はまさにないところの起こった業に対する感謝を語ることができるだけである。

9　二〇〇頁、注27を参照せよ。

神はご自身を、彼〔アンセルムス〕の理解〔知解〕に対して対象として与え給うた。また、神は彼を、神が彼にとって対象として理解〔知解〕しうるようになるために、〔光によって〕照らし出し給うた。この出来事なしには、神の存在の、すなわち、神の対象性の、いかなる証明もない。しかし、この出来事の力によって、感謝に値する証明がなされた。真理が語ったのである。信じたいと欲する人間が語ったのではない。人間は、ただ、信じたいと欲することさえできないであろう。人間は、また常に、愚か者であることができるだけであろう。われわれは次のこと――もしも彼が愚か者でないとしたら、それは恵みであるということ――を聞いた。しかしまた、彼がそのような〔愚か〕者であるとしても、タトエ私ガアナタノ存在スルコトヲ信ジルコトヲ望マナクテモ、真理は語ったのである。聞き逃すことができない仕方で、反駁することができない仕方で、忘れることができない仕方で、それであるから、真理を理解しないことが人間に対して禁じられており、その限り不可能であるという仕方で、語ったのである。まさに信仰の、信仰による学問として、神学は、光――神学者の信仰の光ではない光――をもっている。

人が、アンセルムスの、神の存在の証明を、繰り返し「存在論的な」(ontologisch) 神証明と呼ぶことができたということ、人が、アンセルムスの神証明は、デカルト[10]とライプニッツ[11]のよく知られた教えとは別な書物に書かれていることを見てとろうとしなかったということ、人が、アンセルムスの神証明が、カントがこれらの教えに対して提示したこと[12]を通して、また、ただ遠くからだけでも、いっしょに論難されている (mitbetroffen) と考えることができたということ、そのことは、〔それについて〕一語ももはや無駄についやす価値のない無思慮さであった。

10　Discours de la méthode IV; Médit. III und V.
11　Monadologie 45.
12　Kritik der reinen Vernunft, 2. Aufl. S. 625f.

解説

知解を求める信仰

バルトの神学を、最初一九一八年に世に出、一九二二年に全面的に改訂された『ローマ書』を中心とする前期バルトと、一九三二年から世に出始めた『教会教義学』を中心とする後期バルトに分けるのが普通である。そして、両者の間にこのアルセルムス論『知解を求める信仰』（一九三一年）がある。

そのようなアンセルムス論が大切だということは、早くから気づかれていた。しばしば引用される言葉であるが、「私はここ十年間にどう変わってきたか」という自伝的な論説の中で、バルト自身、「この十年間〔一九二八―三八年〕、私はキリスト教の教理の哲学的、すなわち人間学的な基礎づけと解釈の最後の残滓を、除き去らねばならなかった。この決別の真の文書は、実は一九三四年にブルンナーに対して書いた、多くの人に読まれている小冊子『否！』ではなくて、むしろ一九三一年に書かれたカンタベリーのアンセルムスの神の存在の証明に関する書物である。私はこの書物を、私のすべての書物の中心、最も満足すべきものと考えている」（『バルト自伝』、佐藤敏夫訳、六〇頁）と述べている。また本書の第二版の序文の中でも、多少のユーモアをまじえて、バルトはこう述べている、「……比較的少数の者たち――その中に、例えばハンス・ウルス・v・バルタザールがいるのだが――は、アンセルムスとのあの取り組みは、私にとって全く副論文以上のものであり、それどころか……いかにそのことが私に対して大きな影響を与えたか、あるいは私自身の考え方の中に深くしみ通ったかということに気づいた。しかし、大抵の者にとっては、このアンセルムス論の中で、私にとって、それからまさに『教会教義学』の中でますます、神学にとって唯一のふさわしい思惟の運動として身近なものとなった思惟の運動を理解するための〔本来的な〕鍵でないにしても、少なくとも一つのきわめて重要な鍵と、人は取り組まなければならないということが見過ごしにされた。そのようにして、……本書が、私にとって心を煩わす驚きとなったことに、(私はあの当時、全く特別な愛と慎重さをもって本書を仕上げたのである)、今日に至るまで、第一版のままとっくに絶版となっているという事態になった……」。

これらのことは、神学作業が何であるかということ、つまりそれは、信仰の中でなされる思惟であり、聖書を手にしつつ、教会の場で、想起と待望のうちでなされる思惟、祈りの中での思惟、いや、祈り自体である、あるいは神学作業は、礼拝が中心であり、礼拝から出発し、礼拝にかえって行く思惟であり、神学は説教のためにあるということと関連している。あるいは一方において教義学や聖書注解と、他方において説教の区別が基本的にはほとんどないということとも関連している。まさに宗教改革者たちの場合はそうであったが、それ以来、そのことは長らく忘れられていた。それにともなって、説教することはさらに難しくなったのではないかと思う。世的な意味の、すなわち、啓蒙主義や実証主義の意味の即事性や学問性は厳密に追求されたが、今述べたようなことは忘れられていった。そしてそのことが行きつくところまで行きついた時バルトの神学が出てきた。特に『教会教義学』がそうである。バルト自身、「ここ十年間に私はどう変わってきたか」の中で、先程あげた引用のすぐ後で、こう述べている、「私の新しい課題は前に言ったことをとりあげてもう一度新しく考え直し、それをあらためてイエス・キリストにおける神の恩寵の神学として組織立てること

である。……私はそれをキリスト論的集中とよぶのであるが……。私は、この集中において、前よりもすべてのことをはるかに明瞭に、明確に、単純に、しかも信仰告白の形で、同時にまたはるかに自由に、あからさまに、包括的に語ることができる。というのは、前には私は、教会の伝統によってよりも、哲学体系という殻によって、少なくとも部分的には妨げられていたからである」。これは、まさにアンセルムス論が世に出、『教会教義学』が書き始められたことを指している。アンセルムス論で述べられていることを神学作業として実行していったら、『教会教義学』となるということである。ただ、この方法は、キリスト論的集中でいくか、聖霊論的基礎づけでいくかであり、実際に『教会教義学』の中では、キリスト論的集中の方法がとられているということである。『バルトとの対話』(ゴッドシー編、古屋安雄訳、六一頁)の中で、こう言われている、「一九三二年の神学的状況というものを思い出してもらいたい。あの当時、私はイエス・キリストすなわち啓示の客観的側面を強調しようと思ったのだ。もしも私が聖霊についてあまりにいうと、私が克服しようと思っていた、主観主義にひきずりこまれるのではないかとおそれていたのだ。……信条の三つのどの信仰個条に基づいても良い神学はできるはずだ。聖霊論に基礎づけることもできる。私は今思うのだが、よい聖霊論だったらシュライエルマッハーおよびすべての近代主義に対する最高の批判にな

っただろう。私自身がしたシュライエルマッハー攻撃よりも、はるかによかっただろうと思う。同じ方向でブルトマンおよび実存的神学に対するいい批判もできるだろう」。

先程、宗教改革者の場合、教義学や聖書注解と説教の区別が基本的にはほとんどないと言ったが、このことは、根本のことだけに目をとめて簡単に言えば、また、ルターやカルヴァンも、アンセルムス的な「知解ヲ求メル信仰」を実践していて、神学する際に片時も信仰から離れなかったということから出ていると思う。（この意味でも、宗教改革者の場合、説教と聖書注解との区別がほとんどつかないということは、大変意味があることであり、われわれは説教者としての宗教改革者から、特に説教者カルヴァンから、大切なことを学ぶべきであると思う。）ただルターとかカルヴァンは、戦いの人であり、日ごとに凄惨な戦いを進めていた。信仰から離れた（無駄な遊びとしての）神学作業などしている暇はなく、第一、そんなことをしていたら生きるか死ぬかの戦いを戦えないという現実があった。そのことは、事実、宗教改革者たちは、宗教改革という、言ってみれば血みどろな、熱い戦いの中で、この、信仰と理解（認識）の問題については、四六時中きたえられながら、身をもって実行していたけれど、信仰と思惟の問題について特に主題的に取り組む機会はなかったということである。（特に明示的に、主題的にこの問題と取り組まなかったかもしれないし、確かに宗教改革者として、ただ神の言葉にのみ立つ聖書原理を徹底して貫くが、初めは、いかに、ルターがヴィッテンベルク大学でアリストテレスの『ニコマコス倫理学』を講じたか、特にカルヴァンが、回心前に、「セネカの『寛容論』注解」を著わし、古典研究家、ヒューマニストとしての力量の程を示したかを考え合わせれば、この問題がどんなに宗教改革者にとっても身近な問題であったかは容易に推察される。）それに対して、アンセルムスは、もちろん、神学者として不屈な戦士であったけれど、その戦いは特に祈りの中での戦いであり、自分自身との戦いという面が強く、ルターやカルヴァンの場合と比べたら、晩年を除いて、大部分の時期を、少なくとも外面的には、比較的平穏、静謐《ひつ》な修道院生活を送った。そして、アンセルムスは、思い切って、真正面から「信仰と思惟」の問題と取り組むことができたし、取り組まざるを得なかった。今、ルターとカルヴァンは、一日一日が凄惨な戦いであり、信仰認識についても、特に反省し、理論的に基礎づけるまでもなく、とにかく全力をつくして実行していなければ、激しい戦いが戦えなかったと述べたが、それに比べるとバルトはどうであろうか。バルトは「バルメン宣言」を起草し、ナチスに対するドイツ教会闘争で指導的な役割を果たした。ドイツの神学者、教職、信徒は、自分たちがどんな神学的学派に属するかを問わず、そのようなバルトに対して今も深い尊敬の気持をもっている。しかし、大局的に見たら、その生涯は、やはりアンセルムスのそれに近いということが言えるのではないであろうか。もちろん、この問題は、神の前で、それぞれの個人が辿る、全くユニークな信仰の道、個人的および全体的精神史や時代史とも（きわめて信仰的に言えば、おそらく、回心とか召命ということが）深くかかわっていて、簡単に片づけることはできない。しかし、とにかく、アンセルムスやバルトのような人が、この問題と取り組んで激しく苦闘しなければならなかったのを見れば（われわれは、この脈絡で、アウグスティヌスのことも考えるべきであるかもしれない、しかし、アウグスティヌスの場合は、回心前の苦闘と、回心の経験がひどくリアルで、強烈であり、〔もちろん、宗教改革者の場合もそうであろう、ただそのような神の前で決定的な経験について人の前で口に出して言わないだけで〕、そのことは「信仰と思惟」という点でも多くのことを含んでいるのではないかと思う）、ましてわれわれのように、自分のためにはいくらか戦えても、神の国で神のために戦うとなると、意気地がなくて、目立った戦いはまるっきり何もできない者、不信仰な思いばかりが出てきて、信仰の思惟の実践は掛け声だけでしかないような者は、なおさら、改めてこの問題と取り組んで、悩み苦しまなければならないのではないであろうか。実際、われわれの経験から言っても、ルターやカルヴァンのもの、またバルトの神学のようなもの、つまり **geistig**〔精神的〕にすぐれているというだけでなく、まことにすぐれた意味で **geistlich**〔霊的〕でもある神学は、それが普通の知的な、学問的な取り組みにおいて分かってくるにつれて、あるいはそれの立場を自分のものにするにつれて、それの真の生かし方において、大きな問題に逢着するものである。そして、それは言ってみれば、信仰と思惟、信仰と知解の問題であって、その点で多少とも悩み苦しむことなしに、あるいは、自分がいかにそのような神学を自分のものにするのにふさわしくないかを思い知らされることなしに、それらの神学を自分のものにして、生かすことは普通はありえないであろう。

『福音主義神学入門』と本書との比較であるが、両書とも大《たい》部《よ》な『教会教義学』をはさんで、小冊子ながらそれぞれ劣らないほど大事な書物である。『福音主義神学入門』の方は、その序文で、「……私自身と現代の人々にむかって、わたしが福音主義神学の領域において学生として五年間、牧師として十二年間、教授として四十年間、あらゆる紆余曲折をへて今日まで原則として努力し、学び、主張してきたことについて、簡単に報告し弁明することに、この白鳥の歌をうたう機会を用いようと思った」、と書かれてある通り、『教会教義学』の大部分を書き終えた後、その方法について、よく整理され、推敲に推敲を重ね、練りに練った文章で書かれている。そのようなわけでバルトが晩年アメリカに行って講演した時も、これの英訳を述べたわけである。それに比べるとアンセルムス論は書きなぐった未完成な、生《なま》のままのような感じで、その点全く対蹠《たいしょ》的である。人は好みに応じてどちらかを優先させたいであろう。しかし、神の前には「しおれた花」(eine welke Blume)(『福音主義神学入門』十三講「希望」)でしかないが、人間の目には世紀の神学的巨匠の心のうちに、深くやむにやまれぬ必然性をもって湧き起こった神学してゆく上での最も大切なモチーフを、生《なま》のままぶつけたという点ではアンセルムス論が勝りそうである。その記述は、ごつごつしていて、メモしていったあとが読みとれるようであり、説明に完全を期することがなく、書きなぐった感がつよい。だから読者に同意してもらう必要もない、分かる者が分かればよいというような調子もないわけではない。その代り、まさに本当に大事な点は逃さないで、書きとめておくといった感じで、しかも、余計なものを省いて、直ちにぎりぎりの根本問題に触れてゆく際の、冷静な熱情、緊張と真剣さが、多少とも受けとめることのできる者に直接伝わり、読者をすぐに事柄の核心へと導いてゆくといった式のものである。つまり、著者が神学において最も根本的な問題だと考えていることが、この小さな書物のどの脈絡においていきなりもろに顔を出しても決しておかしくないような記述が続いているのである。

「知解ヲ求メル信仰」、あるいは、「信仰が神学作業の前提である」ということは、言葉で言えば、簡単であるが、これはまさに鍵となることであり、すべてのことの基本的なことで、実際には大変なことである。これは本書の中でも紹介されていることであるが、アンセルムス自身――彼はアウグスティヌスから宗教改革者の間の時期に出た最大の神学者であったわけだが――が、「……このことについて、しばしば真剣に熟考を重ね、求めていたものを九分どおり手のうちに得たと思える時があるかと思うと、またそれが私の精神的追求の手を全く逃れてしまうこともあった。こうして、私も最後には絶望し、探求していた対象を発見することを不可能なこととして、その努力を放棄しようかと思った。ところが、この思索はいたずらに私の精神を捕え、ほかのより実りのありそうな思考を妨げることにならないように、そのことを全く忘れようとすると、かえって……ますます私に迫り始めた。そのようなある日のこと、この執拗さに激しく抵抗し、疲労困ぱいの極にあった私の心に、群がる思念の交錯のうちから、その発見を絶望していたあの論証が現われたのである……」と述べているように、大変な精神の格闘を通して取り組んだ問題であり、またバルト自身も、大変な苦闘の中で(アンセルムスから、特に『プロスロギオン』二―四章の神の存在証明から、決定的な示唆をうけつつ)自分の立場にしたものである。つまり、世紀の天才がそのような苦闘のすえ、自分のものにしたものである。それを、事柄自体は言葉で表現すればいかにも簡単なことなので(アンセルムス論の文章そのものは、決して難しいものではなく、むしろバルトの著述の中では平易で、記述も簡単である）、わたしたちは大変安易にうけとるきらいがあるのではないかと思う。神学作業（信仰を前提とする思惟、祈りの中での思惟）を、実際に習練することに全力をつくさないで、きわめて非即事的な、表面的な、安易な仕方で――まさか『教会教義学』の詳細にわたる、しかし実りある論述を避け、十分な神学的な訓練をうけることを嫌って、神学の学校のかけ出しの青二才が手取早くバルトのものをものにしてやろうというようなことではないであろうが――取り組んではいないかと思う。本書は、即事的に取り組む程度に応じて、理解できるのではないかと思う。本書にとっても鍵となる神の名（正しく受けとるならば、すなわち、啓示と信仰の中で受けとるならば、すべての大事なことがそこに含まれている神の名）――それより大いなるものは考えられないあるもの（われわれは、ここで、出エジプト三・一四の「わたしは、有って有るもの」、「わたしは有る」という神の名を思い出すことがゆるされるであろう）――の、それより大いなるものとしてすぐ考えられがちなものは、現代では、ほかの何よりも、実存、いや、実在意識、実存意識の絶対化であるということを、われわれは決して忘れてはならないであろう。換言すれば、実存――それにキリスト教的な上塗りがなされていようといまいと、実存――の標準化、あるいは絶対化ということが、何よりも神の言葉に取って代わろうとする危険があるということを、われわれは覚えていなければならないであろう。

　私自身、本書と取り組みつつ、菅円吉先生が、バルトの神学を紹介しつつ、啓示と理性、神学と哲学の違い、神学の独自性、神学的思惟の訓練について、また、「神学は、信仰の中でなされる宣教の吟味であり、要するに聖書の読み方を教えるものであり、説教のためである」、「まず納得させようさせようとしてはならぬ。そういうことをしたら、信仰は信仰でなくなり（なぜといって、納得させてくれたら信じるというのでは、信仰はいつの間にか「信じてやる」式の信仰となり、したがって信仰でなくなるのだから）、神学は神学でなくなる」等々と言われたことを思い出した。それらのことは、私自身にとっては、バルトの神学を理解しようとする努力において、確かに鍵となるようなことであった。今に至って、そのことが（言葉で言えば、やはり、はなはだ簡単なことだけれど）どんなにバルトの神学を理解する上で大事なことであるかを改めて思わせられる。菅博士はご自分では、アンセルムス論を読まれなかったと思う。しかしアンセルムス論の中で強調されていることは、「信仰と知解〔認識〕」ということで、今あげた線を方法論的に鋭く打ち出したものだと言ってよい。バルト自身、『バルトとの対話』の中でこう述べている、「……アンセルムスは最もよい弁証法は信仰についてのよい注解だと信じていた。神の真理を未信者に証明することはできない。しかし、われわれはあたかもわれわれが信じているように生きなければならない。もしある人が信じているのならば、彼はそれについて語ることができなければならない。しかし、それは彼の信念を控え壁でささえることではない。私は信仰の知解について語っているのだ」（前掲書、一三二頁）。

そのようなわけで、本書と取り組みつつ、一方では『教会教義学』の特徴的な記述を思い出すと同時に、また他方絶えず説教、実際には竹森満佐一先生の説教の言葉を思い出す機会をもった。アンセルムスとバルトは、信仰ノ知解ということを、神学作業について言っているのであるが、信仰ノ知解と言えば、説教も、いや、説教こそまさに信仰ノ知解であるからである。もう少し詳しく言うと、前にも触れたことであるが、宗教改革者のところで実証されている、神学と説教の決定的な関係、すなわち、両者が基本的には同じものであり、どちらも信仰と理性の問題、つまり信仰のゆえに理性が抑圧されたり、放棄されるのでなく、むしろ信仰のゆえにこそはじめて理性が真に用いられ、生かされることを願い求めることであり、もっと正確に言えば、知解ヲ求メル信仰のラチオ的・理性的・認識的努力であり、（知解ノ犠牲ではなく）信仰ノ知解であり、両者とも聖書と取り組みつつ、何よりも祈りの中でなされるべきもの、いや、それ自身が祈りであり、最後的には礼拝のためであるということ、またなぜそうなのかということが、本書によって、ある程度明らかにされるからである。このことは、説教の問題を考えるにしても、神学の問題を考えるにしても、最も基本的なことではないかと思う。そうでなければ、説教することは、たとえどんなに近代的な聖書学や注釈や、またよしんば説教黙想を学んだとしても、敬虔さや学識、あるいは実存的な誠実さ、あるいは、言葉の言いまわしや話術の技巧によって、ある程度、聞き手に印象を与えることはできても、本当にはなかなかできず、とりわけ神学することは、特にバルトの『教会教義学』を学ぶことは、全く空しいことではないであろうか。また、説教と神学の関係が今述べたようなものであるとしたら、何よりも説教の中にこそ（そして、また特に祈りの中で）、その人の神学の全部が、むしろ正確に現われるものであり、多くの場合、よい説教は、聖書の知識や理解という点でも、神学書よりも大切な教示を与えてくれるということも、決して特別な考えや立場ではないと思う、それどころか、それはきわめて大事な、事柄の核心にふれる認識ではないだろうか（今日、歴史的・言語的な学問という性格をもっている聖書学は、よい意味での教義学の助けをかりなくては、神学として真に役立つことはむつかしいであろう。すぐれた神学者、例えば宗教改革者の説教から、われわれは、決定的なことを学ぶことを学ぶべきであろう）。あるすぐれた神学、例えば『教会教義学』のようなものも、それを信仰から離れて頭で理解してみたって意味がないし、また、よしんば多少信仰的だとしても、単にキリスト教的思想として理解し、まとめてみても、それで終りであるならば、大して意味はないのであって、むしろ問題は信仰の（認識的なレベルでの）実践、いや、そのような神学的装備によって、実際に説教がなされ、その説教、つまり宣教によって（世の人の目に成功と見えるかどうかは別として）、現実に教会が建てられてゆかなければ（「わたしは信じる、それ故に、また語る」、『福音主義神学入門』、第四講、教会）、――『教会教義学』には、こう書いてあるというだけではしようがないのであって、それによって少しでも自分の言葉で福音を語る上で助けられなければ――、本当にはあまり意味がないのではなかろうか。そうでないと、説教はえてして説教にならず、キリスト教的談話や講演になってしまいがちだと思う。前に、神の名、それより大いなるものは考え得られないあるもの、のそれを脅かしがちなものは、現代においては、何よりも実存の標準化であると述べたが、この線上で、（問題は、知解ヲ求メル信仰であり、信仰認識であり、ここでの命題ははじめから信仰命題であり、同じようなことを言っていても、アンセルムスとガウニロの議論が示しているように、そういう基本的な前提のもとで思惟を進めるか進めないかは決定的な違いであるということを徹底してうち出している）本書の中に、ブルトマンやティリッヒ、およびその後に続く者たちの現代的な実存主義的神学、あるいは「哲学混合神学」（Mirophilosophicotheologia）に対するバルトの（論争相手に振りまわされない）思い切った徹底した立場のとり方と批判が含まれていると見ることもできるのではないかと思う。換言すれば、アンセルムスとガウニロ（愚か者の代弁者であるガウニロ）の間で戦われた議論の中で、現代においても戦われるべき論議の範例があるということである。（私個人としては、バルトが――神の恵みの勝利を終始、高らかに讃美し、歌いつづけたが、自らの中に誰よりも鋭く不信仰の暗い、虚無的な力を知っており、したがって神の恵みのもとでだけ、認識の次元において不信仰と戦い、信仰ノ知解を戦いぬいたバルトが――、本書について、自分としては大変な愛と慎重さをもって取り組んだし、自分の著述の中で最も満足すべきものと思っていると言ったのは、この意味のことではないかと思っている。）

この期間も、信仰の認識について、また神学問題と少しでも信仰的実存的に取り組む取り組みについて、繰り返し説教を通し、叱責し、教示して下さった竹森満佐一先生に感謝する。私自身、菅先生を通して、バルト神学の学び方を、竹森先生を通して、その生かし方を、教えていただいた。本書の中に多く出てくるアンセルムスの文章については、最近世に出た『アンセルムス全集』（聖文舎発行）の古田暁訳をそのまま用いさせていただいた。同氏の訳がなければ、本書の翻訳はもっと手間どったと思う。ただし、その中に含まれていない文章の訳は、私訳であり、その点でいつものように大岡山教会牧師鈴木浩氏のお世話になった。

なお、**intelligere** を「知解スル」と訳すべきか、「理解スル」と訳すべきかについては迷ったが、これまでアルセルムスらの言う信仰理解に関して、「知解スル」という言葉の方が普通であるので、慣例に従ったが、また前後関係に従ったので、結果的には両方の概念を使うことになった。そう厳密に区別したわけではないが、知解スルと言われている場合は、大体、信仰の中での理解を、理解スルと訳されている場合には、もう少し広く、信仰と不信仰を問わず、認識し、理解する働きのことを指しているとして受けとっていただければよいと思う。ただし、古田氏はすべて「理解スル」と訳しておられるので、二、三それに合わせたところもある。

（吉永　正義）

知解を求める信仰　アンセルムスの神の存在の証明
新教セミナーブック39

2015年 8月 31日　第1版第1刷発行

著　者……カール・バルト
訳　者……吉永正義

発行者……小林　望
発行所……株式会社新教出版社
〒162-0814 東京都新宿区新小川町 9-1
電話（代表）03 (3260) 6148
振替 00180-1-9991　HP：http://www.shinkyo-pb.com
印刷・製本……河北印刷株式会社

ISBN 978-4-400-30681-8　C3316